大连理工大学管理论丛

# 中国产业技术升级导向的合作研发机制

原毅军 著

科学出版社

北京

## 内 容 简 介

产业技术升级是产业升级和产业高质量发展的核心推动力，本书侧重于研究企业间和产业间的合作研发形式与机制及其所引起的技术创新、技术扩散和产业技术升级等问题。在内容安排上，本书注重借鉴和吸收国内外同类研究中的新成果，深入分析合作研发与产业技术升级之间的内在联系，其主要内容包括：合作研发在产业技术升级中的作用、合作研发的主要类型及其运行机制、技术联盟视角的合作研发机制，以及从产业技术联盟角度论述合作研发推动产业技术升级的路径机制。

本书可为高等学校、科研机构的企事业单位从事产业经济，以及技术创新和合作研发研究的人员提供参考，也可以作为高等院校经济类和管理类研究生的学习参考用书。

---

**图书在版编目（CIP）数据**

中国产业技术升级导向的合作研发机制 / 原毅军著. —北京：科学出版社，2021.6

（大连理工大学管理论丛）

ISBN 978-7-03-068075-4

Ⅰ. ①中⋯  Ⅱ. ①原⋯  Ⅲ. ①高技术产业–研究–中国  Ⅳ. ①F279.244.4

中国版本图书馆 CIP 数据核字（2021）第 029372 号

责任编辑：王丹妮 / 责任校对：贾娜娜
责任印制：张 伟 / 封面设计：无极书装

科学出版社 出版
北京东黄城根北街 16 号
邮政编码：100717
http://www.sciencep.com

**北京虎彩文化传播有限公司** 印刷
科学出版社发行 各地新华书店经销

\*

2021 年 6 月第 一 版　开本：720×1000 B5
2021 年 6 月第一次印刷　印张：17
字数：340 000
**定价：178.00 元**
（如有印装质量问题，我社负责调换）

# 丛书编委会

**编委会名誉主任**　　王众托
**编委会主任**　　　　朱方伟
**编委会副主任**　　　叶　鑫　孙玉涛
**编委会委员**（按姓氏笔画排序）
党延忠　刘晓冰　成力为　王国红　王尔大
王延章　叶　鑫　曲　英　朱方伟　刘凤朝
孙玉涛　孙晓华　苏敬勤　李文立　李延喜
杨光飞　宋金波　迟国泰　陈艳莹　胡祥培
秦学志　郭崇慧

# 总　　序

　　编写一批能够反映大连理工大学管理学科科学研究成果的专著，是几年前就想做的事情了。这是因为大连理工大学作为国内最早开展现代管理教育的高校，早在 1980 年就在国内率先开展了引进西方现代管理教育的工作，被学界誉为"中国现代管理教育的先驱，中国 MBA 教育的发祥地，中国管理案例教学法的先锋"。大连理工大学管理教育不仅在人才培养方面取得了丰硕的成果，在科学研究方面同样也取得了令同行瞩目的成绩。例如，2010 年管理学院获得的科研经费已达到 2 000 万元，获得的国家级项目达到 20 多项，发表在国家自然科学基金委员会管理科学部的论文达到 200 篇以上，还有两位数的国际 SCI、SSCI 论文发表，在国内高校中处于领先地位。在教育部第二轮学科评估中，大连理工大学的管理科学与工程一级学科获得全国第三名的成绩；在教育部第三轮学科评估中，大连理工大学的工商管理一级学科获得全国第八名的成绩。但是，一个非常奇怪的现象是，2000 年之前管理学院公开出版的专著很少，不仅与兄弟院校差距明显，而且与自身的实力明显不符。

　　是什么原因导致这一现象的发生呢？在许多的管理学家看来，论文才是科学研究成果最直接、最有显示度的体现，而且论文时效性更强、含金量也更高，因此出现了不重视专著也不重视获奖的现象。无疑，论文是科学研究成果的重要载体，甚至是最主要的载体，但是，管理作为自然科学与社会科学的交叉成果，其成果载体存在的方式一定会呈现出多元化的特点，其自然科学部分更多地会以论文等成果形态出现，而社会科学部分则既可以以论文的形态呈现，也可以以专著、获奖、咨政建议等形态出现，并且同样会呈现出生机和活力。

　　2010 年，大连理工大学决定组建管理与经济学部，将原管理学院、经济系合并。重组后的管理与经济学部以学科群的方式组建下属单位，设立了管理科学与工程学院、工商管理学院、经济学院以及 MBA/EMBA 教育中心。重组后的管理与经济学部的自然科学与社会科学交叉的属性更加明显，全面体现学部研究成果的重要载体形式——专著的出版变得必要和紧迫了。本套论丛就是在这个背景下产生的。

本套论丛的出版主要考虑了以下几个因素：第一是先进性。要将管理与经济学部教师的最新科学研究成果反映在专著中，目的是更好地传播教师最新的科学研究成果，为推进管理与经济学科的学术繁荣做贡献。第二是广泛性。管理与经济学部下设的实体科研机构有 12 个，分布在与国际主流接轨的各个领域，所以专著的选题具有广泛性。第三是将其纳入学术成果考评之中。我们认为，既然学术专著是科研成果的展示，本身就具有很强的学术性，属于科学研究成果，那么就有必要将其纳入科学研究成果的考评之中，而这本身也必然会调动广大教师的积极性。第四是选题的自由探索性。我们认为，管理与经济学科在中国得到了迅速的发展，各种具有中国情境的理论与现实问题众多，可以研究和解决的现实问题也非常多，在这个方面，重要的是发扬科学家进行自由探索的精神，自己寻找选题，自己开展科学研究并进而形成科学研究的成果，这样一种机制会使得广大教师遵循科学探索精神，撰写出一批对于推动中国经济社会发展起到积极促进作用的专著。

本套论丛的出版得到了科学出版社的大力支持和帮助。马跃社长作为论丛的负责人，在选题的确定和出版发行等方面给予了极大的支持，帮助管理与经济学部解决出版过程中遇到的困难和问题。同时特别感谢管理与经济学部的同行在论丛出版过程中表现出的极大热情，没有大家的支持，这套论丛的出版不可能如此顺利。

大连理工大学管理与经济学部

2014 年 3 月

# 前　言

产业技术升级是中国产业升级的核心内容，而合作研发是推动产业技术升级的最重要的途径和方式。本书从分析合作研发、技术创新、技术扩散与产业技术升级间的关系出发，有效运用案例分析、模型构建、实证分析等方法探讨合作研发机制下如何实现技术创新和技术扩散以促进产业技术升级。全书共包括 9 章，研究内容集中在以下四个方面。

第一，本书在阐述传统产业技术升级面临的挑战、技术创新和技术扩散与产业技术升级及合作研发中的技术创新和技术扩散相关理论的基础上，结合技术联盟促进产业创新和产业技术升级的相关案例、重大科技攻关项目、重大产业发展计划，分析了合作研发在产业技术升级中的作用。技术联盟作为合作研发的主要类型，能有效通过协同效应、知识溢出效应和学习效应来实现产业创新和技术扩散进而促进产业技术升级，并以日本超大规模集成电路计划和中美日新能源汽车产业技术联盟为例进行了论证。

第二，本书对重要的合作研发形式与技术创新和技术扩散的关系进行了系统分析。重点研究了以下内容：横向技术联盟的信任机制，强调信任能有效减少社会复杂性，提高技术联盟企业间的信任程度和合作效率；纵向技术联盟的控制机制，指出在联盟中占主导地位的企业能够享有更多的收益便利条件；产业技术创新联盟的技术创造、转移和应用的过程，侧重分析知识转移机制以保证联盟持续、稳健的运行；跨国技术联盟的创新机制，介绍了新型组织形式跨国技术联盟展开合作创新的实现机制。

第三，从技术联盟视角对合作研发机制进行了分析，包括市场导向和基础研究导向的合作研发动力机制、模式选择和伙伴选择机制，指出知识共享是企业实现技术进步和价值增值的技术基础，当区域内企业、高校和科研机构之间普遍地进行合作研发，知识共享达到预期的效果时，企业的技术升级将会转化成为产业的技术升级，最终带动产业的发展和转型升级。另外，考虑到科技中介平台和政府是推动合作研发进程的关键外部动力，进一步分析了基于科技中介平台的合作研发机制和政府引导下的合作研发与产业升级。

第四，为弥补现有研究关于产业间合作研发的不足，本书从产业间合作研发的技术创新视角对其进行了研究和拓展。其中，以制造业和服务业的互动发展为例分析产业间合作研发对技术创新和产业升级的影响，发现产业间的技术互动、人才交流能有效降低研发投入成本、缩短新产品的研发周期、实现要素资源共享，从而产生新知识、新技术和新成果，并能在一定渠道下通过技术传播、推广和应用来实现产业技术升级。

本书中的研究在以下三个方面进行了创新性探索。

第一，基于合作研发的产业技术升级机制研究。将合作研发的主要类型分为横向技术联盟、纵向技术联盟、产业技术创新联盟和跨国技术联盟，提出了市场导向和基础研究导向的技术联盟合作研发动力机制、模式选择和伙伴选择机制，指出并证实当知识共享达到预期的效果时，企业的技术升级可以转化为产业的技术升级。研究重点放在合作研发的微观协调创新机制上，同时探讨科技中介平台在促进合作研发和技术联盟建设中的作用。

第二，将产业技术联盟和企业技术联盟两个层面的合作研发活动进行关联和对接，构建了跨层次的产业升级模型，为系统研究不同技术联盟模式下的技术创新和技术扩散及其实现机制提出了新的研究思路或路径。技术联盟是由不同性质的组织及各种企业组成的合作研发创新组织，主要包括跨国技术联盟、产学研技术联盟和产业技术创新联盟三种。以产学研技术联盟为例，在指出产学研技术对接面临挑战的基础上，进一步辨析企业主导型、高校和科研机构主导型、政府主导型技术联盟的技术对接机制及推动技术升级的作用机理和推动效应。

第三，通过讨论制造业和服务业互动升级发展问题，分析了产业间的合作研发模式及其在推动技术创新中的作用。

本书是国家社会科学基金重大项目"加快我国传统产业向中高端升级发展的微观机制和政策创新研究"（批准号：15ZDA025）的研究成果之一。在此，对为该课题的研究做出贡献的课题组成员表示感谢。

# 目　　录

第1章　绪论 ·················································································· 1
　　1.1　中国产业技术升级面临的挑战 ············································· 1
　　1.2　技术创新与产业技术升级 ···················································· 8
　　1.3　技术扩散与产业技术升级 ·················································· 10
　　1.4　合作研发中的技术创新和技术扩散 ····································· 14
第2章　合作研发在产业技术升级中的作用 ········································ 19
　　2.1　基于技术联盟的产业技术创新 ··········································· 19
　　2.2　技术联盟与产业升级 ························································ 25
　　2.3　重大科技攻关项目 ··························································· 31
　　2.4　重大产业发展规划 ··························································· 39
第3章　合作研发的主要类型及其运行机制 ········································ 46
　　3.1　横向技术联盟及其运行机制 ·············································· 46
　　3.2　纵向技术联盟及其运行机制 ·············································· 56
　　3.3　产业技术创新联盟及其运行机制 ········································ 64
第4章　技术联盟视角的合作研发机制 ············································· 71
　　4.1　市场导向的合作研发机制 ················································· 71
　　4.2　基础研究导向的合作研发机制 ··········································· 80
　　4.3　合作研发的组织协调机制 ················································· 87
　　4.4　产业升级视角的合作研发知识共享机制 ······························ 94
第5章　跨国技术联盟的创新机制 ·················································· 106
　　5.1　跨国技术联盟的特点和类型 ············································ 106
　　5.2　跨国技术联盟的实现机制 ··············································· 112
　　5.3　跨国技术联盟与产业升级 ··············································· 120
　　5.4　跨国技术联盟的创新 ······················································ 124
第6章　产学研技术联盟的合作研发模式 ········································ 129
　　6.1　产学研技术联盟中技术对接面临的挑战 ···························· 129

6.2 企业主导的产学研技术联盟…………………………………………… 133
   6.3 高校、科研机构主导的产学研技术联盟………………………………… 140
   6.4 产学研联盟在产业技术升级中的作用…………………………………… 147
第 7 章 **基于科技中介平台的合作研发机制**……………………………………… 158
   7.1 科技中介平台的主要类型和构成………………………………………… 158
   7.2 科技中介平台在产业技术升级中的作用………………………………… 169
   7.3 科技中介平台的内部运行与协调机制…………………………………… 173
   7.4 科技中介平台的创新及其实现机制……………………………………… 181
第 8 章 **政府引导下的合作研发与产业升级**……………………………………… 190
   8.1 政府在产业技术联盟组建和运行中的作用……………………………… 190
   8.2 产业技术联盟面临的挑战………………………………………………… 196
   8.3 产业技术联盟与产业升级………………………………………………… 203
   8.4 产业技术联盟创新………………………………………………………… 208
第 9 章 **基于产业间合作研发的技术创新**………………………………………… 213
   9.1 服务企业与制造企业的合作研发………………………………………… 213
   9.2 服务创新推动制造业升级的机理………………………………………… 231
   9.3 制造业技术创新推动服务业升级的机理………………………………… 240
**参考文献**……………………………………………………………………………… 247

# 第1章 绪　　论

## 1.1　中国产业技术升级面临的挑战

### 1.1.1　产业升级与产业技术升级

产业升级，无论在理论研究中还是产业发展实践上，都是一个没有界定清楚的概念。从现有的相关研究看，学术界对"产业升级"的解释主要有三种不同的观点。

一是将产业升级等同于"产业结构调整与升级"，认为产业升级本质是国民经济结构的优化，具体表现为低技术、低附加值向高技术、高附加值的产业结构转变的过程，即"产业升级"是"产业结构高级化问题"的延伸问题[1]。这种观念由来已久，两百多年以前，英国经济学家威廉•配第根据社会经济实际发展情况，提出工业利润高于农业，而含有服务的商业又比工业生产获利能力更高。因此，伴随着经济的发展，在高额利润的驱使下，将促使产业中心从有形生产向无形服务转变和发展。

二是从全球价值链的视角，认为产业升级是在特定产业分工中，国家或企业等市场主体通过提高技术水平、改善投入和产出，提升产品单位增加值率，进而实现利润最大化，在激烈的市场竞争中获得可持续竞争优势[2, 3]。该种定义强调产品单位价值的提高和单位产出增加值率的提高，侧重于企业和行业内价值创造能力和竞争力的不断提高[4, 5]。

三是基于比较优势理论，认为产业升级依据本国的比较优势，系统化地进行专业生产分工，内生化要素禀赋结构，从而调整国家生产技术结构，并最终实现产业升级的目的。朱卫平和陈林基于要素禀赋动态转化理论建立产业升级理论模型，认为在不断增加的产业发展需求刺激下，社会生产中的低端投入要素价格日趋上涨，无论是劳动力、土地等低端要素，抑或是技术、资本等高端投入要素，皆因要素禀赋的动态转化而促使新兴主导产业的不断更迭[6]。因而，传统的主导产业为了减缓产业衰退，只有通过提高技术创新能力、重组生产流程，实现从附加值低端向附加值高端攀升。通过不断的技术创新与技术进步，实现产业结构的动态螺旋式上升即为"产业升级"。

综合相关研究，对于产业升级的理解可以分为宏观和微观两个层面。在宏观层面上，产业升级是指国民经济结构从低技术水平、低附加值向高新技术水平、高产业附加值的产业结构变动过程[1]；而在微观层面上，产业升级通常表现为微观经济主体凭借技术创新与技术进步，重组企业业务流程，实现资源优化配置，具体包括生产流程升级、功能升级、产品价值链升级等方面，产业升级的本质是低附加值产品被高附加值产品替代的过程[7]。

对于如何实现产业升级，国内外学者发现，在微观层面关注企业核心竞争力、强调加强企业长期发展的动态升级能力是关键，即产业技术升级是实现产业升级的关键。根据 Humphrey 和 Schmitz 的理论，产业升级有四种层次：一是流程升级，即通过改进重组生产工艺或者引进先进制造设备提高生产条件带来的升级；二是产品升级，即开发与生产出技术含量与附加值更高的产品；三是生产经营功能升级，即获得具有更高附加值的生产经营功能，如设计、营销等；四是链条升级，即通过应用先进技术实现价值链整体获利能力的提升[8, 9]。他们的研究其实暗含了一种产业链与技术链的对应关系，即产业升级的本质在于产业技术升级，产业技术升级是产业升级的关键，没有产业技术上的升级，产业的转型升级只是空想。

## 1.1.2 产业技术升级的困境和必要性

1. 中国产业技术升级的困境

目前，经济全球化的进程在不断深化，由于中国的多数产业位于全球价值链的中低端，生产技术水平和技术研发水平仍然与发达国家有很大差距。资源依赖型、劳动和资本密集型的传统高能耗产业基础庞大，这都使得中国的产业技术升级面临严峻的挑战。

第一，长期的路径依赖和技术锁定效应导致低附加值产业难以实现向高附加值的攀升。打破经济系统中的某种技术稳态，需支付较高的成本。如果行为主体不能承担这样的成本，那么只能继续之前的惯性，旧的稳态仍然主导经济系统[10]。从微观企业的角度来看，技术锁定的实质是企业在一段时间内，因投资与产品依赖程度较高而不愿采用新技术、生产新产品[11]。从产业的中观层面来看，产业的技术锁定一方面受到市场因素的影响，另一方面也受到产业地位的影响。产业专用性资产形成的沉没成本，严重阻碍其技术转向。中国制造业的比较优势最初来自劳动密集型产业和资本密集型产业，这些产业主要依赖本国低端生产要素的投入和利用，如土地、劳动力、资源等，产业技术水平不高，产业附加值低。改革开放以来，虽然中国制造业取得了巨大的发展，拥有不可小觑的全球竞争力，有力推动了本土经济的高速增长。但是，随着国内外环境、要素资源比较优势的变化，低端生产要素的投入和低端产业技术水平已经无法保证中国产业的可持续发展，产业技术升级是一条必须要走的道路。由于长期形成的路径依赖和低端技术锁定效应，很多产业已经在原有的技术水平上进行了大量设备和人员上的投入，形成了固定的生产模式，如果采用新技术，不仅意味着需要进行大量的设备更新和资金投入，还需要培训更多的技术人才。这使得低技术、低附加值的产业难以快速实现产业技术升级。

第二，制造业，尤其是传统制造业，先进技术依赖进口，自主创新能力不足。从1978年中国实行改革开放政策以来，在较长的一段时期，采取"技术换市场"的策略，通过引进国外的直接投资和先进技术，推动中国制造业的技术进步和设备更新换代，但是也形成了中国先进制造技术的主要来源依靠从国外引进，本土企业的自主创新能力不足的局面。与国际上具有先进制造水平的企业相比，中国企业在对市场的反应能力、产品更新速度和研发投资等方面均显不足。中国制造业新产品的平均开发周期均在一年以上，而在十多年前，德国等制造业先进国家的试制周期仅为3个月。市场反应周期长、应对能力差、产品更新速度慢等问题，导致中国制造在国际市场缺乏竞争力；而且，中国的研发投入不足，效率不高。中国2018年研发投入为19 657亿元[①]，占GDP的2.18%，科技成果转化金额为121亿元，其中科技成果转化率最高的产业约是33%。企业自身的研发投入也严重不足，中国规模以上工业企业研究投入远低于世界先进国家。技术创新是产业技术升级的关键，不论是工艺流程技术的升级还是产品技术的升级换代，都离不开技术创新能力的支持，自主创新能力的缺失直接导致产业技术升级失去支撑。

产业技术创新链与自主创新密切相关。产业技术创新链包括产业链、技术链和技术创新链，并通过相互之间的动态协调来维持相对平衡的状态。产业技术创新链不仅能够提供市场信息，减少自主创新的不确定性，而且能够加强内部链条间的合作，将各因素间的信息及时反馈，从而有效提升企业自主创新能力。目前，中国大中型国有企业的创新模式依然以模仿创新为主，这种创新模式缺乏长远的技术创新战略，长期受制于美国和欧洲大型跨国公司的网络权利。吴晓波和吴东认为，一国本土企业的创新能力很大程度上受到龙头企业的直接影响[12]。可见，

---

① 数据来源于《2018年国民经济和社会发展统计公报》。

技术创新链能否有效整合，成为中国产业技术升级需要克服的巨大困难。

第三，产业链的低端锁定和发达国家的战略性隔绝机制增加了中国产业升级与科技创新升级的难度。伴随着全球范围内产业价值链的分解和整合，地方产业集群逐渐嵌入全球价值链，产业内分工细化为产品内分工。在这样一种新型分工体系中，发达国家依靠跨国公司在全球产业分工中处于支配地位，跨国公司可以凭借组织和地理上接近的优势，利用技术标准化战略与金融工具等手段，通过整合产业集群实现主导其全球产业空间布局的目的。

通过对产业链的核心环节或核心技术链的控制，跨国公司可以阻碍东道国产业进行技术升级。产业链的核心环节是指对产业技术进步和价值创造活动有重要影响的一些环节，包括产业研发过程中的技术创新和技术扩散环节，产业制造过程中的关键设备制造、核心零部件生产、成品装配和质检环节，以及产品销售和售后服务过程中的价值实现环节。虽然在全球化的背景下，跨国公司把分散的产业集群进行了整合，逐渐形成了一个全球生产网络，但这样也反映了跨国公司的战略意图。王益民和宋琰纹的研究指出，跨国公司创造的全球性生产网络是按照全球总体战略布局和目标，在原有关键供应商、销售商、合作伙伴基础上形成的，跨国公司的目的是塑造出一种具有隔绝机制的"战略集聚"，这使得后进地区的产业集群呈现出一种"飞地"的特征，从而不利于这些地区进行技术创新和产业技术升级[13]。

在新的国际分工体系中，竞争环境、竞争规则和竞争对手都发生了巨大的变化，中国企业要素成本的比较优势正在逐渐消失，竞争能力的关键影响因素转变为全球产业研发、核心技术和技术标准等方面。发达国家的跨国垄断企业为了保持持续的技术优势和由此得来的巨额利润，通过专利战略和技术标准战略、市场势力和政府谈判等手段掌控高科技产业各个领域的发言权，并以自身的利益为标准制定准则和秩序，不断遏制发展中国家的产业发展，严重阻碍了中国及其他发展中国家自主创新能力的提升。与此同时，发达国家还不忘加大对发展中国家研发人才和资源的掠夺。中国的企业处在国外核心技术和技术标准的层层包围之中，中国产业技术升级面临着前所未有的困难和挑战。如果中国企业不能迅速提升自己的自主创新能力，实现产业技术升级，那么中国企业将成为外国的生产加工车间，很难摆脱全球价值链低端锁定的局面。

第四，生态化、低碳化的产业绿色升级发展的要求。在全球能源短缺、环境污染和气候变暖的严峻现实下，各国越来越注重能源、环保问题，不断加大对可再生能源的研究和加快对新能源的推广应用，低能耗、低污染、低排放和高质量、高效率、高效益的低碳经济是国家创造经济新增长点的必然战略选择，也是世界经济未来发展的大势所趋。在很长一段时间以来，中国制造业的高速发展是以高能耗和高污染为代价的，虽然低碳化、生态化是21世纪产业发展的基本要求，但对于中国的产业技术升级而言,这仍然是一个不小的挑战。自工业革命以来,化石能源利用技术是产业生产的主导技术,政治、经济和社会已经与其结合成为一个"碳锁定"。"碳锁定"导致新技术运用和扩散的重置成本巨大,极大地阻碍了绿色技术的研发与应用。这种针对高能耗产业的"锁定效应"影响短期内难以消除,成为中国产业技术升级的巨大障碍。

2. 中国产业技术升级的必要性

首先,产业技术升级是破解路径依赖、实现产业结构调整、扩展经济增长空间的关键。产业结构优化和产业技术升级的基础是知识积累与技术进步,而产业技术升级的目标就是为产业结构的调整提供技术支持,通过提升创新能力实现"技术壁垒"突破。目前,中国关键性技术的匮乏,成为制约其产业技术升级的主要障碍,其制约作用主要体现在两个方面:一是,从国外引进的先进技术不适用于中国国情,无法起到提升中国自主创新能力的作用;二是,供给结构与需求结构的不匹配,导致中国在较长一段时间内都需要依靠要素而非技术来驱动产业升级。只有突破技术瓶颈才能优化产业结构,开拓中国经济增长的新空间。

其次,产业技术升级有利于促进中国国际分工地位的提升,能够为增强国际竞争力提供技术保障。一方面,产业升级能够带领发展中国家摆脱发达国家的技术与资源垄断,促进本国制造业从价值链低端向中高端攀升,增加高端产品的出口比重。另一方面,为了尽量避免发达国家的战略性隔绝机制的危害和国际产品分工末端的锁定,中国还应加大研发投入,提高自主创新能力,争取更多地参与到全球价值链中比较高端的分工合作中。

最后,产业技术升级是中国走新型工业化道路、实现可持续发展的必要条件。提高技术创新能力,是减少资源消耗,转变发展方式,实现生态化、低碳化可持续发展的基本条件。例如,通过产业技术升级,可以促进传统高污染、高能耗材料被低污染的高性能新材料部分替代或者完全替代。同时,富含高新技术的产品相较于传统产品更加轻便、耐用和易于护理,有利于节约资源、降低能耗。此外,产业升级还能够促进工艺升级、流程升级,促进传统生产技术转向更清洁、更有效的低碳技术。

## 1.1.3 产业技术升级面临的挑战

改革开放以来,中国一直在积极寻求产业升级和技术进步的合适路径。经过几十年的高速发展,中国产业在各方面已经取得了巨大的进步,但应看到,中国的技术进步还没有取得质的飞跃,距离由产业技术升级带动产业升级还有很长的一段路要走。产业技术升级涉及政治、经济、社会等多个层面的不同利益群体,这使得产业技术升级的实现还将面临巨大的挑战。

在现有的研究中,创新被认为是实现产业技术升级的根本,学者们也在不断寻找合适的技术创新路径,以更快更好地实现技术升级。长期以来,实现技术升级的两大途径是自主创新和技术引进。但是,自主创新之路却异常艰难。于是,在改革开放的大部分时间里,中国主要采用了技术引进的办法,希望通过"以市场换技术"的战略推动产业技术升级。然而,技术引进并没有达到预期效果,许多产业对外技术依赖性过大,核心技术主要掌握在外方手中,与国际先进技术水平相比,国内企业的整体技术水平仍然偏低。在这种情况下,合作研发和基于合作研发的创新开辟了一条新的渠道:通过创新主体之间的合作和互动,整合创新体系和创新资源,从而提高创新能力,实现产业技术升级。在开放、充满活力的产业中,合作创新能够快速获取互补资源,适应市场变化,这使得合作创新成为实现产业技术升级的必要创新战略[14]。

如何实现产业技术升级,以前的研究集中在对外贸易、国际劳动分工、投资规模、自主创新等方面,直接关注合作创新与合作研发对产业技术改造的影响的研究则较少。合作创新究竟如何对技术升级产生影响?又会产生怎样的影响?合作研发涉及的主体甚多,涉及企业、高校、科研机构、政府和中介机构等多个主体,主要包括产学研技术联盟、企业技术联盟、产业技术创新联盟和跨国技术联盟等类型,主要目标是在组织内部知识共享及组织外部知识利用的基础上完成知识创造。要想通过合作研发实现产业技术升级,必须要结合中国当前国情,对推动产业技术升级的合作研发机制及相关促进政策进行深入、系统的研究。

具体来说,通过合作研发实现产业技术升级必须要考虑以下几个关键问题。

1)合作研发如何推动产业技术升级

在经济全球化的趋势下,技术和经济不断进步,合作研发成为企业获取互补性创新资源、增强创新能力和提高自身竞争力的重要方式,这包括组建技术联盟、参与重大科技攻关项目和重大产业发展计划等。通过技术联盟推动产业技术创新和产业技术升级,在发达国家已经有不少成功实践。例如,在半导体行业崛起过程中发挥显著作用的美国半导体制造技术联盟(Semiconductor Manufacturing Technology, SEMATECH)、欧洲信息技术研究与开发战略计划(European Strategic Programme for Research and Development in Information Technology, ESPRIT)、美国"新一代汽车合作伙伴计划"(The Partnership for a New Generation of Vehicles, PNGV)、日本"创新先进科学基础研究专用电池"、日本超大规模集成电路(Very Large Scale Integration, VLSI)计划等,以及欧盟的研发框架计划和"地平线2020"计划等,这些成功案例无疑对中国具有借鉴意义。但是,如何将这些经验与中国的实际相结合呢?中国技术联盟的组织管理机制和运行机制与国外有什么区别?

在促进产业技术升级的具体机制中有何不同？如何改进？这些都是我们需要思考的问题。在重大科技攻关项目和重大产业发展计划的实施过程中，机遇与挑战并存，国外有哪些经验可以借鉴，其在推动产业技术升级中的具体作用是什么？以及如何发挥其推动作用，也需要进一步去认识[15]。

2）如何有效实现产学研技术联盟的技术对接

产学研合作研发涉及重点大学、骨干企业、科研机构等多方主体。各方的组织性质不同，容易导致创新目标冲突：对于企业来说，利润是最终的目标，参与协同创新是为了满足市场需求；大多数大学和科研机构是非营利性机构，从事创新活动，旨在提高学术水平。创新主体在研发目标上的冲突导致产学研技术联盟在技术对接时面临着技术与市场需求脱节的问题。此外，产学研研发资金短缺、中小企业融资困难、科技中介平台力量薄弱，以及创新人才的缺乏也给产学研技术对接带来了很多困难。如何克服这些困难成为当前产学研技术联盟发展中亟待解决的问题。从研究主体来看，产学研技术联盟可以分为企业主导的产学研技术联盟和高校与科研机构主导的产学研技术联盟。为了解决产学研技术对接的难题，有必要对不同学科主导的联盟进行单独分析。对此，我们应该对企业主导和高校、科研机构主导的产学研技术联盟的实质和特点进行研究，再具体分析它们的技术对接过程、对接模式和对接机制。

3）政府如何协调产业技术创新联盟组建及运行

产业技术创新联盟是一种有效的组织形式，它聚集各种力量，以达到提高创新绩效和国家创新竞争力的目的。在市场经济体制下，政府在产业技术创新联盟中具有十分重要的作用。尤其是中国的产业技术联盟建立时间不长，很多问题不能单独依靠市场解决，需要政府在其中发挥调节作用，推动产业技术创新联盟的顺利进行。政府协调下的产业技术联盟要想取得理想的效果，建立良好的联盟运行机制和各主体激励机制是关键。因此，对于政府如何对产业技术创新联盟进行协调，以下问题需要我们进一步思考：政府在产业技术联盟的组建和运行中起到什么作用；当前的产业技术联盟面临着何种挑战；产业技术联盟与产业升级之间存在何种关系；国外的产业技术联盟能为中国提供什么经验教训；产业技术联盟如何进行创新，有何政策建议；等等。

4）如何实现跨国技术联盟的创新和运行

借助跨国技术联盟，从全球范围的学习中获得技术创新所需要的知识、经验、人才、市场信息和创新灵感，是企业建立技术创新能力、实现产业技术升级的重要途径。之前中国的政策强调"以市场换技术"，但传统的跨国技术联盟取得的技术溢出效应不甚理想。在经济全球化的背景下，中国的跨国技术联盟不仅应该重视"引进"外方企业与之组建联盟，还应该强调中方企业"走出去"，参与国外的合作研发联盟，以获得更多的技术溢出和核心知识。目前，中国多数企业缺乏与国外掌握产业核心技术的企业合作的基础，国外企业缺乏与中国企业分享核心技术的动力。因此，亟须在分析跨国技术联盟运行效果不佳的本质原因的基础下，在跨国技术联盟的合作机制、组织形式和运作机制等方面进行创新性探索。

5）如何借助科技中介平台推动合作研发的技术创新和技术扩散

技术联盟是实现企业技术创新的重要平台，但作为技术知识供给主体的大学、科研院所与作为技术需求主体的企业之间却往往存在结构性矛盾，既阻碍了技术联盟的组建和运行，也影响了技术联盟的管理和技术创新。科技中介平台可以通过对企业和高校的融合作用平衡双方的供求，有效解决技术联盟中的技术冲突，协调创新主体的关系，实现市场需求和技术创新的有效对接，提高技术联盟效率，促进科技成果转化和产业技术的升级。因此，应该对面向合作研发活动的科技中介平台的类型和构成、协调机制和运作形式进行系统研究，并在此基础上分析科技中介平台在产业技术升级中的作用，结合中国科技中介的现状和存在的问题，提出一套可行的政策建议，为面向合作研发的科技中介平台的组建和运行提供保障。

## 1.2 技术创新与产业技术升级

### 1.2.1 技术创新的内涵

熊彼特在《经济发展理论》中首次提出"创新"的概念和相关理论，其认为创新是生产函数的变动，是现代经济增长的核心力量，创新的"创造性破坏"对产业发展有重大作用，创新包含的范围非常广，无论是技术性变化的创新，还是非技术性变化的组织创新或者市场创新，都属于创新。自此，技术创新受到学术界的普遍关注，逐渐成为创新理论的一个重大分支，如多西将技术创新分为自主创新模式和模仿创新模式[16]。美国国家科学基金会（National Science Foundation，NSF）指出，技术创新是通过新概念和新思想来解决存在的各种难题以实现社会和经济价值的复杂活动过程。1999年，中共中央、国务院在《中共中央、国务院关于加强技术创新，发展高科技，实现产业化的决定》指出，技术创新，是指企业应用创新的知识和新技术、新工艺，采用新的生产方式和经营管理模式，提高产品质量，开发生产新的产品，提供新的服务，占据市场并实现市场价值。

虽然目前学者们对技术创新的内涵并没有统一的界定，但学术界普遍认为，技术创新可以分为突破式技术创新和渐进式技术创新[17, 18]。突破式技术创新是基于一套不同的技术或者科学原则进行变革,往往会造就全新的市场[19],但突破式技术创新也会给现存的企业和产业带来巨大的难题,因为为了适应新的核心技术,企业和产业不得不整合不同的资源和专业人员,构建新的生产和服务体系;而渐进式技术创新是在现有的技术框架内对现有产品和现行技术进行改造,可以是对现有产品的功能做出扩充,也可以是对某个技术困难提出解决办法,使得制造或服务过程有所改善,主要表现为开发现有设计的潜在能力。但突破式技术创新和渐进式技术创新不是绝对的、孤立的,当渐进式技术创新积累到一定程度,就会转变为突破式技术创新[20]。

技术创新是一个复杂的过程,蕴含了技术研发、技术扩散与产业化应用等多个层面。基于企业层面视角下,技术创新全过程包括创新意识的产生和创新思想的转化。在产业视角下,技术创新是企业不断改进和更新技术,推动突破性技术创新与渐进式技术创新不断交替、融合发展的过程。

## 1.2.2 技术联盟与企业技术创新

技术联盟至少在以下两个方面有利于企业进行技术创新:第一,技术联盟能够减少技术创新的风险和不确定性。技术创新风险是影响企业新知识创新和新技术扩散的主要影响因素,而技术联盟有利于知识溢出、拓宽产品市场,从而提高企业创新能力和竞争能力[21]。Mowery 认为,技术联盟有利于联盟成员知识溢出、降低研发成本、共享规模经济,并提供使用政府实验室的途径[22]。第二,技术联盟能有效帮助企业通过获取外部资源来实现合作创新。从外部伙伴获取知识是企业在充满竞争的市场中保持活力的关键[23],而通过战略联盟或其他外部合作的形式从外部获取知识正是一种可行的选择[24]。

对于技术联盟与企业技术创新之间的关系,还有学者从学习理论、能力理论、资源理论等角度进行了分析。依据学习理论的观点,技术联盟通过技术创新缔结企业间联盟关系,联盟伙伴共同分享、创造新知识、新技术,特别是通常情况下难以扩散的隐性知识,联盟企业通过联盟伙伴关系,互相学习、共享知识,从而实现联盟企业技术创新能力的提高[25]。依据能力理论的观点,联盟企业不但能够提升自身技术创新能力,而且有利于带动其他联盟企业技术创新能力的提升[26]。依据资源理论的观点,企业通过缔结技术联盟,能够获得各联盟企业的资源,以弥补自身"短板",从而促进企业技术创新能力的提升[27]。虽然理论观点各异,但不难看出技术联盟能够有效提升联盟企业的技术创新能力,已经成为学者们的共识。

### 1.2.3  技术创新与产业升级

近年来,学术界普遍达成共识,认为技术创新能力不足是制约产业升级的主要影响因素。学者们重点探讨了技术创新在产业升级中的作用及技术创新如何促进产业升级。

1978 年,美国学者 Abernathy 和 Utterback 通过研究汽车制造业技术创新活动提出了 A-U 模型,该模型也成为分析技术创新对产业升级作用理论的经典模型。A-U 模型的优势在于基于产品全生命周期,动态考察了工艺与产品创新对产业升级的促进作用。周伟龙和袁健红在 A-U 模型基础上结合中国产业发展现状提出了后发展国家演进模型,他们认为技术变革是影响产品技术轨道跨域的关键因素。一代又一代的技术创新和技术进步是提升产品技术轨道的重要推动力,该过程通常需要技术本土化的二次创新,只有自主创新能力的提升才能对产业升级起到显著的推动作用[28]。李宇等认为产业升级分为两个层面:一是自主创新能力的提升有利于提高产业生产效率;二是产业自主创新能力的提升能够促进产品价值增值[29]。杨高举和黄先海研究发现,中国的产业升级重点应该注重"内部力量",如人力资本积累、技术研发与创新等因素的作用,不能一味依靠外资和溢出效应[30]。

技术创新大体上可分为模仿创新与自主创新两种模式。唐春晖和唐要家按照技术资源来源,将技术创新划分为合作创新、模仿创新和自主创新三类,其中合作创新作为一种联合创新模式,又可分为企业间或研究机构和企业间的合作创新[31]。徐康宁和冯伟通过研究企业技术创新模式,认为中国企业能够通过与外国企业合作的方式,扩大市场规模,从而促进本土技术创新能力的大幅提升[32]。

## 1.3  技术扩散与产业技术升级

### 1.3.1  技术扩散的内涵

技术创新能够给参与创新的企业带来巨大的额外经济利益,这种超额利益激励着其他企业跟随和效仿创新,从而进一步带动了产业技术的发展和整个社会经济水平的提高。可见,技术扩散的重要性不亚于技术创新。单独一项创新成果对企业或产业的影响是有限的,只有通过技术扩散,才有可能最大限度地发挥技术创新成果所带来的经济效益,从而实现产业技术升级。

技术创新扩散是指某项新技术在首次实现商业化后,又通过市场或者非市场渠道来传播这项新技术[33]。企业技术创新的扩散包括企业内部的扩散、企业之间的扩散及企业内外技术创新扩散的叠加。技术创新是技术创新扩散的需求方内部基础、供需方技术梯度、供需方动力机制与外部条件等四个方面的综合作用的结果。需求方内部基础是指接受技术扩散的企业内部对新技术的适应能力,供需方技术梯度是指技术扩散一方和接受技术扩散方两者之间存在技术上的差距,供需方动力机制是指供需两方均能实现利益最大化,外部条件是指政策支持、市场完善等。通过技术创新扩散,扩大创新产品在市场上的占有率,对实现产业技术升级和技术进步具有非常重要的作用。

目前,学者们对于技术扩散概念的解释主要有以下四种观点。

(1) 模仿论。熊彼特认为技术扩散的实质在于模仿,当少数企业率先采用了一项可以降低生产成本、提高生产效率的新技术时,其他企业为在短时间内追求超额利润纷纷成为新技术企业的模仿者。虽然模仿企业能短暂实现技术进步,但随着技术扩散的逐渐饱和,经济又将重回平静甚至开始走下坡路。

(2) 传播论。Rogers 和 Valente 认为技术扩散是创新通过某种方式在一定时间内进行传播的过程[34]。

(3) 学习论。美国经济学家 Stonman 认为技术扩散是新技术在某一领域的广泛应用和推广[35]。而新技术是否得到应用取决于其产生的成本和收益,当期望收益大于成本时,新技术才能被真正应用和推广,技术扩散才能得以实现。

(4) 选择论。Metcalfe 指出技术扩散是企业和顾客进行选择的过程[36]。一方面,企业会选择成本更低、生产效率更高的新技术;另一方面,顾客会选择能率先生产出物美价廉产品的企业。因此,企业提高生产效率、占据有利竞争地位的目标加快了技术扩散进程。

总体来看,广义上的技术扩散是知识资源通过各种渠道进行扩散传播并伴随着多次吸收和再创新的过程。狭义上的技术扩散则是由于企业间技术势差的存在而产生的技术传播过程,同时伴随着技术接受者在此基础上的消化、吸收、再创新。技术转移、技术溢出和技术转让均属于技术扩散。

## 1.3.2 技术联盟与技术扩散

技术联盟作为实现技术扩散的一种重要组织形式,相关研究多聚焦在技术联盟中技术扩散的特性、方式、效应和效果、扩散路径及影响因素等方面。

第一,技术联盟中技术扩散的特性、方式。孙耀吾和卫英平借助 MATLAB 软件进行仿真,揭示了高校企业联盟知识扩散的特性[37];陈玥希和蔡建峰在现有研究基础上提出针对中小企业的动态创新联盟理念,并对中小企业技术扩散模型进行了分析[38]。

第二,技术联盟中技术扩散的效应及效果。司尚奇和冯峰基于共生网络理论,实证研究了中国环渤海、珠三角等经济区域的技术联盟扩散效果[39];李书全等借助博弈论模型分析战略网络下的技术扩散均衡过程,提出通过提高合作意愿、增加技术保护成本、降低技术扩散意愿不一致的谈判成本等措施可以增强战略网络对企业技术扩散的效应[40];孙耀吾和卫英平构建了知识波扩散模型,揭示了联盟企业知识扩散的衰减效应、多普勒效应和惠更斯-菲涅耳效应[37]。

第三,技术联盟中技术扩散的路径。孙耀吾和卫英平借鉴疾病传播的 SIRS(susceptible infected recovered susceptible)原理,揭示了高技术企业联盟网络的特性与知识扩散机理[37]。

第四,技术联盟中技术扩散的影响因素。吴文华和张琰飞[41]、张睿和于渤[42]以及张红兵和张素平[43]均对技术扩散的影响因素进行了分析,主要包括技术标准、技术供给方的技术转移能力、技术接收方的技术吸收能力、信息的对称性等。

另外,还有学者格外关注跨国技术联盟中的技术扩散问题,如原毅军等从中方产学研联盟介入角度研究中外企业技术联盟中技术转移的模式选择问题,并通过建立演化博弈模型来分析中方产学研联盟介入对外方技术转移模式选择决策的影响[44]。

## 1.3.3 技术扩散与产业升级

对于技术扩散与产业升级的关系,学者们普遍认为技术扩散能够通过示范效应、竞争效应和人才流动效应来促进产业升级。

1. 技术扩散的示范效应

示范效应是指由于企业与企业之间存在技术差距,技术落后的企业通过对技术先进的企业的新型技术、新型产品和管理模式等方面进行学习和模仿从而提高自身的技术水平和竞争能力。在经济全球化背景下,中国成为全球价值链上的一员,通过对外直接投资或对外贸易等方式加大了中国企业与国外企业的交流和合作,加快了跨国企业对中国本土企业的技术扩散,使得跨国企业的示范效应不断扩大。

技术扩散的示范效应不仅发生在跨国企业和本土企业之间,同一产业内某些企业如果首先实现技术创新,那么在本土企业之间同样会产生技术扩散的示范效应。在同一产业内,部分企业通过创新掌握了新的技术,获得了技术优势,成为产业内的技术领先者,从而能够扩大自身的市场份额并获得超额利润,这会对同一产业内其他企业产生示范作用。在示范效应下,产业内的技术落后企业会逐渐缩小与先进企业的技术差距,先进企业的超额利润和市场份额会逐渐减小,整个产业的平均技术水平会不断提升,直到超额利润消失,此时技术扩散才停止,直到又出现新的技术领先企业,再带来新一轮示范效应,技术扩散再次发生,产业技术就在这样的循环中不断实现升级。拥有先进技术的企业向落后企业的技术扩散方式主要有:直接的学习和模仿、对产品进行逆向研发和干中学。

2. 技术扩散的竞争效应

竞争效应通常在同一产业内的企业之间产生,属于一种简捷的技术扩散方式。在全球化背景下,当跨国企业打入本土市场时,跨国企业和本土企业之间会发生激烈的竞争。市场在开放经济的条件下,是通过竞争实现资源的优化配置的,而跨国企业的进入,无疑打破了本土市场的竞争格局,这种格局的打破在一定程度上可以提高产业内企业的技术效率。在跨国企业进入本土市场后,跨国企业和本土企业之间会展开博弈,跨国企业往往拥有先进的技术,因此会对本土企业产生技术溢出,本土企业在此作用下不断缩小与跨国企业的技术差距,提高自身技术水平,从而促进了本土企业的技术发展和升级;而跨国企业为了保持其技术优势和市场份额,会加大对技术创新的投入,从而带来新一轮的技术溢出。同一产业内本土企业之间的情况与之类似,当产业内某些本土企业率先实现技术升级时,由于竞争效应,会刺激产业内其他企业不断加大创新投入和提高技术效率,技术扩散发生;而技术领先的企业为了保持其技术上和市场上的领先地位,会不断加大对新技术的研发,由此促进新一轮的技术扩散,在技术扩散的竞争效应中,整个产业的技术效率不断提高,最终实现产业技术升级。

3. 技术扩散的人才流动效应

人才流动效应指当技术先进企业中受过良好培训的管理人员、技术人员流动到其他企业时,或跨国企业雇佣当地的员工并为其提供培训时,所产生的技术扩散效应。人才流动效应在跨国企业和本土企业之间最为明显。当跨国企业在国内经营子公司,要进行研发、生产和销售,就不可避免地需要雇佣当地的工人,为了让当地的工人尽快适应跨国公司的管理和要求,跨国公司需要对这些本地工人进行培训,于是,本地工人有机会接触到国外的先进技术,有机会和国外专家共事。由于人员的流动,这些经过跨国企业培训的本地工人可能进入本土企业工作,此时,他们也会将跨国企业先进的技术理念、工艺流程等带到其他企业。

这种人才流动效应不仅存在于跨国企业和本土企业之间,也存在于同一产业的本土企业之间。随着掌握先进技术的企业不断进行新技术的研发和新产品的生产，企业内部的研发人员、生产人员和管理人员的素质也会随之提高。一旦这些人力资本在本土企业之间流动，就会将与新技术、新产品相关的各种先进知识在产业内传播、扩散，从而促进其他企业的技术升级。技术扩散的这种人才流动效应主要通过人力资本的流动和非正式交流两种方式实现。

## 1.4 合作研发中的技术创新和技术扩散

### 1.4.1 合作研发的类型和特点

1. 合作研发的类型

1）横向技术联盟

横向技术联盟指拥有互补性资源、实力相当的企业间，为达成资源共享、相互合作研发及提升企业获利能力等目标而缔结成的风险共担、优势互补的松散型合作竞争组织。与纵向技术联盟最主要的区别是，横向技术联盟中的企业本身就是能够相互替代的竞争者，且其合作是基于相同的价值链节点，所以，在现实中，横向技术联盟内的企业在处理合作和竞争关系的转换中比纵向技术联盟中的企业更加复杂和微妙。

2）纵向技术联盟

纵向技术联盟是指价值链上下游有关系且相互独立的企业或机构之间，为实现降低生产成本、缩短研发周期等目标而形成的资源共享、信息互补和风险共担的技术联盟。纵向技术联盟的关键在于企业或机构能有效运用自身核心竞争优势，通过专业化的分工、合作及保持联盟长期的稳定来创造价值，实现合作共赢。

3）产业技术创新联盟

产业技术创新联盟作为企业技术创新的重要载体，已成为中国当前提升产业创新能力的创新驱动战略的重要组成部分之一。财政部、科学技术部等六部门于2009年联合发布《关于推动产业技术创新战略联盟构建的指导意见》（以下简称《意见》）。《意见》中明确指出，产业技术创新战略联盟，有利于促进技术集成创新，推动产业结构优化升级，提升产业核心竞争力[45]。与以往研究产学研、战略联盟等不同，《意见》中对产业技术创新联盟的研究视角由个体企业转移至整个产业界，从宏观产业的角度进行分析和考虑。

4）跨国技术联盟

不同于以上技术联盟，跨国技术联盟是跨国企业为了应对高速的技术发展和激烈的国际市场竞争，以促进技术互补性双向流动和风险共担为目的，凭借各自竞争优势联盟的一种组织形式，该组织形式主要完成新知识的共享、新技术的整合扩散等活动[46]。

2. 不同类型合作研发的特点

1）横向技术联盟的特点

第一，组织结构较为松散。横向技术联盟中的企业既存在合作关系，又具有企业各自决策的相对独立性。

第二，联盟企业目标相对广泛、多样。横向技术联盟中的企业价值链涉及采购、生产等多个环节，加盟企业只需凭借某一环节中的知识或技术优势，就可以成为横向技术联盟中的成员。

第三，更加密切的协作关系。为完成合作和相互学习的目的，加入横向技术联盟的企业必然要常常接触，以促进相互了解，创造良好的学习环境，寻求和开发新的知识。

第四，竞争更多地表现为隐性形式。横向联盟成员间主要是相互利用、相互学习、提升竞争力的合作伙伴关系，这点与纵向技术联盟的企业间相互依赖的关系不同。横向技术联盟的合作是为了更好的竞争，因此，横向技术联盟中的企业仍是竞争对手，竞争是其根本属性。

2）纵向技术联盟的特点

第一，一般存在主导企业。纵向技术联盟通常意味着各公司在一项经营活动中的地位是不对称的；一方更强，另一方更弱[47]。也就是说，在一个纵向技术联盟里，往往存在主导企业，并围绕主导企业构建企业间的纵向技术联盟[48]。

第二，结构和管理具有复杂性。纵向技术联盟中节点企业组成的跨度较大、类型较多，甚至可能由不同国家或地区的企业组成，而且这些企业类型往往不同，有的是原料加工型，有的是零配件组装型，企业文化、思维方式、组织结构会有所差异。因此，纵向技术联盟的组成结构相比于一般企业结构而言更加复杂，管理范围也更大。

第三，合作与竞争的共存。近年来，随着经济和技术的不断发展，全球经济一体化加剧了全球市场日趋激烈的竞争局势。企业组建纵向技术联盟是最好的应对方式之一。上下游企业通过资源共享与技术互动来增进合作与交流，同时，企业主体能保持相对独立的利益与社会身份。但各联盟成员在联合范围内是合作，在其他领域则可能是竞争对手。组建纵向技术联盟是为赢得更大的竞争优势而合作，而合作又将产生新的竞争，竞争中的合作与合作中的竞争能够实现互利共赢。

3）产业技术创新联盟的特点

第一，产业技术是连接政府宏观产业政策和企业现实需求的纽带，可以通过获取和了解企业的技术需求，使得联盟的目标上升为政府的产业政策，根据企业技术需求进行共性技术研发，通过产业政策的支持，逐步实现产业技术升级；同时，作为政府产业政策的执行载体，产业技术创新联盟是贯彻产业政策的有效渠道，通过实施产业政策，有助于产业技术创新联盟的运行和稳定。

第二，产业共性技术创新具有公共产品属性而且研发投入成本较高、风险较大，同时技术创新成果的外部性很容易产生技术溢出效应，这导致产业共性技术创新的某些环节存在市场失灵。

第三，在产业技术创新链上，联盟类型的不同源于联盟的优劣差异，而政府能够依据联盟的差异，针对性地制定产业政策，弥补产业创新"短板"，有效提升联盟产业技术创新能力，最终实现产业技术升级。

4）跨国技术联盟的特点

第一，在跨国技术联盟中，每个联盟伙伴都具有各自的独立性，它们在追求共同战略目标的同时，不会放弃各自的战略目标和利益。

第二，跨国技术联盟中的企业不但与联盟中的其他企业利益共享，而且能够共担各方任务绩效。

第三，跨国技术联盟中的企业在一个或多个关键战略领域进行连续投入，以维持联盟的价值和稳定性。

## 1.4.2 合作研发中的技术创新

1. 合作研发的动因

合作研发的动因是复杂的，包括获得接触和掌握新技术的途径、获取互补性技术资源、降低创新风险和开发成本、促进新技术进入新市场、促进技术标准的建立、赢取竞争优势地位、实现技术创新的规模经济效应等。Byrne 最早提出，组建纵向技术联盟能够取得超过单家公司的生产能力[49]。随后，Mason 对其进行了扩展，指出纵向技术联盟能有效提高整体竞争力水平，在面对新市场需求、生产新产品等方面更具有优势[50]。McCutchen 和 Swamidass 在此基础上研究了技术联盟形成的原因，主要包括：防止为满足市场需求而产生的过度生产行为；降低企业进行新市场开发的风险；加快实现规模经济；缩短新产品的研发周期等[51]。

2. 合作研发的协调与模式

1）合作研发的协调

因合作研发中各个研发相关者间利益诉求不一，合作的稳定性必然受到影响，从而使得利益分配问题成为合作研发协调机制中研究的重点。在合作研发利益分配的研究中，定量的模型研究较为多见，其中最常用的工具则是博弈论[52]，不少学者通过运用博弈论的方法对合作研发利益的分配方法、分配机制进行了研究[53, 54]。

2）合作研发的模式

由于合作研发模式的分类依据不一，分类结果也存在差异。比如，根据合作的正式程度可以把合作研发分为正式的合作和非正式层面的合作[55]；根据合作研发中主导方的不同，可以分为科研机构主导型、大学主导型、企业主导型、政府推动型等四种类型；根据合作研发的目标导向，可以分为人才培养型、研究开发型、生产经营型和主体综合型四种模式等[56]。

3. 合作研发中的政府支持

合作研发作为重要的创新模式，在世界众多国家的创新体系中占有重要地位。正因如此，政府如何有效通过加强合作研发而推动产业优化升级，成为学术界与世界各国政策制定者关注的焦点问题。

Banal-Estañol 等通过实证分析，发现英国政府投入能够显著提高合作创新成果的数量，并且能够扩大合作创新成果的影响力[57]。白俊红和卞元超利用省际面板数据研究发现，中国绝大部分省份政府支持有助于产学研协同创新活动的开展，然而政府支持对协同创新的促进作用总体呈递减趋势[58]。

## 1.4.3 合作研发中的知识扩散

合作研发以科研机构、企业的产销能力及高校的科研能力为基础，形成联盟必然能够有利于新知识的扩散与新技术的转移。Perkmann 等指出，产学研合作不同于以学术创业和知识产权创造的商业投入，它能够有效提高非科研组织的协同创新能力[59]。Gertner 等认为，相对于较易获得与转移的显性知识，隐性知识更难以转移和共享，因而合作研发就显得至关重要[60]。伴随着研究的逐渐深入，大力发展与合作研发密切相关的科技中介平台已成为社会各界的共识。

科技中介平台能够将各类创新主体和要素市场紧密连接，为创新活动提供重要的支撑性服务，可以完善信息流与技术流循环，促进技术转移和扩散，实现创新价值，为技术升级提供外部保障。而且，科技中介平台在降低创新风险、加速创新成果产业化进程中发挥着不可替代的作用,对提高企业创新能力、加速培育高新技术产业发展、推动中国产业升级和实现经济的持续健康发展,具有十分重要的战略意义。王新德等的研究认为,产学研合作创新难以得到好的效果,原因之一是信息失灵。科技中介平台能够将市场上大量相关需求信息与大学、科研机构的科技产品和服务供给信息聚集起来,成为双方信息传递和信息反馈的重要载体,实现技术的有效扩散和对接[61]。刘芳芳和冯锋的研究表明,政府主导或者协会牵头的中介组织能够更好地引领产学研跨区域合作研发,它们在产学研合作网络构建中起到了中介桥梁的作用,能够促进区域间合作研发"从无到有,从有到优"[62]。

科技中介平台包括多种形式,目前中国中介平台的主要表现形式包括生产力促进中心、企业孵化器、技术交易市场、科技评估机构、农村科技中介机构和大学科技园等。以农业科技中介为例,农业科技中介机构既能够提高农业产量和效率,也有助于提升农民生活水平,主要形式包括事业型农业科技推广机构、自主型农村专业技术协会、现场型科技服务形式和示范型农业科技园等。

学者们的研究表明,各种形式的中介平台组织对推动合作研发的发展和扩大技术扩散的范围起到了不可低估的作用。例如,岳中刚和侯赟慧对南京大学国家大学科技园进行了案例研究,并对江苏孵化器和在孵企业进行了问卷调查,研究发现大学企业孵化器对于创造就业机会及促进区域经济发展具有重要作用[63];郭东妮的研究表明,大学科技园具有地域优势,能够迅速联系科技信息、科技人员等技术转移要素,在金融贷款、队伍组织、法律事务等方面为合作研发提供支持,是高校向企业进行技术转移的主要模式之一[64]。

# 第 2 章　合作研发在产业技术升级中的作用

## 2.1　基于技术联盟的产业技术创新

### 2.1.1　技术联盟的内涵

在经济全球化的背景下，技术不断进步，经济不断发展，企业间竞争关系随之改变，由单纯的"对立竞争"转向合作竞争，越来越多的企业为了提高自身竞争力而不断增强创新能力，自发地组成战略联盟，尤其是技术导向的战略联盟，或称技术联盟，形成优势互补的"合作竞争"模式。企业间技术联盟的合作不仅可以增强企业知识和资源的多样性，还可以通过充分竞争实现企业间博弈关系由"零和博弈"转向"正和博弈"[65]。

技术联盟为企业间的技术合作提供了一个平台，在这个平台上企业可以有效地从外部学到相关的知识技能，从而提高企业的创新能力。技术联盟构造了一个共生网络，由此形成了一种知识共享、传递、整合的协同机制。联盟成员可以在其中分享更多的知识、机会和技术资源，提高创新绩效，并提高整个产业的技术创新能力。

与此同时，作为技术联盟成员的企业也会面临一定的知识风险，知识合作和共享可能将企业的核心技术暴露给竞争对手，企业可能会面临知识产权流失、知识产权权益分配不均等不良后果，这种由技术专用性带来的道德风险可能给企业带来很大的损失[66]。

## 2.1.2 技术联盟与产业技术创新

从交易成本、创新、共生网络理论，以及知识学习等视角来探讨技术联盟和产业技术创新，可以大致概括出二者存在以下几种关系。

第一，从交易成本理论的角度考虑，企业间的技术联盟可以有效降低企业创新的巨大风险与不确定性，缩短开发周期，降低企业创新的成本，提高企业创新的效率，从而提高整个行业的创新成果。

第二，从创新方面来看，技术联盟为开放性创新活动的开展提供了便利，有利于企业间资源共享，实现了外部资源和内部资源的全面整合，实现了从线性创新模式到网络模式的转换，增加了产业创新的机会。例如，中国 TD-SCDMA 产业联盟[①]旨在整合和协调工业资源，提升联盟内移动通信企业的研究开发、生产制造水平，促进 TD-SCDMA 通信产业的快速健康发展，实现 TD-SCDMA 在中国及全球通信市场的推广和应用。

第三，用共生网络理论来看待两者之间的关系，企业间通过进行技术联盟形成一定的网络关系，一方面使得企业的社会资本得到保障，另一方面也丰富了企业的其他资源，拓宽了企业的创新空间[67]。例如，长风联盟[②]将基础平台软件厂商、应用平台软件厂商和第三方中介机构等产学研共生网络中的共生单元聚集起来，合理配置资源，利用不同企业的优势相互补充，配合创新与合作，利用技术联盟的形式，扩大市场影响力，规范市场标准，为行业创造整体解决方案，拓展了市场销售渠道，提高了软件市场的竞争力，成为探索平台软件产业化发展的新途径。

第四，从知识学习的角度来看，企业间的技术联盟为企业知识获取提供了更多的渠道，从多方面拓展了企业知识学习的深度，缩短了新产品的研发周期，有利于企业获取与顾客需求相关的信息，对现有产品加以改进，有利于企业及企业所在产业的创新活动。刘仕国等从全球价值链的视角入手分析技术创新的问题，指出技术联盟促进产业升级的路径为"全球价值链—国际贸易—技术联盟—产业创新和知识扩散—产业升级"[2]。

---

① TD-SCDMA 产业联盟英文全称为 Time Division Synchronous Code Division Multiple Access Industry Alliance，中文名为第三代时分标准通信产业协会，于 2002 年 10 月在北京成立，联盟成员覆盖 TD-SCDMA 产业链中系统、芯片、终端等各环节。

② 长风联盟全称即北京长风信息技术产业联盟，于 2005 年在北京成立，该联盟致力于探究产业前沿技术，对接市场需求，搭建互联网技术全产业链创新资源平台。

## 2.1.3 技术联盟促进产业技术创新的成功实践

中国的技术联盟在 21 世纪才显现出较快的发展态势，但从全球范围来看，1970 年以后各种战略联盟和技术联盟就已经大量出现。技术联盟的出现，对产业发展和产业创新具有重要的推动作用，国内外有大量的技术联盟的成功案例，例如，早期在半导体行业兴起的美国半导体制造技术联盟、欧洲信息技术研究与开发战略计划和日本超大规模集成电路计划等，以及欧盟的研发框架计划和"地平线 2020"计划等。下面将以日本超大规模集成电路计划为例，进行案例分析和拓展。

1. 案例描述

20 世纪 70 年代，日本在知识密集的计算机产业遭到了前所未有的挑战，以 IBM 为首的美国半导体企业的迅速发展和扩张，让日本本土企业受到了巨大冲击。美国 IBM 相继研发出采用集成电路的第三代计算机 360 系统和采用大规模集成电路的 370 系列计算机，严重冲击了日本的本土市场，包括东芝等在内的日本本土计算机产业巨头也未能在冲击之下幸免，这一时期，在 IBM 等美国企业的市场势力逐步扩大的情况下，伴随而来的是日本本土企业的市场份额大幅度降低：本土企业市场份额从 1970 年到 1974 年间持续下降 12%，1974 年本土企业国内市场份额总计仅占 48%，与此同时，IBM 则占领了日本国内 40%的市场份额。认识到与美国计算机行业的差距后，为了保护和培育本土计算机企业，1976 年 3 月，日本通商产业省成功获批"下一代电子计算机用 VLSI 开发促进费补助金"预算案，筹备成立了以富士通、日立、三菱、日本电气和东芝五大公司为首，厂商联合研究的技术联盟方式，综合其核心技术研发能力，与日本电子综合研究所和计算机综合研究所携手投资 720 亿日元共同实施 VLSI 项目。VLSI 项目成立之初的目标是应对美国等发达国家在知识密集的计算机技术创新领域的威胁，团结分散的研发资金投入、人力资源和力量，节约研发成本和时间，积极投入到微制造技术的提升和改善中，以缩短日本与美国等发达国家在微制造技术领域的技术差距。VLSI 项目联合参与厂商的"共性"技术，将研发重点放在微制造技术，包括改造和开发新的光刻方法及提升硅晶体的质量，深入研究和开发半导体应用技术，加强对硅晶体的性能的深入了解，以技术优势带动生产应用等方面。受益于 VLSI 技术战略联盟的技术研究成果，日本在 20 世纪 70 年代末一举赶超美国，成为半导体领域世界公认的技术强国，并将相关领域的优势地位保持至今。

## 2. 案例分析

### 1) VLSI 技术战略联盟的动机

日本电气、东芝、日立、富士通和三菱等五家公司最初建立 VLSI 联盟是出于本土半导体企业生存的考虑，对抗美国 IBM 等对本土市场的占领。日本官产学合作联盟的建立是在意识到本土企业规模相对较小，发展受限，分散企业的技术研发经费投入支出过少，无法同英美等国的大企业相提并论，同时产业内信息不对称和知识外溢速度较慢等问题的基础上建立起来的。延续了在 10 年到 20 年内研发出能实际应用的产品技术的目标，日本企业在政府的支持下建立技术联盟，共同研发共性基础技术。技术联盟有利于日本整个半导体行业的创新活动和技术进步。表 2.1 总结了 VLSI 技术战略联盟的联盟主体、研发领域、研发经费支出和研究方式等基本情况。

**表2.1 VLSI技术战略联盟的基本情况表**

| 联盟阶段 | 主要内容 |
| --- | --- |
| 联盟的持续期 | 从"下一代电子计算机用 VLSI 开发促进费补助金"预算获批初始，后成立产学联合的"VLSI 研究开发政策委员会"作为合作协调组织机构，由政府和民间企业联合出资的"VLSI 技术研究组合"即 VLSI 技术战略联盟于 1976 年 3 月成立运行，该组织于 1980 年宣告解散，共运行四年 |
| 联盟主体 | 日本电气、东芝、日立、富士通和三菱等五家企业 |
| 研发领域 | ①DRAM( dynamic random access memory, 动态随机存储器 )的技术研发，包括 64K DRAM 和 128K DRAM<br>②硅片大口径技术问题，包括高精度加工技术和单晶硅结晶技术 |
| 研发经费支出 | 联盟期内投入的研发总经费达 720 亿日元，日本通商产业省资助金额达 291 亿日元，约占研发支出的 40%，年均研发经费投入约为 180 亿日元 |
| 研究方式 | ①围攻策略，在进行半导体高精度加工设备的研发上，三个技术研究室围绕这一共同目标，从不同角度进行研究，在相互竞争中取得喜人成果<br>②委托模式，将研究项目委托给其他研究机构，如理光、佳能等集成电路上游企业，它们在专业领域具有相对优势，如光学设备加工技术方面。据统计，参与 VLSI 技术战略联盟研究的上游企业多达 50 家 |

在组织协调方面，VLSI 采取直线职能管理的组织结构，同时兼顾了直线领导的命令统一和职能机构的专业化，继承并发扬了日本传统产业联盟的组织优势。最高管理机构是理事会，下设经营委员会与技术委员会等组织机构，具体组织结构如图 2.1 所示。

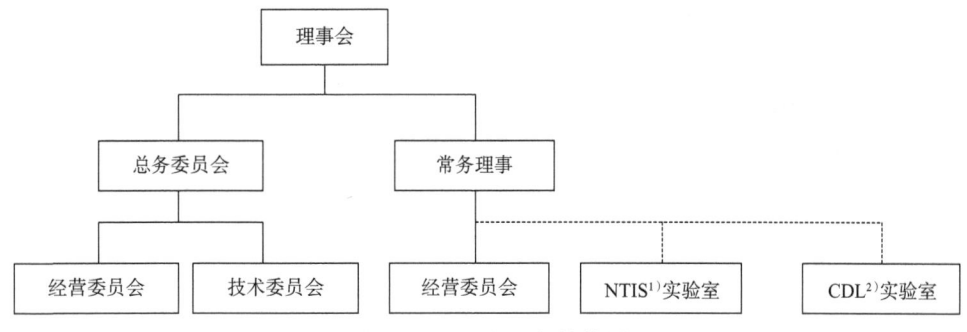

图 2.1　VLSI 的组织结构图

1）全称为 Nipponelectric-Toshiba Information System，即日电东芝信息系统
2）全称为 Computer Design Laboratory，即计算机综合研究所

2）联盟取得的产业创新绩效

通过联盟中企业的共同努力，VLSI 突破了分散企业发展的种种限制，发挥了联盟合作研发优势，成果斐然：在包括光刻装置、大口径晶圆研制和储存器生产在内的行业先进生产技术方面取得了飞速发展和领先成就。VLSI 组织研发出的缩小投影型光刻装置，不仅作为当时世界前沿的技术设备为当时日本的半导体加工相关产业提供了发展优势和坚实基础，而且对日本在之后进一步研发更先进的光刻装置起到了关键作用，甚至在整个半导体设备发展中发挥了重要的作用，为日本半导体产业的创新和发展奠定了坚定的基础。在实施 VLSI 计划后，日本的半导体产业实现了由近 80%依赖美国进口，到国内半导体全部实现自主生产再到出口全球的飞跃。在晶圆大口径研发方面，VLSI 突破了当时研究认为的只能将晶圆口径做到 6 英寸[①]的限制，首次将晶圆口径扩大至 8 英寸。这一技术突破，为日本半导体材料的生产提供了质的飞跃。研发取得的专利成果，由专利研发参与主体共享，联盟合作研发带来的技术共享在很大程度上提升了联盟内部企业甚至整个日本半导体产业的技术水平，大大缩减了分散发展下知识外溢的时间成本，对日本半导体产业的技术创新与发展做出了不可磨灭的贡献。此外，在芯片领域取得技术创新后，各企业均开始投入到存储器的研究中，在享受联盟研发带来的专利成果的基础上，日本将具有领先性的集成电路高精度加工技术和印刷电路快速检验等技术投入到生产中，借由技术优势带来的海外市场的逐步扩张，奠定了其在存储器生产领域的世界认可的地位。

3）案例中的成功经验与启示

VLSI 这一技术联盟的成功对我们有以下几项启示。

第一，重视联盟的技术创新途径。联盟内的各个企业要在消化、吸收、享受

---

① 1 英寸=2.54 厘米。

联盟创新成果的同时发挥自身的创新动力。这就要求技术联盟在满足各个企业对创新技术成果需要的同时，加强引导，鼓励参与主体进行吸收、消化、再创新，激励其在使用基础技术的基础上创造新技术。以中国半导体行业为例，一方面中国半导体行业虽然在基础技术上有一定优势，但是在创新能力方面与发达国家相比还有待加强，因此，企业在使用联盟创新技术之外，还应该学习其创新方法，与自身情况相结合，走消化再创新的路径，从而实现整个产业的创新与发展。

第二，重视政府在技术联盟尤其是在产业技术联盟中的作用。产业技术联盟为参与企业更多地解决技术研发和推广应用的问题，政府则应提供相应的配套设施，为产业提供支持和服务。政府需要施行合理有权威导向性的产业政策，包括减免税费、财政投入等方面的财政政策，专利成果和知识产权保护等方面的保障政策等，协力产业发展，发挥综合作用，具体包括：①政府合理提供资金补助，为助力产业技术联盟的长足发展提供资金动力，激励调动参与主体的创新活力；②发挥政策职能，明确政策的指向性作用，制定并实施科学的产业长期发展战略，完善相关产业政策内容，促使新技术尽快扩散转化为现实应用；③发挥"经济中介"职能，创造市场条件，强化企业的融资能力、产业的转化能力，加快联盟技术溢出，促进产业的长足发展。

第三，重视政府研发投入的积极作用。企业间进行技术联盟所需的研发支出投入比重大，且政府主导的成分较多，参照案例中联盟内的资金投入方式，大多采用"政府财政扶持为主、企业自筹为辅"的资金投入组合，因此，资金方面，政府财政投入应当成为技术联盟研发运行成本的主要来源。另外，人力资本的投入应综合产业界与学术界的核心人力资本力量，在联盟内部整合的基础上，建立合理的人才引入机制，加强对外部人才的有生力量的利用。

3. 案例拓展

日本 VLSI 技术战略联盟的成功，为世界其他国家提供了技术联盟的发展模式，美国、欧洲、中国和韩国等也在半导体领域建立了技术联盟。

为了赢回被日本半导体行业占领的市场，1987年3月，美国国防部效仿日本建立技术联盟的方式，联合美国半导体行业的14家企业成立美国半导体制造技术联盟（SEMATECH），当时预计在1993年底攻克64M DRAM，1988~1993每年有2亿美元的研发经费投入，国防部支付1亿美元，其他参与联盟的企业分担其余经费支出。该联盟的主要任务是研发先进的半导体生产技术，测试生产设备的技术，创新微电子机械制造的新方法，强化微精细加工、结晶等基础关键技术等。与VLSI一样，SEMATECH成立以后，参与企业同样从技术共享中获益。SEMATECH为促进参与主体的创新发展和产业技术进步发挥了巨大作用，同时在一定程度上为美国的半导体发展注入了后生动力，促进了整个半导体行业的产业创新。

韩国在 20 世纪 80 年代后期也成立了以电子通信研究所（Electronic Telecommunication Research Institute，ETRI）为首，三星电子、LG 电子、现代电子和首尔大学、科学技术院等单位共同参与的技术联盟组织，主要从事 DRAM 及其制造设备和生产材料的研发。这一联盟成功实现了它的目标，也为 1997 年亚洲金融危机后韩国半导体工业的迅速崛起奠定了基础。

欧洲也建立了相关的技术联盟，1984 年，依托于比利时鲁汶大学的微电子系的微电子研究中心（Interuniversity Microelectronics Centre，IMEC）成立，与企业技术联盟不同，它是依托于高校和科研机构的从事高端微电子相关研究的独立研究所，主要提供给参与主体技术创新与研究成果，其创新模式与研发成果世界领先。成立至今，IMEC 已经在欧盟甚至世界范围内形成了巨大的影响力，其分支机构也已遍布世界各地。

近 20 年来，中国半导体产业发展迅速，2002 年 10 月，由华为技术有限公司、联想（北京）有限公司和中国电子信息产业集团有限公司等 8 家企业联合发起成立 TD-SCDMA 产业技术联盟，联盟创立的主要目标是在行业范围内规范完善相关技术标准，提高技术应用水平，同时协调行业内企业互动关系，以促进产业健康稳定发展。在技术层面上，联盟倡导参与主体之间资源技术共享，合作提升产业发展速度，促使整个产业群体具有更大的竞争优势。

技术研发与联盟组织结构存在一定的相关性，如表 2.2 所示。

表2.2 联盟研发与运作模式的比较

| 国家 | 联盟名称 | 联盟主体 | 研发领域 | 研发与运作模式 | 成果扩散与应用 |
| --- | --- | --- | --- | --- | --- |
| 日本 | VLSI | 企业 | DRAM 等 | 围攻策略与委托模式 | 内部孵化 |
| 美国 | SEMATECH | 企业 | 64M DRAM | 组织交流与互动合作 | 内部孵化 |
| 比利时 | IMEC | 高校与独立实验室 | 湿洗法、硅化物 | "临界质量" | 分离子公司 |
| 韩国 | ETRI | 企业 | 256M DRAM | 组织沟通与整合 | 内部孵化 |
| 中国 | TD-SCDMA | 企业 | TD-SCDMA 标准、产品研究 | 协议合作关系 | 内部孵化 |

## 2.2 技术联盟与产业升级

### 2.2.1 产业升级的技术内涵

产业升级指的是特定行业中的市场实体在专业分工的过程中使得投入、产出，以及技术得到改善，进而通过提高产品的附加值实现利润最大化的可持续性，最终在市场中取得竞争优势的过程。产业升级主要体现在以下两个方面：一是产业部门增多，产业关系复杂；二是技术矩阵的改进，即知识密集型产业协会逐渐取代资本密集型或劳动密集型产业协会。从产业升级的表现形式可以得出，产业升级的内涵主要包括三种基本模式，即生产升级、生产组织升级和市场升级。生产升级包括投入升级、产出升级和技术升级（技术进步）。本章主要分析生产升级中的技术升级问题[68]。

从全球价值链的视角看，产业升级要实现产业由低技术、低附加值状态向高技术、高附加值状态演变，强调产业整体沿全球价值链的攀升过程，强调产业升级各阶段的内在联系，注重企业的作用。赵放和曾国屏分析了全球价值链和内部价值链并行条件下产业升级的联动效应，以产业升级为例，针对升级的过程的分析表明，为了实现一国从全球价值链低端到高端的转变，需要建立签证中心，开发先进的元素，先在国内市场获得竞争优势，再扩展到全球价值链，实现产业转型升级[69]。

## 2.2.2 技术联盟与产业技术升级

加快企业技术创新进程是实现产业升级的关键，而企业技术创新的实现要求企业形成创新能力。技术联盟是实现该目标的重要渠道，通过协同效应、知识溢出效应和学习效应三种积极形式促进创新绩效，进而实现技术进步。技术联盟促进创新绩效的机理可以概括总结为知识溢出和组织学习提高企业技术能力，而技术联盟中不同的组织对象能够促进不同类型的创新[70]。而创新是实现产业升级的重要途径。随着经济的发展，创新的内涵包括传统技术进步、组织管理能力的变化、新市场和新产品的开发、信息和知识资本的创新。长远来看，技术进步是实现产业升级的根本动力。技术创新是技术进步的重要途径，一些经验分析表明技术创新能够促进产业升级[32, 71]。技术联盟作为技术创新的重要手段，其促进产业升级的路径主要可以表示为"技术联盟—产业创新和知识扩散—产业升级"。

技术联盟包含横向技术联盟、纵向技术联盟、产业技术创新联盟和跨国技术联盟，技术联盟在实现工业产业升级中占据主导地位。技术创新联盟是大学、企业和其他研究机构资源整合利用的重要方式，具有提升产业创新力和竞争力的重要功能。20世纪20年代英国首先出现了研究联合体，随后为法国、德国和意大利等国家借鉴。20世纪60年代这种技术联盟模式为日本所借鉴，其中较为成功的是日本的"超大规模集成电路计划"联盟，该联盟的成功充分体现了产业技术联盟的贡献作用[72]，20世纪80年代美国开始推崇产业界和大学相互协作，研究新技术,开拓新市场[73]。中国产业技术联盟源于1992年实施的"产学研工程",快速发展于2006年国家六部委成立推进产学研结合工作协调指导小组后[74]。目前,中国的工业技术联盟有着明确的形成理念和良好的发展趋势。通过联合研究,中国工业技术联盟在一系列核心技术研究方面取得了突破,推动了中国产业的升级和发展,提升了中国产业的核心竞争力,有利于中国产业在全球价值链中的发展。中国工业技术创新联盟最终的崛起,增加了中国产品的附加值。

产业技术创新联盟除了能够分担研发成本和风险外,还具有加快研发进程、缩短研发周期的作用,有利于企业间获取互补资源,增强技术集成等优势。此外,产业技术创新联盟由于其在研发合作、市场合作及协同制定标准等方面存在优越性,也使其受到了各国政府的大力支持,许多国家的产业技术创新联盟以政府主导的模式展开。例如,欧盟工业技术联盟采取了多种合作方式,具体的合作方式的选择是根据联盟的不同目标决定的[74]。欧盟的产业技术联盟已由第一框架计划发展至第七框架计划(2013年结束),现在实施是"地平线2020"(Horizon 2020)。"地平线2020"于2013年12月11日启动,欧盟通过包括第一至第七框架计划和"地平线2020"在内的一系列科技发展战略促进了欧盟产业技术联盟的发展,进而对欧盟国家科技的共同进步和产业的发展升级做出了不可磨灭的贡献,对欧盟经济的发展具有突出的作用[75]。

## 2.2.3 技术联盟促进产业技术升级的案例

国内外有大量关于建立技术联盟提升创新绩效,进而促进产业升级的案例。新能源汽车作为一种新兴的战略性产业,其产业的特征、技术发展特点决定了以产学研结合形式组建技术联盟是推动该产业发展升级的重要手段和措施[76]。各国在发展新能源汽车时建立了多个技术联盟,包括美国"新一代汽车合作伙伴计划"、日本"革新型蓄电池尖端科学基础研究专项",以及中国的"汽车轻量化技术创新战略联盟"、"安徽省汽车电子产业技术创新战略联盟"和"河南省电动汽车产业联盟"等。下面将通过案例,总结和比较技术联盟在中国、美国和日本的新能源汽车发展中所采取的管理、运行机制,以阐述其在促进产业升级中的作用。

1. 案例背景

培育和发展新能源汽车是缓解能源和环境双重压力,推动汽车产业转型升级的重要手段,是实现可持续发展的必经之路。新能源汽车由于其产业关联系数大、产业链条长(图2.2)、技术连带功能强、难度系数大、研发投入高、商业化过程慢等特点,需要"官产学研用"这五方面联合行动,产业技术联盟成了促进产业升级的主要途径，美国、中国、欧洲和日本等在此过程中均建立了多个联盟。

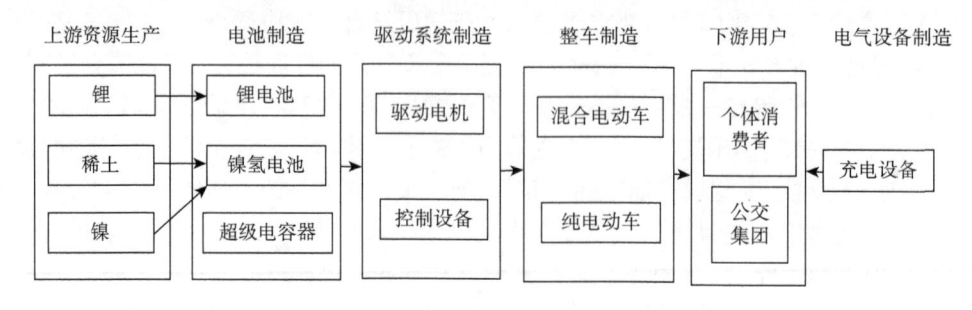

图 2.2 新能源汽车产业链示意图

## 2. 案例分析

### 1）联盟动机

新能源汽车产业具有高投入、高风险、长周期的特点，其产业链包括上游的燃料生产、供应商、驱动系统制造商、整车制造商，以及下游的用户，产业间关联系数大，只有通过将产业中包含研发、生产制造和配套服务等各个阶段中的参与者组织起来，形成技术联盟，才能节省成本和降低投资风险，缩短新能源汽车从技术研发到投入市场的周期，最大限度实现汽车产业的整体升级。

美国 PNGV 计划是当时美国汽车产业为应对日本汽车行业挑战而由政府机构发起，汽车厂商、实验室和大学联合参与的"新一代汽车联合体"计划。PNGV 最早是依托于通用、福特和劳斯莱斯三大汽车公司，以 1992 年成立的美国汽车研究理事会为雏形的汽车技术革命计划。1993 年，由总统牵头，将美国汽车研究理事会与 8 个联邦政府机构进行联合，对计划的进一步开展制定了策略和目标，新一代汽车合作伙伴计划诞生了。该计划意图通过技术创新研发和应用，促进低碳节能混合电动汽车的应用和普及，同时增强美国汽车制造业的国际竞争力，抵抗日本汽车行业的威胁，以巩固美国汽车的全球市场份额。该计划的参与者囊括了美国三大汽车生产厂商和包括商务部、能源部等在内的 8 个联邦政府机构，该联盟的管理通过事务指导小组和技术指导小组共同实现。PNGV 产业技术联盟组织框架如图 2.3 所示。

日本革新型蓄电池尖端科学基础研究专项是新能源·产业技术综合开发机构于 2009 年启动的技术研究专项计划，项目的研发包括相关汽车和电池生产厂商、高校和相关公共研究机构共 22 个机构，其目的是通过开发电力分析解析装置，解释蓄电池使用寿命下降的基本反应机理，进一步提高锂离子电池的可靠性，并开发能量密度更高的蓄电池，提高日本蓄电池开发技术的国际竞争力。美国和日本的产业技术联盟的联盟主体、联盟目标、研发投入和政府作用如表 2.3 所示。

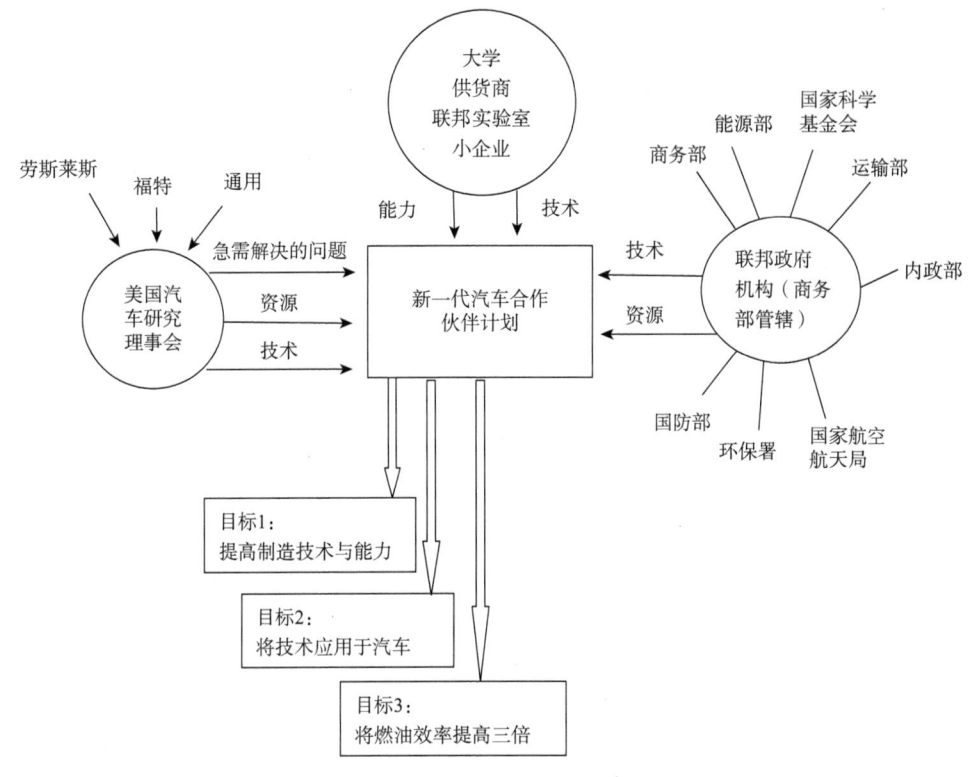

图 2.3 PNGV 新能源汽车产业技术联盟组织框架

资料来源：根据美国 PNGV 计划网站资料绘制

表2.3 美国和日本汽车产业技术联盟的比较

| 产业技术联盟 | 联盟主体 | 联盟目标 | 研发投入 | 政府作用 |
| --- | --- | --- | --- | --- |
| 新一代汽车合作伙伴计划（美国） | 美国商务部、能源部、内政部、国防部等8个联邦机构，大学和联邦实验室，三大汽车公司及全美38个州的453家企业[84] | 通过技术创新研发和应用，促进低碳节能混合电动汽车的应用和普及，同时增强美国汽车制造业的国际竞争力 | 计划每年预算约为12.5亿美元，10亿美元来源于产业，其余由政府承担 | 由政府引领，并加大对联盟研发的资助，表明美国意志导向的产业技术发展目标 |
| 革新型蓄电池尖端科学基础研究专项（日本） | 丰田、日产、本田、三菱等汽车企业，三洋电机、日立和三菱重工等机电与电池企业，京都大学、东京工业大学和产业技术综合研究所等22家单位 | 提高现有蓄电池性能与研发新型蓄电池等的基础技术 | 项目从2009年开始至2015年，实施年限为7年，总预算额为210亿日元 | 政府给予服务支撑与辅助，是公共研究机构、产业界与学术界联合主导的研发形式 |

2）技术联盟对汽车产业技术升级的作用

随着资源短缺现状下能源利用效率提升和生态环境保护公共认知的不断提

高，新能源汽车因其节能环保的特点成为汽车行业新的产品研发方向，联盟的作用也涵盖了新能源汽车应用和推广的相关环节，且由于其较强的权威性和政策指向性，联盟也是新能源汽车应用与推广的关键途径，在汽车产品研发和应用中起着至关重要的作用。技术联盟的组建有利于分担研发成本并缩短研发周期，有利于实现技术创新和进步，实现汽车产业的整体升级和转型，有利于推动汽车产业的结构调整和产业技术升级，为汽车产业未来的发展提供了新的方向。早日实现新能源汽车的研发，有利于在全球价值链中占据有利地位，提高产业的附加值，进而实现产业升级。

以美国为例，新一代汽车合作伙伴计划通过充分酝酿和筛选确定轻质材料、混合动力、高性能引擎和燃料电池为主要研究方向，并于 2000 年提出包括 Prodigy 在内的概念车，将汽车产业的发展方向由提高规模效率转向微机电技术和通信技术等高科技，对汽车工业的开发、生产和销售环节进行全面提升，围绕安全、环保、节能等领域，采用新能源新技术研发新车型，占领技术制高点。这一技术联盟加速了美国汽车产业的技术革命和产业升级，带动了电子、能源、化工和机械等相关产业的技术进步和产业结构调整，进而带动了全球汽车产业的升级和发展。

3）案例拓展

中国产业技术联盟在近年来得到了长足的发展，自 1984 年开始，中国产业技术联盟经历了 20 世纪 80 年代以依赖发达国家先进技术为主的第一阶段；20 世纪 90 年代逐渐转变为完全的技术引进模式，"以市场换技术"建立合资企业和技术联盟的第二阶段；以吉利和奇瑞第一辆车为标志，中国逐渐进入自主研发的第三阶段。随着汽车行业产业技术联盟的建立和成熟，中国汽车产业新旧动力转换取得了一系列成就，为汽车产业的发展和升级做出了巨大的贡献。在《中国制造 2025》纲领的指导下，面对经济新常态，技术联盟的建立为推动工业结构调整和转型升级做出了很大的贡献。据统计，2018 年中国累计生产新能源汽车 127 万辆，同比增长 59.9%，其中纯电动乘用车 98.6 万辆，插电式混合动力乘用车 28.3 万辆[77]。

中国汽车产业技术联盟取得的成就主要包括如下方面。

第一，中国新能源汽车关键零部件的技术研发取得突破性进展。中国新能源汽车在零部件制造领域的进步明显，动力电池技术、电动系统集成等方面的研发进步与技术创新集中体现在纯电动车领域的应用成果。总体来说，就电动系统集成技术与关键零部件的研发应用方面，中国已经与美国等发达国家持平。比亚迪、雷天等企业开发的镍氢和锂离子等多个系列车用电池主要产品性能达到国际水平[78]。

第二，中国新能源汽车整车研发进程有序推进。在关键基础技术研发过程之外，中国在整车技术研发与产品开发方面也取得了长足的进步，集中体现在中国新能源公共交通汽车的推广和普及应用方面。中国已拥有成熟的相关技术和平台，能够独立自主地开发具有自主知识产权、适于推广应用的混合动力、纯电动、燃料电池。国内企业已开发出可适用于公交车和私人汽车并采用新能源技术的系列产品并逐步投入市场[79]。

第三，中国新能源汽车相关的准入和各类技术标准和管理体系日趋完善。与新能源汽车研发和应用同步，中国相关政府部门如工业和信息化部也促成了电动汽车标准法规与产品管理体系的逐步建立，意味着新能源汽车相关的配套公共政策的逐步完善。例如，2015年3月，工业和信息化部组织行业企业研究制定了《汽车动力蓄电池行业规范条件》①，以实用性技术指标作为考核标准，提出了生产企业基本要求、生产条件要求、技术能力要求、产品要求、质量保证能力要求及售后服务能力要求等。各类标准是在新能源汽车快速增长，动力蓄电池行业能力、水平制约突出的背景下制定发布的，目的是推动解决动力电池企业良莠不齐、企业规模偏小、低水平重复建设等问题[80]。

## 2.3　重大科技攻关项目

### 2.3.1　科技攻关项目的历史与布局

科技攻关项目，一般泛指在国民经济社会的各个领域，各个行业发展中需要创新的科技项目，这类项目代表中国科技发展的目标方向，具有技术难度高、关键性强等特点，需要集中力量进行攻克。"重大科技攻关项目"尚无统一的定义，通常是指对经济、社会及科技发展具有重要支撑作用的项目[81]。重大科技攻关项目主要包括国家级重大科技攻关项目和企事业单位的科技攻关项目。

1. 国家级重大科技攻关项目

国家级重大科技攻关项目是指采用政府部门的力量集中相关专家学者，在保密的情况下进行研究，是一个经历实验、鉴定、再实验，继而投入实践的过程。例如，"十一五"以来，通过加强对科技计划的管理，提炼共性关键技术，中国遴选组织了一批重大科技攻关项目，取得了阶段性成果："高强度低松弛预应力钢丝、钢绞线用钢及制品开发"项目研发的多丝大直径钢绞线具有自主知识产权，并形成规模化生产能力；"高速重载列车关键材料及制品研发"项目研发的 270km/h 高速列车

---

① 2019年6月21日废止。

粉末冶金闸片指标达到 UIC（International Union of Railways，国际铁路联盟）标准，EA4T 车轴用钢已经进入实际应用[82]。

2. 企事业单位的科技攻关项目

企事业单位的科技攻关项目可以采用投标招标，邀请外部专家，单位内组织技术力量，委托有关人员等方式。例如，成都国腾实业集团有限公司的技术中心，重视产学研合作，运用传统产业与高技术相结合的形式，通过自主研发、引进和吸收国外空间信息应用、云计算等先进技术，截至 2015 年 5 月先后完成国家级及省部级重大专项 20 余项，包括核高基专项 2 项、北斗专项 3 项、863 专项 2 项、973 专项 1 项，完成公司级科技攻关项目 100 余项[83]。

中国实施过多个科技发展计划，国民经济发展的"六五"至"九五"期间，国家科技攻关计划先后安排了 534 个科技攻关重点项目，总经费投资达 379 亿元，获专利 2434 项，产生直接经济效益 2033.7 亿元人民币。科技攻关项目逐年增加，图 2.4 体现了 2006 至 2016 年间中国的 863 计划（即国家高技术研究发展计划）、973 计划（即国家重点基础研究发展计划）和科技支撑计划实施的项目经费投入情况。由图 2.4 可知，973 计划项目投入经费整体呈增加态势，由 2006 年的 9.78 亿元增长至 2016 年的 29.71 亿元，增长了 2.04 倍，说明中国科技攻关项目顺利的实施，为中国产业创新发展和产业升级打下了良好的基础。2013 年，新启动 863 计划 2 个重大项目、113 个主体项目，新立课题 547 个，课题涉及信息、生物医药、新材料、先进制造、先进能源等多个领域，其中资源环境课题所占比例最大，达 17.2%（图 2.5）。

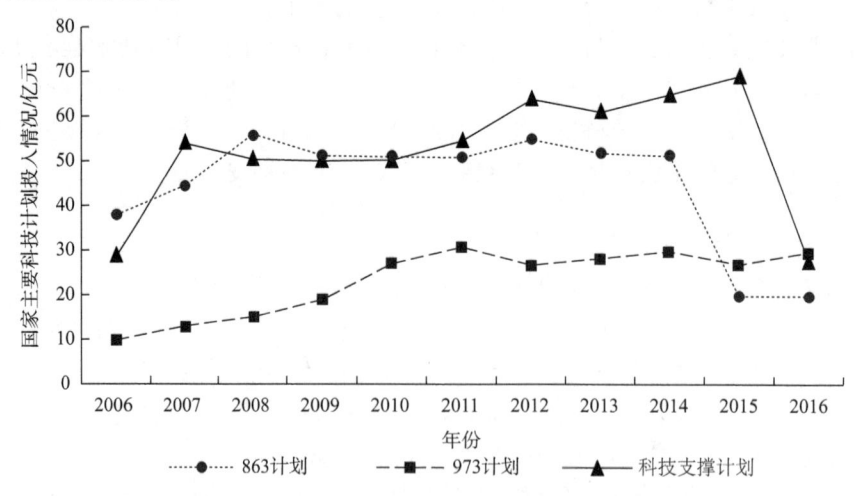

图 2.4　2006～2016 年国家主要科技计划投入情况

资料来源：根据《中国科技统计年鉴》（2007～2017）绘制

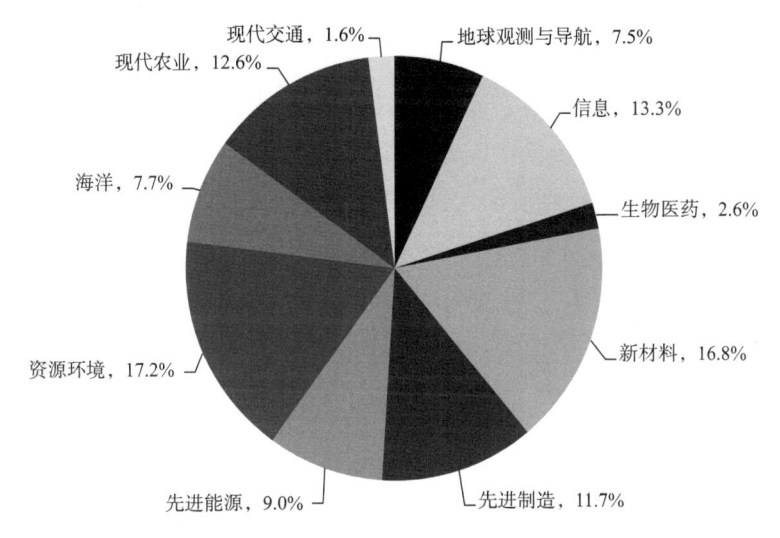

图 2.5　863 计划新立课题按技术领域分布（2013 年）

资料来源：根据《国家科技计划年度报告 2014》绘制

开展重大科技攻关项目，完善产业链、创新链和资金链的部署，促进各类创新资源汇集，构建市场导向下企业主体主导的产学研创新体系，在重点领域实施重大科技与产业化工程，整合全国科技力量，在重点领域实施重点攻关，可以推进中国科技创新发展与技术进步，从而可以实现由部分领域的科技跨越带动产业整体升级和技术进步的目标。中国的 863 计划、973 计划和"2011 计划"（即高等学校创新能力提升计划）等的实施，均证明了重大科技攻关项目和科技发展规划在中国这样一个发展中国家实施的有效性。中国科技攻关项目实施取得的成就如下。

（1）电子信息领域，高端通用芯片的发展为"神威蓝光"等高性能计算机提供了支持，超级计算机 CPU（central processing unit，中央处理器）效能已超过国外同类产品，移动通信也实现了由"3G 突破"到"4G 普及"再到"5G 引领"的跨越发展。

（2）先进制造领域，数控机床专项研制的 30 多类产品为中国大型核电、飞机、船舶等重大工程的发展提供了保障。

（3）能源与环保领域，特高含水老油田三次采油技术取得突破，阶段采收率 10%以上，高端油气装备研发成功，突破了国外技术垄断。

（4）生物与医药领域，新兴抗虫转基因水稻、抗乳腺炎转基因奶牛等完成实验。重大专项领域取得的成就，整体带动了原始创新和集成创新能力的提升，进一步凸显了重大科技攻关项目对促进中国技术创新，推动经济发展方式转变和产业升级等发挥的积极效益。

## 2.3.2 科技攻关项目的机遇与挑战

1. 中国科技攻关项目在实施进程中面临的新机遇

1）以创新驱动制造业的转型发展和产业升级，以科技攻关为重要实现途径

2015年5月国务院印发《中国制造2025》，加快部署实施"中国制造2025"，实现制造业升级。制造业是国民经济的主体，要实现制造业升级既要实现传统技术的改造升级转型，培育新兴产业和生产性服务业产业，又要大力研发以创新驱动的新技术。而实现创新的重要来源就是进行科技攻关，尤其是重大科技项目的攻关[84]。李毅中就科技攻关这一热点问题指出，创新驱动十分必要，目前政府正通过三个层次加大科技攻关。第一个层次就是17项国家科技重大专项①，"十二五"取得了重大进展，但"十三五"要全面突破；第二个层次是薄弱环节，要以骨干企业为龙头，组成产业联盟，开展行业共性技术攻关，科研机构要进行更多市场化改革；第三个层次是企业层面，企业的技术革新，我们有经验、有传统、有创新，但现在不少企业不专注，比较浮躁。另外，还要重视成果转化，在产业化和商业化上下功夫，研发的目的在于运用，只有用才能进入市场，才能转化为现实的生产力[85]。

2）实施国家科学和发展规划，加大对科技重大专项的重视

已顺利实施的《国家"十二五"科学和技术发展规划》延续了以往对科技重大专项的重视，指出要加快实施国家科技重大项目，积极对重点领域进行突破。实施国家重大科技项目是科技工作的重中之重。致力于实现将国家科技重大项目打造成为促进深化改革和加速经济与技术相结合的重要载体，进而建立和完善社会主义市场经济条件下的生产组合政策等新型体制机制[86, 87]。

3）高技术发展需求迫切，科技攻关计划的实施具有重要意义

发展中国家在经济全球化潮流中得到发展，如中国、印度等，这加大了各国经济的竞争，其中，国家的作用变得尤为重要。各国纷纷出台政策对经济进行干预，其中高技术产业成为重要的关注焦点，大部分国家将高技术看成经济竞争力的象征，纷纷出台刺激经济发展的计划和各种高技术产业计划。为了保持中国经济持续稳健的增长，促进中国工业的升级转型，实现中国在全球价值链中的攀升，实施重大科技攻关项目具有重要意义。

---

① 重大专项是《国家中长期科学和技术发展规划纲要（2006—2020年）》确定的重大战略任务，是为了实现国家目标，通过核心技术突破和资源集成，在一定时限内完成的重大战略产品、关键共性技术和重大工程，是中国科技发展的重中之重。资料来源：国家科技重大专项，http://www.nmp.gov.cn/zxjs/。

2. 中国科技攻关项目在实施进程中面临的挑战

为解决面临的诸如生态破坏、环境污染和气候变化等全球性问题，世界各国在相关领域的科技合作将日趋密切，其中包括越来越多的高技术和重大科技攻关项目的合作。这些领域的竞争与合作，将会不可避免地对中国科技攻关项目的组织管理与实施产生影响。同时，在科技攻关项目的实施和成果转化中也面临着更多挑战。

1）科技攻关项目成果如何向产业有效扩散

实现科技攻关项目的成果向产业的扩散，为产业所采用，转化为企业的生产力，才能有效提高中国的产业竞争力，实现中国产业的转型和升级。科技攻关项目成果向产业扩散包含多个环节，涉及许多因素，转化过程复杂。目前，中国产学研用结合不够紧密，科技成果向经济成果转化的比例低，企业原有科技成果少，创新体系整体效益有待提高。比如，具有突破性的科技成果与投入不成正比。应用科技成果已经产生了很多，但总的转化率很低。据统计，发达国家科技成果转化率往往可以达到 40%～50%，相比之下，中国转化率不足 10%，一部分重点高校与科研单位甚至不足 5%。转化率低下制约了中国产业的发展与升级[88]。

2）企业如何有效参与科技攻关项目

企业有效参与科技攻关项目是影响科技成果转化的重要因素，企业是科技攻关计划成果的最终使用者，科技成果也是通过企业向产业内扩散，企业对科技攻关项目的有效参与对项目成果的扩散具有重要作用。

## 2.3.3　科技攻关项目的经验借鉴

国外政府在组织重大科技项目方面已经积累了不少成功案例。以美国国家纳米技术计划（National Nanotechnology Initiative，NNI）、欧盟框架计划等为代表的重大科技项目最为典型，这些科技项目代表了国外政府在持续提升科技创新能力和促进产业升级发展方面的重要举措。本部分重点以案例形式分析国外科技攻关项目的成果经验，以期为中国重大科技攻关项目的制定和实施提供相关经验。

1. 美国国家纳米技术计划

美国市场化程度较高，但联邦政府在推动产业技术升级方面发挥的作用仍然举足轻重，政府组织开展了一系列专项的研发计划和科技任务，美国国家纳米技术计划就是其中的重要代表，该计划是在美国分散式科技管理模式下，由联邦政府协调、多部门参与的一项跨部门、跨组织合作的专项计划,通过科技任务和专项的组织,促进了产学研合作,体现了科技与经济的有效结合。

美国国家纳米技术计划核心目标是推进纳米科学、技术和工程的研发,加速科技成果产业化,使美国在纳米科技领域持续保持领先地位,具体实施情况如表2.4所示。

表2.4 美国国家纳米技术计划概况

| 项目 | 主要内容 |
| --- | --- |
| 设立背景 | 该项计划是历经3年调研,了解全球纳米粒子、纳米结构材料和纳米器件的研究开发现状、趋势之后拟定的 |
| 远景目标 | ①推进世界级纳米科技研发计划;②为了商业和公共利益,促进新技术向产品转移;③发展和保持能够促进纳米科技发展的教育资源、技术劳动力和支撑设施;④支持并负责纳米技术开发 |
| 主要内容 | ①加强联邦政府对于纳米科技的投入并且保持投入的可持续性;②通过筛选和评价机制,明确国家纳米科技研发工作的优先领域;③引导并且大力扶持纳米科技研发中心和网络的建设;④支持关于纳米科技研发领域的相关基础设施建设;⑤注重人力资源的培养,注重对相关研发活动的领导和协调,推进各部门与研发机构之间的交流合作,致力于减少低水平的重复,优化研发资源的配置 |
| 实施时间 | 2000～2020年 |
| 创新地位 | 2000年被列为联邦政府科技研发第一优先计划 |

美国国家纳米技术计划在一定程度上取得了成功,根据其组织和管理的相关情况,值得我们借鉴的经验主要有以下几点。

(1)管理机制方面,采用"集中+分散"的管理方式。政府从国家层面制定研究的重大领域和方向,并建立多部门联合的组织、协调领导机构,为项目实施提供保障[89]。同时,该项目分为八项子任务,由相应政府部门负责管理与实施。这种管理模式,既能将整个计划的管理进行分解,保障任务顺利实施,又简化了国家纳米技术计划的整体管理程序[90]。

(2)实行产学研合作研发。在课题组织过程中,按技术路线,在基础研究、应用研究、产业化等环节考虑企业、大学和科研机构等的参与协同。设立产业联系工作组,负责国家纳米技术计划研发与产业界的联系,为产学研提供组织保障。同时,与大学、科研机构、企业共建杰出研究中心,提供资金支持,从基础研究到产业化链条形成明确的技术路线和垂直分工,加速跨领域的研究人才培养。

(3)积极采取政府公共投入,引导产业界参与。NNI侧重长期基础研究,经费投入主要来源于政府的经费预算,由联邦政府和州政府等共同投入;随着计划的深入,在成果转化环节和具备产业化前景的情况下,企业逐渐参与,成为投资方。

2. 欧盟框架计划

欧盟框架计划是科技全球化背景下的产物,在全球范围内配置资源使得欧盟能迅速获取资本与人才,这极大地推动了其科技进步水平,为里斯本战略宏伟目标的实现奠定了强大支撑[91]。欧盟框架计划沿承了欧洲长期以来重视合作研发的传统,始于20世纪80年代中期,由FP(Framework Program,框架计划)1发展至FP7[92]。其规范的管理方法和有效的协调机制对重大科技项目的组织管理具有借鉴意义(项目管理程序如图2.6所示)。FP7在项目管理和推进合作研发方面具有明显特征,下文将以此为重点进行分析。

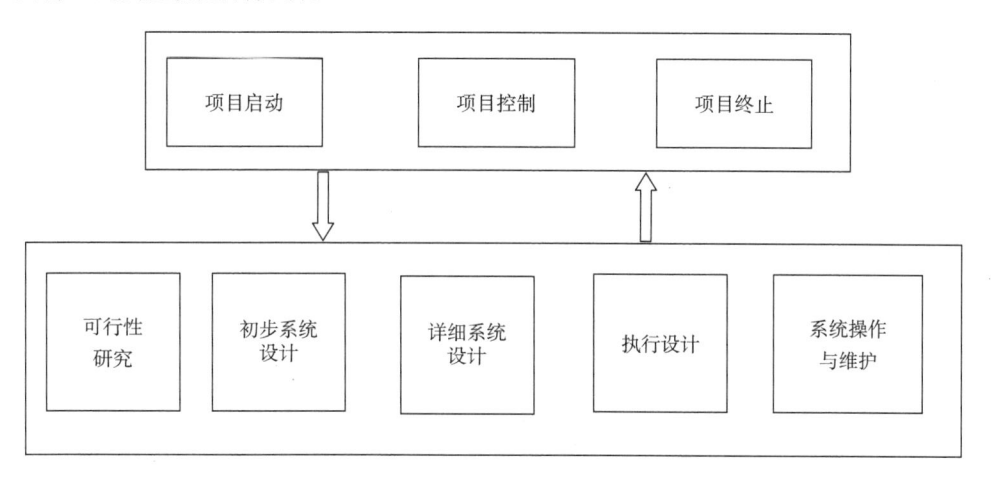

图 2.6　欧盟项目管理框架生命周期

第七框架计划主要包含了四个大的专题计划(合作、能力、人力资源和原始创新)和欧洲原子能共同计划,借助一系列的专题计划实现与第三国的国际合作是其对外开放的体现[93]。下面将以合作计划和人力资源计划为例进行说明。

"合作计划"作为第七框架计划的主要部分,提倡通过开展国际合作来提高本国的创新能力,要求合作主体以对外开放的姿态积极进行国际合作。此外,"合作计划"提出在主题计划中积极确定与其他国家或地区开展特殊性质的合作活动,并为合作提供充足的经费支撑(图2.7)。

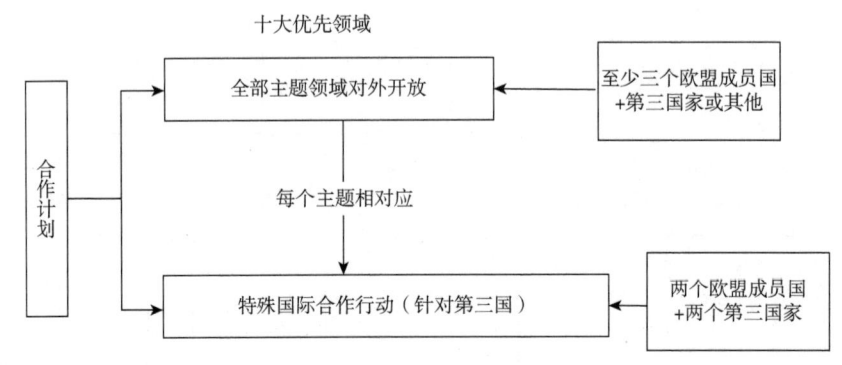

```
            健康
     食品、农业、渔业和生物技术
          信息通信技术
   纳米科技、纳米技术、材料和新生产技术
            能源
       环境（含气候变化）
         交通（含航空）
      社会经济学和人文科学
            空间
            安全
```

十大优先领域

```
合作计划 ─┬─→ 全部主题领域对外开放 ←── 至少三个欧盟成员国
          │         │                     +第三国家或其他
          │    每个主题相对应
          │         ↓
          └─→ 特殊国际合作行动（针对第三国）←── 两个欧盟成员国
                                                +两个第三国家
```

图 2.7 "合作计划"的国际合作情况

"人力资源计划"主要是为了支撑"合作计划"，旨在鼓励人才流动来加强各国之间的合作。以"玛丽·居里"行动进行实践，据统计，其中 25% 的预算用于合作项目，用于支持欧洲研究人员出国进行研究和吸引非欧洲科学研究人员开展相关合作等[94]。

欧盟框架计划由 FP1 发展至 FP7，在研发合作方面取得了很大成功，对其实施内容和管理模式等方面进行分析和思考，有如下经验值得我们借鉴。

第一，在实施相关计划的过程中积极推动国际合作。FP7 中的国际合作主要是通过各项专题计划得以实现，主要包括开展多样的跨国合作研究活动、完善基础建设及加强国际对话等；人力资源、原始创新计划能够为欧洲研发活动吸引更多科技人员。

第二，注重内部区域合作与外部区域合作相结合，明确区位定位。欧盟 FP7 实施以后，不断调整自身战略，加强对外合作的针对性，在各领域、各主题计划均有重要第三国合作内容。同时，通过对研究战略进行规划以规避研究中的低效率、重复性等问题，使得研发活动更有效、更连贯。值得借鉴的经验主要有：①在推动科技创新的同时需要注重人才的培养，与此同时依据整个计划制定系统性框架；②以产学研为核心，鼓励形成合作伙伴关系并引导各方积极交流。

第三，在防范人才流失的前提下鼓励人才流动。中国人才流失问题需要引起足够重视，在此基础上制定并实施引导人才回流的政策，营造尊重人才、爱惜人才的社会环境，使科技人才得以最大化地实现自身价值。

## 2.4 重大产业发展规划

### 2.4.1 产业发展规划概述

产业发展规划是区域经济发展规划的重要组成部分，是指在某一特定经济发展阶段与发展模式下，由一国政府引导或影响该国产业发展的重要计划。探究产业发展规划的相关内容，对优化资源配置，促进产业技术升级，实现经济可持续发展具有重要作用。

中国在前十个五年计划顺利实施后，在用语上使用"规划"代替"计划"，第十一个五年计划的名称改成"十一五"规划，以"规划"代替计划，用以突出规划的战略性、指导性和宏观作用[95]。2016年是"十三五"规划的开局之年，也是全面建成小康社会决胜阶段的开局之年，要实现中国"两个一百年"的奋斗目标，必须实现政府职能的转变，处理好市场与政府间的关系。依据上述规划的实施和重点转化，在资源优化配置中市场作为看不见的手，发挥了重要作用，政府应进一步发挥宏观控制和规范的作用[96]。政府发挥宏观控制和规范作用主要是通过制定和编制与国情和市场发展相符合的产业发展规划，对各地区需要重点发展的产业做出明确指示，建立相关扶持和规范政策，积极引导资本投资流向来实现的。

践行产业发展规划是切实落实国家发展战略，实施创新驱动，促进提质增效，推动产业技术升级，增强产业发展的持久动力，该类发展计划的制定标准是国民经济发展规划和区域的发展规划等，实施上体现在产业发展行动计划上。高端装备制造业是中国制造业发展的基石和立国之本，下面将以该类产业的发展规划为例加以说明。

"十二五"期间，中国出台了《高端装备制造业"十二五"发展规划》（以下称《规划》），《规划》依托《国民经济和社会发展第十二个五年规划纲要》《国务院关于加快培育和发展战略性新兴产业的决定》、《"十二五"国家战略性新兴产业发展规划》和《工业转型升级规划（2011—2015 年）》等文件编制，在分析中国装备制造业发展情况后，指出未来该行业发展的重要目标是提升创新能力，形成产学研用相结合的高端创新体系，实现该行业创新人才水平的大幅度提升。具体政策包括如下内容。

1. 加大技术改造力度

积极鼓励开展企业对技术的改造和再创新，通过"二次创新"实现产业基础的夯实与高端装备精密部件的研发，如进一步加强对高精度齿轮传动装置和密封件等基础零部件的高端精密研制，提升现有设备的加工制造水平，加大对高端先进工艺技术的推广与应用，结合人工智能与大数据应用，实现制造过程中对质量检测、生产控制和环保处理等主要步骤的流程优化与再造，提升产品制造、测试和调控等环节的自动化水平，提升产品生产效率与稳定性，提高高端制造业的智能化与绿色化水平。

2. 提升自主创新能力

通过构建完备的技术创新中介服务平台和技术平台，实现产业创新体系的建设与发展，不断提升装备制造业的自主创新水平。通过完善技术创新中介平台的功能，加强对中小企业孵化和技术交易市场的支持力度，提升行业整体的服务能力。同时，继续加强对高档数控机床与基础制造装备和高温气冷堆核电站等重大专项的创新工作的开展，进一步实现与战略性新兴产业的协同创新和产业融合发展升级，提高对核心共性技术的研发与关键技术的研制，为制造业高端化提供有力的技术支撑与保障。

3. 积极开展对外开放与合作研发

积极利用各类平台与渠道，寻求新的合作创新模式，以积极的姿态融入全球价值链，并稳步实现攀升。鼓励外商企业和科研机构在中国设立研发平台，推动国内外企业联合实现高端装备的技术合作研发。

"十三五"期间，结合《中国制造 2025》明确的"高端装备创新工程"，发展包括新一代信息技术产业、高档数控机床和机器人、航空航天装备、海洋工程装备及高技术船舶、先进轨道交通装备、节能与新能源汽车、电力装备、农机装备、新材料、生物医药及高性能医疗器械等在内的十大行业，继续发挥装备制造业的领头作用。同时，各省区市围绕高端装备制造业发展规划纷纷制定实施各自的产业发展规划，如《天津市高端装备产业发展三年行动计划（2015—2017 年）》和《河南省重点产业 2016 年度行动计划》等。

## 2.4.2 产业发展规划与产业技术升级

产业发展规划将产业所需的生产资料、社会经济发展的各个方面纳入考察范围，制定特定区域内的产业布局和发展计划，实现对产业结构的布局和优化调整，并对相关政策措施予以规范，其制定必须遵循产业发展的客观规律。产业发展规划作为指导性安排，为产业技术升级提供依据和基本保障，其作用体现在以下两个方面。

**1. 产业发展规划是指导性的规划文件，为产业技术升级提供依据和基础保障**

产业发展规划内容必须与该区域的经济发展水平、发展阶段和发展存在的问题相关，必须体现出该区域的发展特色、创新水平和区域一体化的特点。

产业发展规划需要兼顾行业和区域，同时又需要突破行业和区域的限制，从长远角度考虑制定产业发展的蓝图规划，构建创新性的产业体系。产业发展规划的制定由多方面入手，既包括产业门类视角又包含空间产业布局的视角，如测量某一地区整体的产业布局和项目规划发展。在中国，产业发展规划不仅包括每 5 年一次的国民经济和社会发展规划，还包含各级政府部门编纂的专项计划（表 2.5）。这些产业发展规划是总体规划在某一特定区域的细化与发展，是政府宏观指导的具体内容体现，对相应区域重大项目建设及新增固定资产投资方向做出重要指示。

表2.5　产业发展规划分类表[97]

| 分类依据 | 分类层面 | 分类实例 |
| --- | --- | --- |
| 制定和实施规划的主体 | 国家级 | 《"十二五"国家战略性新兴产业发展规划》 |
|  | 省域级 | 《江苏省"十二五"工业经济发展规划》 |
|  | 市域级 | 《郴州市承接产业转移示范区发展规划》 |
|  | 县域级 | 《宁乡县"十三五"农业发展规划纲要》 |
| 产业范围 | 总体产业规划 | 《国家"十二五"科学和技术发展规划》 |
|  | 专项产业规划 | 《湖南省文化产业发展规划》 |
| 产业主体 | 产业布局规划 | 《湖南省建设全域旅游基地三年行动计划（2018—2020 年）》 |
|  | 产业发展规划 | 《甘肃省推进绿色生态生产产业发展规划》 |
|  | 产业结构调整规划 | 《东莞市产业结构调整规划（2008—2017）》 |

续表

| 分类依据 | 分类层面 | 分类实例 |
| --- | --- | --- |
| 三次产业形态 | 第一产业规划 | 《黑龙江省现代化大农业发展规划（2011—2015年）》 |
|  | 第二产业规划 | 《北京市"十一五"时期工业发展规划》 |
|  | 第三产业规划 | 《2009—2012年上海服务业发展规划》 |
| 产业载体 | 产业园区规划 | 《湖南省"十二五"产业园区发展规划》 |
|  | 产业集群规划 | 《山东省中小企业产业集群发展规划》 |
|  | 产业基地规划 | 《鲁北高端石化产业基地发展规划（2018—2025年）》 |
|  | 产业带规划 | 《徐州市沿东陇海线产业带建设总体规划》 |
| 执行时间 | 长期规划（5~10年） | 《成都市大数据产业发展规划（2017—2025年）》 |
|  | 中期规划（3~5年） | 《河南省旅游产业"十二五"发展规划》 |
|  | 短期规划（1~3年） | 《无锡市物流产业调整与提升行动计划（2009—2011年）》 |

由此，可以看出产业发展规划为区域产业发展和产业技术升级指明发展方向和发展路径，也为产业技术升级提供依据和基础保障。在产业发展规划的范畴内，逐步实现各产业的技术升级，进而实现整个区域的发展和中国在全球价值链中的攀升。

2. 根据产业发展规律为产业发展确定长期目标和阶段性发展重点

产业发展规划的制定遵循产业生命周期理论，在产业生命周期的不同阶段需要实现产业技术升级的不同目标，认识产业在不同发展阶段的特征，了解各类因素对产业发展生命周期的影响，正确判断产业所处的阶段，有助于做出正确的产业发展规划。并且，处在不同发展阶段的产业，对技术的需求和实现技术升级的途径也有所区别，只有正确判断产业所处的发展阶段，才能处理好产业发展和升级的问题。例如，张宗庆和郑江淮提出后发国家中企业创新规模的异质性假说，认为小企业倾向于原始创新和自主研发，技术引进多发生于大型企业，在吸收消化后再创新，而中等规模企业兼具上述创新模式[98]。

产业发展的生命周期体现了产业发展过程的不同阶段，可划分为形成期、成长期、成熟期和衰退期。形成期是指某产业产生后，各类要素纷纷向该产业流动，同时伴随着产品产出与市场需求均缓步增长的阶段；成长期指某类产业的资本劳动要素的投入、产品产出与市场需求快速增长的阶段；成熟期指某类产业的市场需求接近于饱和态势，各要素与产出进入稳步发展与增长阶段；衰退期指某类产业不再适应市场需求，开始逐步退出市场，需求与资本劳动要素投入呈减少与下降态势的阶段。具体情况如图2.8所示。

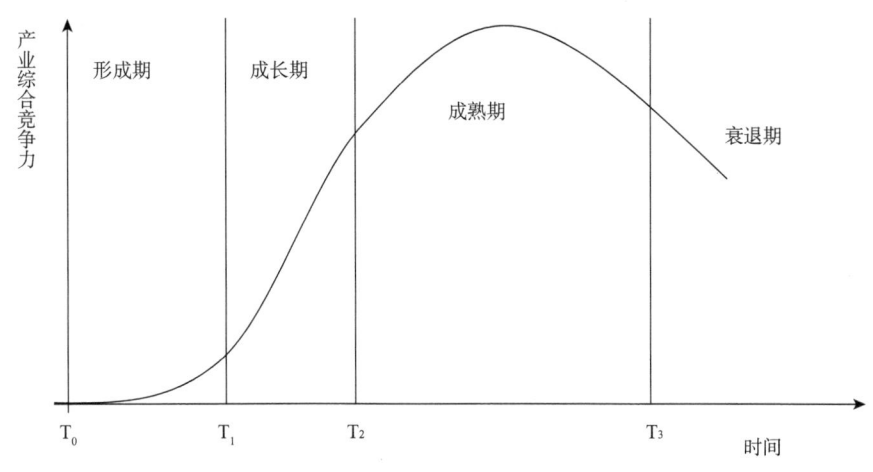

图 2.8 产业发展的生命周期曲线

技术是产业发展中的重要驱动力,几乎主导着产业发展的各个阶段,技术在每一阶段的变化和升级,都会导致新一代产品市场生命周期的变化,技术进步在产业发展中发挥着重要的推动作用[32]。处在不同产业发展阶段中的企业,技术水平具有不同特征,同时技术升级的方式和路径也存在着差异,表 2.6 给出了产业发展各个阶段中企业的技术特征和技术升级的途径。

表2.6 产业发展不同阶段的技术特征和技术升级途径

| 发展阶段 | 技术特征 | 技术升级目标和途径 |
| --- | --- | --- |
| 产业形成期 | 处于产业发展初期,企业规模均较小,技术创新机会较多,但创新专利数较少,创新活跃度不高,技术和产品均不成熟,技术风险和市场风险均较大 | 本阶段需要加大对技术创新的投入力度,通过技术创新(自主研发、技术引进和合作研发等),提升产业的整体技术水平,促使企业走出形成期 |
| 产业成长期 | 产业由弱到强,从小到大,专利数量增多,突破关键技术,生产工艺日益完善,技术风险大大降低 | 本阶段产业处于加速形成期,为促进产业的快速发展,应加快技术创新,本阶段更多采用合作研发和自主创新等方式实现产业技术升级 |
| 产业成熟期 | 难以在新技术和新产品上取得突破,保持产品不断变化的能力日益受到限制,技术风险低,主要为管理风险 | 成熟期的目标由加速扩张转向产业内部调整,以节约资源、减少污染为目标,本阶段技术升级难度较大,需要实现由粗犷式发展向集约型发展的转变 |
| 产业衰退期 | 技术创新能力不足或衰退,投入增加而产出下降,产品老化,替代性产品大量出现,产品利润持续减少 | 该阶段产业不具备发展动力和潜力,随着新的替代技术和产品的涌入,衰退期的产业逐渐退出市场或转移至其他地区 |

## 2.4.3 重大产业发展规划的成功实践

产业发展规划是国民经济发展和区域经济发展的核心内容,是产业发展的战略性决策，为产业发展提供指导性纲领。日本、韩国和少数西方国家等曾通过制定重点产业发展规划和产业政策等方式，通过政府干预，促进产业发展和经济增长。下面以韩国高技术产业发展计划为例进行分析，以期为中国产业发展规划的制定，提供相关建议和启示。

1. 韩国高技术产业发展计划

20世纪90年代开始，韩国与其他工业化较为先进的国家在高技术产业领域的竞争日趋激烈，其制定的产业政策侧重于推动高新技术产业、高附加值产业的发展。为适应产业发展，韩国政府先后实施了先导技术开发计划，主要内容包括加大科研性投入、加强基础领域研究等，实施了《尖端产业发展五年计划（1990—1994）》和《七年高科技产业发展计划（1990—1996）》等政策，这些措施为韩国产学研合作技术开发体制的形成和由模仿创新向自主创新的转变提供了支持和依据。

自20世纪80年代之后，高技术产业在全球范围内的竞争逐渐加大，各国纷纷出台了一系列推动其产业发展的政策，如通过补贴、融资和技术资源共享等措施促进高技术产业的发展，以期巩固并增强其特定产业的竞争优势，以这一时期的日本为例，日本政府通过引导和建立产业技术创新联盟，在半导体和通信设备等产业上取得领先优势[73]。在这种国际环境的影响下，韩国传统产业的比较优势逐渐减弱，因而韩国政府开始规划发展高技术产业，先后实施了《尖端产业发展五年计划（1990—1994）》和《七年高科技产业发展计划（1990—1996）》等政策。

2. 韩国高技术产业发展计划的主要内容

（1）扩大政府在高技术研究开发上的投资，包括增加对高技术领域的研发投资，增加对高技术产业技术的资金支援和对高技术领域国家重大课题项目的共同研究，增加政府财政支出在"中小企业结构调整基金"及"国产机械购入基金"中的份额比例等。

（2）扩充研究开发的人力资本，包括加大对硕士和博士人才的培养，加大高等教育机构的教育投入，通过各种措施吸引更多的国内外高级研究人才，提高科技人才的社会与经济地位，促进产学互动交流及促进学校基础科学领域研究和教学成果与产业部门的应用开发研究相结合等。

（3）建立政府的技术开发支援体制，具体内容包括：通过政府补助来增加研究机构数目，并鼓励这些机构积极参与到各项研究中去，成立共同研究中心并促进各研究机构之间的交流，共同解决大型课题；积极对高新产业中的中小企业进行资助，加强其与公共研究机构的合作、交流；制订研究计划，推动各科研主体之间的合作交流，并对研究计划实施情况每隔2至3年进行一次评估；积极推动韩国与其他国家在高技术领域的技术合作。韩国通过实施高技术产业发展计划取得了一定的成绩，培育出一批具有一定规模、技术含量高的产业和企业集团，形成了以半导体为龙头的高技术产业，产业结构和技术结构不断优化，综合科学技术水平和劳动生产率呈上升趋势，其对中国的经验和启示如下。

首先，发挥企业在高技术产业中的主体地位，加强国内企业间的合作研发与交流，提高本领域内的技术水平。韩国高技术产业计划的终极目标是提升企业的总体技术水平，这不仅需要个别企业积极提升自主创新能力，而且需要加强企业间的技术合作与交流，主要包括技术指导、技术转移和合作研发等多种形式，实现技术的相互带动和促进，为企业总体技术水平的提升做出保障。

其次，产学研协同研发促进产业技术升级。韩国政府在实施产业发展计划的过程中，通过建立新型产业技术创新联盟，为能够促进产业的长远发展的共性技术创新和研发提供支持。一方面，建立自己的高级科学研究所，使技术实现从模仿向创新的转变，另一方面加强与其他国家的科技合作与交流，在美、德、英等国设立研究机构，着眼于全球科技最前沿，积极关注相关科技动态，品尝最新科技成果。

最后，构建国家创新体系，改变科技改革的落后情况。恢复经济发展活力的根本出路在于完善和发展国家科技创新体系，坚持"科技立国"战略，加强国家对科技工作的宏观管理与协调，改组科研院所的管理体制和政府的科研体系，使公共的研发机构走向独立自主；国家在创新体系的管理上，应该积极实现转型，由现在的分散型变为综合管理型；推动"官产学研"互动创新体系发展，即各主体能够在技术创新上相互结合并进行良性互动。

# 第3章 合作研发的主要类型及其运行机制

## 3.1 横向技术联盟及其运行机制

### 3.1.1 横向技术联盟与产业技术升级

随着经济全球化进程的加快,企业创新呈现出复杂化和多样化的趋势,仅凭单个企业的创新资源无法满足企业创新发展的需要,企业的创新发展战略开始由单一的内部创新转变成寻求外部资源的合作创新发展模式,企业发展方式也由寻求技术诀窍向寻求合作者转变。据统计,20世纪70年代开始,全球构建的技术联盟整体上呈增长趋势[99]。中国技术联盟起步相对较晚,但发展速度较快,2007年钢铁可循环流程技术创新战略联盟的建立,标志着我们技术联盟的发展取得重大成功,到目前技术联盟遍布各个领域,包括高端芯片领域的中国高端芯片联盟和"互联网+"行业的中国互联网联盟,通过围绕重点领域,整合各方资源,建立产学研的深度结合,促进核心技术和产品应用的推广,由技术联盟逐渐实现技术创新和产业升级。

进入21世纪以来,实现企业竞争力的提升和整个行业的技术升级,在很大程度上取决于新技术、新知识的获取和运用能力。企业之间的合作创新与联合学习,能使企业对市场需求的变化做出快速响应。为了适应产业升级与发展的步伐,以结成技术联盟的合作竞争为主要模式的"新竞争"格局发展迅猛[67]。

技术联盟是指以实现合作创新、知识传递与技术扩散、创新成果商业化应用为主要内容的战略联盟模式。实际中,超过50%的技术联盟的运作均围绕技术创新展开,因此部分外国学者将战略联盟亦叫作技术联盟。按照不同标准,技术联盟有不同的分类,表3.1中列出了基于不同标准的技术联盟的分类。

表3.1 基于不同标准的技术联盟分类

| 序号 | 划分标准 | 主要内容 |
|---|---|---|
| 1 | 研发阶段合作伙伴的性质 | 与客户、零部件供应商、竞争企业及与本企业技术联盟关系密切的企业、高校、政府和其他研究院等结成的研发联盟 |
| 2 | 企业的技术资源互换方式 | 交叉型联盟、短期型联盟、竞争型联盟、环境变化适应型联盟和开拓新领域联盟等形式 |
| 3 | 技术创新的不同阶段 | 研究开发阶段联盟、销售阶段联盟、全面性联盟等形式 |
| 4 | 产品价值链不同环节 | 纵向联盟（价值链不同环节企业间）横向联盟（价值链相同环节企业间） |
| 5 | 联盟成员的互动或冲突 | 反竞争联盟、竞争联盟、非竞争联盟、前竞争联盟 |
| 6 | 联盟内部的知识获取方式 | 知识生产型联盟、知识吸纳型联盟 |
| 7 | 联盟内部的组织形式 | 项目型联盟、购买型联盟、服务型联盟、生产型联盟、委托研究型联盟、公司型联盟、控股型联盟、技术组合型联盟、技术加强型联盟、协调型联盟 |
| 8 | 联盟成员的合作方式 | 共同研究型联盟、分担任务型联盟、各方独立型联盟、资源整合型联盟 |

技术联盟的优势在于，通过与联盟伙伴的合作可以降低成本和研发风险，提升生产经营的柔性。以价值最大化为经营目标的企业，参与联盟的终极目标是增强创造价值和实现价值的能力。在横向技术联盟中，企业需要思考如何与联盟伙伴分享和协调技术资源，创造和实现更多的价值。横向技术联盟构建的本质是整合和利用联盟伙伴拥有的技术、资本和知识资源，实现网络价值的创造与应用。根据资源学派的相关理论，资源识取（resource-picking）和能力构筑（capability-building）是技术联盟中基本的价值创造形式。

资源交易有助于联盟企业充分运用互补资源来创造价值。横向技术联盟是企业资源价值获取的新途径。一方面，通过联盟进行交易，能够降低资源在市场交易时所面临的投机风险，提高交易效率；另一方面，联盟能够完成一系列企业间交易，降低单次交易的费用[100]。单一企业拥有的技术、资本和人力资源有限，而联盟伙伴拥有的资源，如声誉、研发资本和核心技术则可形成稳定的援助和支持。在新产品开发和市场拓展等方面，联盟伙伴依托联盟关系，可以降低成本，获取互补或共性资源，节约时间和搜寻成本，提高客户所需产品的质量并缩短研发周期[101]。另外，资源交易有助于企业从联盟伙伴的资源组成中获得新的价值。横向技术联盟中的企业通过整合自身和联盟伙伴间的技术资源，开展协同创新，创造和实现新的价值，有利于企业的技术进步和产业的升级情况。

技术联盟的出现，很大程度上影响了企业建立自身能力体系的方式：联盟中的学习活动成为企业提升自身能力和知识的重要途径。技术联盟中的成员，通过合作和"干中学"，实现对知识特别是隐性知识和技能的学习与吸收。对知识吸收和改造能力较强的企业能够在合作中获取联盟伙伴特有的知识，并将其转化为自身所需的知识与技能，进而提升自身的技术水平。

企业可以通过参与技术联盟的研发活动，最大限度地借助外部资源与技术，实现自身的专业化发展，集中研发力量主攻某一核心技术，进而推动中国产业技术升级。改革开放初期，中国依托低要素成本优势在全球价值链中占有一席之地，但长期依赖人口红利等优势很容易面临"低端锁定"危险，成为产业链中附加值最低的来料加工基地。以为苹果公司代工的富士康为例，苹果生产中由富士康组装的成本比例高达40.86%，而富士康最终分得的利润仅占2%，加工组装无法使我们在全球价值链中站稳脚跟[102]。近年来，中国逐渐意识到产业核心技术的重要性，先后提出产业向中高端升级转型等战略目标，这要求中国企业逐步实现蜕变。这种蜕变仅依靠单一企业的内部资源研发将难以实现，尤其是对产业共性技术的研发，需要集中力量，构建技术联盟，综合各联盟企业的技术优势，实现共性技术研发。

## 3.1.2 横向技术联盟的信任机制

就技术联盟的整体运行机制，国内外相关研究的重点集中在信任机制、共享机制、研发决策机制和收益分配机制等方面。本节将着重从信任机制入手展开讨论。

技术联盟由于其相对松散的组织方式，较难管理。有数据统计，组建技术联盟的失败率高达50%~60%。如何使技术联盟取得成功，增强联盟的稳定性，是参加联盟企业所必须考虑的重要问题。实现联盟稳定运营与绩效提升的重要因素是信任[103]。信任能够减少社会复杂性，提高技术联盟企业间的信任程度和合作效率，是技术联盟形成和发展的重要动力[104]。

Käser和Miles运用"动机-信任"模型，以3个公司为案例讨论了引入信任关系的知识分享实践类型[105]。Ngowi以问卷调查方式探究了企业技术联盟的构建、运用及管理中的重要因素，主要考察了企业合作伙伴选择标准这一问题，结果显示，成员间的相互信任、资源互补性、规模对称性是影响联盟稳定和发展的重要因素[106]。De Jong和Woolthuis分析了包括信任前提、履行过程等信任机会问题，通过对荷兰高科技联盟成员的分析，发现组织间的相互信任是实现技术联盟长期续存、知识创新与技术进步的重要因素[107]。

信任机制的研究主要涉及信任机制的作用、信任机制的影响因素、信任机制的产生和建立等方面。殷群和贾玲艳从博弈论的视角探讨了技术联盟的信任机制，研究表明，一次性博弈中，高校和企业的帕累托均衡解为{不信任，不信任}，处于低效状态。经过多次重复博弈后，二者的均衡解变为{信任，信任}，双方由此走出囚徒困境；政府介入将对联盟成员起到更强的约束作用，进而影响最终策略选取[73]。李煜华等考虑了基于博弈论的复杂产品系统的联盟信任机制，将情感、信誉和法律法规等纳入考察范畴,构建了外部条件约束下的技术联盟信任模型[108]。

为了分析横向技术联盟中的信任机制,我们构建了信任博弈分析模型,模型中考虑了单次信任博弈、重复博弈、政府行为和情感等因素对信任机制的影响。

1. 基本模型

横向技术联盟中的参与企业面临动态变化的外部竞争环境,在开展联盟合作和产品交易时面临多个不确定因素。为使本模型方便可观测,需要控制相关变量,为此提出以下假设:①横向技术联盟中,有且仅有两个企业参与者(联盟企业 A 和联盟企业 B),参与人是不完全理性人,在参与博弈中可采取两种策略,即{信任,不信任};②任一参与人在决定本企业的策略时,不考虑该策略对其他企业的作用效应;③两个参与人同时选择策略,且选择策略前不知道对方的行为。

2. 单次信任博弈

表 3.2 给出了单次信任博弈时,联盟企业的决策收益情况,$R$、$L$ 为联盟不同情况下的收益,联盟企业(A 和 B)策略为{信任,信任}时的收益为($R_1, L_1$),联盟企业策略为{信任,不信任}时的收益为($R_2, L_2$),联盟企业策略为{不信任,信任}时的收益为($R_3, L_3$),联盟企业策略为{不信任,不信任}时的收益为($R_4, L_4$)。

表3.2 单次信任博弈

| | | 联盟企业 B | |
|---|---|---|---|
| | | 信任 | 不信任 |
| 联盟企业 A | 信任 | ($R_1, L_1$) | ($R_2, L_2$) |
| | 不信任 | ($R_3, L_3$) | ($R_4, L_4$) |

将表 3.2 中的收益情况量化为具体数值,如表 3.3 所示。当联盟内企业均选择信任策略时,二者均可从横向技术联盟中获益 10;若企业 A 策略为信任,企业 B 策略为不信任,则 B 获益 20,并造成 A 损失 10;若企业 A 策略为不信任,企业 B 策略为信任,则企业 A 获益 20,造成 B 损失 10;若二者的策略均为不信任,联盟企业的收益均为 0。

表3.3 单次信任博弈举例

| | | 联盟企业 B | |
|---|---|---|---|
| | | 信任 | 不信任 |
| 联盟企业 A | 信任 | (10, 10) | (−10, 20) |
| | 不信任 | (20, −10) | (0, 0) |

由于博弈是一次性的,博弈双方均追求本企业收益最大化,该博弈的纳什均衡情况为企业 A 和企业 B 均选择不信任的策略,此时二者收益为(0, 0),与其

他策略选择相比，该结果收益最低。这一选择对横向技术联盟中的企业和联盟本身均非最优选择。但由于博弈是一次实现的，联盟企业均根据自身利润最大化进行选择，未将联盟整体利润和伙伴收益纳入考察范围，联盟成员处于非信任状态，该情况导致联盟未实现利润最大化，使联盟效率低下，降低了联盟的稳定性。为了改变这种低效率、低信任的状态，企业将寻求长期合作，体现为重复博弈。

3. 重复博弈

考虑重复博弈情况时，联盟成员采取一次机会主义行为，即选择不合作可能被报复的概率较大，为谋取长期利益，联盟中的企业将自动减少机会主义行为，即选择信任的概率增加，欺骗行为减少，为长远合作提供了可能，客观上能够为联盟信任机制的长久实现起到促进作用。

在该博弈中，博弈方在进行重复博弈时，可采取冷酷战略：初次博弈，联盟内各企业的策略均为信任；随后，若一方的策略选择为信任对方，则对方也会选择相同策略，但如果某一方选择不信任对方，则对方将不再选择信任策略而是转为始终选择不信任策略，二者回到单次信任博弈的结果。此外，需要注意是，在重复博弈后期的求解阶段，无法运用逆向归纳法计算各方收益。引入耐心程度这一指标，以贴现因子 $\delta$ 表征，$\delta \in [0,1]$，该值越大表示联盟参与者的耐心程度越高，若该值为 0，则表示联盟参与者无耐心。

按照上述假定对横向技术联盟内部的多次重复博弈进行分析，构建以下三种情况。

（1）联盟中双方企业均选择信任策略。$L_1$ 是企业 A 或 B 在该博弈中的收益，设任一方在一次博弈中的收益为 $K_1$，可得 $L_1 = K_1 + K_1\delta + K_1\delta^2 + K_1\delta^3 + \cdots + K_1\delta^n = \dfrac{K_1}{1-\delta}$。

（2）假设在初次博弈中，A 企业和 B 企业的选择为{信任，不信任}。$L_2$ 是企业 A 在该联盟中的收益，$L_3$ 是企业 B 在该阶段的收益。在一次博弈中企业 A 的收益为 $K_2$，企业 B 的收益为 $K_3$。双方在每次博弈中运用"一报还一报"策略，即若一方选择不信任将引致另一方的报复策略，即二者均选择不信任策略，收益为 $(0,0)$。则 $L_2 = K_2 + 0 \times \delta + 0 \times \delta^2 + \cdots + 0 \times \delta^n = K_2$，$L_3 = K_3 + 0 \times \delta + 0 \times \delta^2 + \cdots + 0 \times \delta^n = K_3$（二者选择对调，依据博弈对称性，结果不发生变化）。

（3）假定联盟中的双方企业的策略选择均为不信任，$L_4$ 是联盟中双方企业在该博弈中的收益，任一方在一次博弈中的收益为 $K_4$，此时 $L_4 = K_4 + K_4\delta + K_4\delta^2 + \cdots + K_4\delta^n = \dfrac{K_4}{1-\delta}$。

结合表 3.2，横向技术联盟存在以下两种情况。

第一种情形，双方企业均选择信任策略，则双方的收益为

$$U_1 = 10 + 10\delta + 10\delta^2 + \cdots + 10\delta^n = \frac{10}{1-\delta}$$

第二种情形，企业 B 在第一次博弈中选择不信任，则初次博弈的收益为 20。但企业 B 在首次策略中选择不信任，导致企业 A 在今后一直选择冷酷策略，二者相互报复，此后，二者收益均为 0。此时企业 B 的收益为：$U_2 = 20 + 0\delta + 0\delta^2 + \cdots + 0\delta^n = 20$。

假设 $U_1 > U_2, \frac{10}{1-\delta} > 20$，即 $\delta > \frac{1}{2}$，也就是说联盟双方均具备一定程度的耐心，当重复博弈的次数足够多，二者的合作次数足够多，则参与横向技术联盟的双方不会为短期利益而放弃长远利益，二者将更大可能地持续选择信任策略。

上述分析表明：①当联盟初次博弈均选择不信任策略时，博弈双方陷入囚徒困境，无法实现利益最大化；②在重复博弈中，由于报复措施和信用信息的存在，联盟中的企业将减少欺骗行为，有利于联盟信任机制的建立；③现实中信息往往是不对称、不充分的，这对信任机制的建立和运行存在一定的阻碍作用。

现实生活中，由于研发技术的需求，企业的联盟伙伴并非固定不变。在技术联盟中，联盟企业采取的措施可被其他联盟成员所观测，若某一企业经常选择不信任的欺诈策略，则其他联盟企业可能拒绝与之合作，使得该企业在长期无法实现利润最大化。反过来，若某一企业在技术联盟的存续期内采取积极的合作态度，以信任策略为主，则将拥有良好的信誉，该信誉可引致更多企业选择与其开展合作研发，进而取得更大的利益。这是联盟企业愿意采取信任策略形成联盟中信任机制的关键。但是，信息的传播并非完全、及时和有效的，联盟也存在信息不对称等问题，重复博弈无法完全使技术联盟的收益达到最大化。

**4. 政府介入下的信任机制形成博弈（法律机制）**

通过政府介入，构建沟通渠道，加强对联盟的积极引导、监督和规范，可一定程度上增强信息的对称性，加强对联盟的监管力度，本节主要考虑政府介入建立法律机制的情况下横向技术联盟的博弈情况，通过政府介入，对守信企业予以法律上的支持和保障。

假设横向技术联盟中有 A、B 两家企业，且双方事先签订协议结成联盟。由表 3.3 可知，当企业 A 和 B 的选择为{信任，不信任}时，B 企业将从本次博弈中实现 10 的额外获益。此时，若企业 A 发起诉讼，法院将根据具体情况对采取欺骗行为的企业 B 进行经济制裁。若最终的惩罚额度大于 10，则企业 B 将无法从此次欺诈行为中获利，从而转为信任企业 A。因此，法律的介入和规范能有效约束双方的行为，保证信任机制的合理构建。

### 3.1.3 横向技术联盟的研发决策机制

企业间战略的选择及其相互作用机制，是产业组织理论关注的问题，现有研究多运用博弈论的方法进行分析。对于企业间建立的横向技术联盟，本节重点讨论横向技术联盟的知识溢出正外部性对企业研发活动的推动作用和对研发效率的影响。

1. 基本模型

假定市场仅有两家企业，产品同质，市场结构为寡头垄断，每个厂商的产量为 $q_i$，$i=1,2$。产品的市场逆需求函数为 $p=a-Q$，其中 $p$ 为产品的市场价格，$Q$ 为总产量，$Q=q_1+q_2$。两家企业的边际成本均是 $c$，对知识的吸收能力为 $A$，且 $A$ 设定为不随时间变化的常数。为计算方便，设企业 1 的吸收能力为 $A$。通过研发活动可以减少生产每一单位产品的成本，且研发作为准公共物品具有正的外部溢出，即在降低自身生产成本的同时，也会降低竞争者的生产成本。事实上，企业间通过示范-模仿效应、技术人员流动和竞争效应等渠道都可产生正的研发溢出效应。设定企业 1 和企业 2 的研发强度分别为 $x_1$ 和 $x_2$，那么两家企业的边际生产成本函数可以表示为

$$c_1 = c - x_1 - \alpha x_2 \quad (3.1)$$

$$c_2 = c - x_2 - \alpha x_1 \quad (3.2)$$

其中，$\alpha$ 为知识溢出，$\alpha \in [0,1]$，$a-c>0$。研发需要较高的要素投入，设定该研发的成本函数为二次曲线，即

$$r(x_i) = \frac{x_i^2}{2}, \quad i=1,2 \quad (3.3)$$

式（3.3）表明，研发是规模不经济，即企业的研发强度越高，其投入的研发成本增加越多。

2. 独立研发阶段

假定企业开展两阶段博弈，在初始阶段两家企业分别决定研发投入强度 $x_i$，在下一阶段二者产量 $q_i$ 选择由古诺均衡求得。此处以逆向归纳法求得两家企业的均衡产出，即

$$q_1^c = \frac{a - 2c_1 + c_2}{3} \quad (3.4)$$

$$q_2^c = \frac{a - 2c_2 + c_1}{3} \quad (3.5)$$

企业的利润函数为

$$\pi_1^c = \frac{(a-2c_1+c_2)^2}{9} - \frac{x_1^2}{2} \tag{3.6}$$

$$\pi_2^c = \frac{(a-2c_2+c_1)^2}{9} - \frac{x_2^2}{2} \tag{3.7}$$

将式（3.1）和式（3.2）代入式（3.4）~式（3.7）可得

$$q_1^c = \frac{a-c+(2-\alpha)x_1+(2\alpha-1)x_2}{3} \tag{3.8}$$

$$q_2^c = \frac{a-c+(2-\alpha)x_2+(2\alpha-1)x_1}{3} \tag{3.9}$$

$$\pi_1^c = \frac{[a-c+(2-\alpha)x_1+(2\alpha-1)x_2]^2}{9} - \frac{x_1^2}{2} \tag{3.10}$$

$$\pi_2^c = \frac{[a-c+(2-\alpha)x_2+(2\alpha-1)x_1]^2}{9} - \frac{x_2^2}{2} \tag{3.11}$$

上述均衡结果中，式（3.8）和式（3.9）表明，企业研发强度与均衡产出呈正相关关系，即随着研发活动投入的增加，企业的生产成本降低、产出增加、收益提高。$2\alpha-1$难以确定正负，即无法判定其他企业投入的研发强度对本企业产出的影响。对企业 1 来说，企业 2 的研发投入对其有两种完全相反的影响，积极影响在于由企业 2 研发投入产生的知识溢出可以实现企业 1 生产成本的减少，由此提高企业 1 的产出；抑制影响在于企业 2 开展研发活动将实现自身生产成本的减少，加大与企业 1 在市场中的竞争行为，对企业 1 的市场占有率有一定的挤出效应。当 $\alpha>0.5$ 时，溢出效应较大，$2\alpha-1>0$，此时企业 1 的产出与企业 2 的研发投入正相关；当 $\alpha<0.5$ 时，溢出效应较小，$2\alpha-1<0$，此时企业 1 的产出与企业 2 的研发投入负相关。由式（3.10）和式（3.11）可知，$\pi_i$ 与 $x_i$ 有类似关系。

在博弈的第一阶段，各企业的研发强度均为给定值，企业的目的是确定利润最大化时的研发投入。根据式（3.10）和式（3.11），令

$$\frac{\partial \pi_1^c}{\partial x_1} = \frac{2(2-\alpha)[a-c+(2-\alpha)x_1+(2\alpha-1)x_2]}{9} - x_1 = 0 \tag{3.12}$$

$$\frac{\partial \pi_2^c}{\partial x_2} = \frac{2(2-\alpha)[a-c+(2-\alpha)x_2+(2\alpha-1)x_1]}{9} - x_2 = 0 \tag{3.13}$$

联立式（3.12）和式（3.13）可解得均衡时企业的最优研发投入为

$$x_1^c = x_2^c = \frac{2(a-c)(2-\alpha)}{2\alpha^2 - 2\alpha + 5} \tag{3.14}$$

在式（3.14）中，研发投入 $x_i^c$ 随溢出效应 $\alpha$ 的增加而降低，表明研发溢出的增加能有效降低两家企业的研发投入。原因是，当存在研发溢出时，企业间有"搭便车"行为的激励，将减少研发投入。随着研发投入知识溢出效应的提高，企业

将更大可能地选择搭便车这一行为，进一步降低对研发的均衡投入。

将式（3.14）代入式（3.8）～式（3.11）可得

$$q_1^c = q_2^c = \frac{3(a-c)}{2\alpha^2 - 2\alpha + 5} \tag{3.15}$$

$$\pi_1^c = \pi_2^c = \frac{(a-c)^2(1+8\alpha-2\alpha^2)}{(2\alpha^2-2\alpha+5)^2} \tag{3.16}$$

3. 构建横向技术联盟模型

为解决独立研发时存在的研发投入高、风险大、研发周期长，以及研发溢出的搭便车等问题，实现研发溢出的内部化，假定双寡头企业以契约或非契约形式结成横向技术联盟，共同研发，该技术联盟的目标不再是企业自身利润最大化，而是联盟中所有企业成员的利润最大化。由式（3.10）和式（3.11）可得

$$\pi_1^c + \pi_2^c = \frac{[a-c+(2-\alpha)x_1+(2\alpha-1)x_2]^2}{9} - \frac{x_1^2}{2} + \frac{[a-c+(2-\alpha)x_2+(2\alpha-1)x_1]^2}{9} - \frac{x_2^2}{2}$$

对 $x_1$ 求导的一阶条件为

$$\frac{\partial(\pi_1^c+\pi_2^c)}{\partial x_1} = \frac{2(2-\alpha)[a-c+x_1(2-\alpha)+x_2(2\alpha-1)]}{9} - x_1$$

$$+ \frac{2(2\alpha-1)[a-c+x_2(2-\alpha)+x_1(2\alpha-1)]}{9}$$

$$= 0$$

同理可对 $x_2$ 求导，联立可以解得

$$x_1^{ha} = x_2^{ha} = \frac{2(a-c)(1+\alpha)}{9-2(1+\alpha)^2} \tag{3.17}$$

其中，ha 表示横向联盟。

式（3.17）关于 $\alpha$ 的一阶导数为

$$\frac{\partial x_i^{ha}}{\partial \alpha} = \frac{2(a-c)(2\alpha^2+4\alpha+11)}{(7-4\alpha-2\alpha^2)^2} > 0$$

由于 $\frac{\partial x_i^{ha}}{\partial \alpha} > 0$，当双寡头企业结成横向技术联盟时，企业的研发强度 $x_i^{ha}$ 和溢出水平 $\alpha$ 为正相关关系，随着溢出水平的提升，企业的研发强度也有所增加。此时的均衡产出与利润为

$$q_1^{ha} = q_2^{ha} = \frac{3(a-c)}{7-4\alpha-2\alpha^2} \tag{3.18}$$

$$\pi_1^{ha} = \pi_2^{ha} = \frac{(a-c)^2}{7-4\alpha-2\alpha^2} \tag{3.19}$$

由式（3.19）可知，建立技术联盟后，企业的利润随 $\alpha$ 的增加而提高。就研发强度而言，比较式（3.14）和式（3.17）可以发现，当 $\alpha > 0.5$ 时，即当研发溢出较高时，独立研发难以获取较强的研发强度，而通过构建横向技术联盟可以实现较高的研发投入强度。同时，研发的知识溢出较高也意味着企业搭便车的获益更高。构建横向技术联盟能够使知识溢出内部化，进而对联盟中的企业产生激励效应，实现更高的研发强度。当 $\alpha < 0.5$ 时，独立研发将导致一个较高的研发强度，而建立技术联盟却导致一个较低水平的研发强度，主要是由于当知识溢出较小时，一旦一家企业的研发投入取得成效，有较大的产品或工艺创新，将扩大市场占有度，并能有效削减竞争对手的利润，如果企业在合作研发的过程中考虑到这一情况，便会减少研发投入。另外，当知识溢出水平降低时，企业建立横向技术联盟的主要目的是分担高额研发投入，而非实现知识溢出的吸收与应用。

4. 结论及政策建议

构建横向技术联盟，能够使知识溢出内部化，从而提高研发强度，当知识溢出水平较高时，这种激励效果更强。企业以契约或非契约的形式构建横向技术联盟主要是为了实现与其他企业的研发合作，借由 R&D 投入分担机制、创新成果反馈机制和外围研发剥离等实现企业自身研发水平的跨越式增长。但横向技术联盟的顺利运行、创新成果的实现与成果的产业化运行需要企业、高校和政府的合作来实现[109]。

1）积极构建创新动力机制，强化企业创新主体的培育作用

技术创新的重要载体是企业，为推动横向技术联盟的顺利开展和创新绩效的实现，企业要培育创新人才，完善创新氛围。目前，中国处于转型期，需要突破技术创新的"瓶颈"阶段，实现技术升级，因此，创新人才的培养十分重要。一方面，企业可以设立各项奖惩机制，激励研发人员的创新热情，构建有效积极的内部创新环境；另一方面，可以依托技术联盟这一学习平台，派遣技术人员到国内外著名研究机构进行针对性的学习和交流，增强自身创新实力。

由式（3.18）和式（3.19）可看出，当研发溢出较高时，建立横向技术联盟将产生一个较高的研发强度，能够积极促进企业创新活动的开展。因此，联盟企业需要设计诱发知识溢出的合理措施，实现技术的有效溢出，并提高企业的学习和吸收能力，加强对知识溢出的吸收效应。

2）政府应构建良好的创新环境

横向技术联盟的建立不仅取决于企业间的合作，良好的创新环境也对联盟的组建和运行具有重要的作用。政府对创新环境的构建和对创新的资金支持有利于技术联盟的构建与运转。政府可通过加大补贴力度，规范市场机制，进行战略指导，提供公共服务与产品等，最大限度地降低研发的不确定性，为横向技术联盟的积极发展提供良好环境。

## 3.2 纵向技术联盟及其运行机制

### 3.2.1 纵向技术联盟及其研发决策机制

Poter 在其著作《竞争优势》中依据价值链中联盟企业所处的位置将企业联盟划分为纵向技术联盟和横向技术联盟[110]。Hamel 和 Prahalad 也做出过类似划分[111]。纵向技术联盟是指价值链上下游有关系且相互独立的企业或机构为实现降低成本、资源共享和优势互补等目标而形成的联盟。企业间结成纵向技术联盟更多是为了学习合作伙伴的技术，即通过建立联盟的方式接近和获得合作伙伴的核心技术与信息[112]。并且，技术联盟的动机和方式也会依据不同的产业和产业生命周期的不同阶段或技术轨迹的不同而有所区别。Cairnarca 等指出成熟产业组成战略技术联盟的动机源于市场需求影响和市场结构控制，此时技术联盟主要以非股权型为主，如合资 R&D 和特许经营等[113]。Florida 指出新兴技术产业（如生物产业）组成技术联盟的主要目的在于获取人力资源、科学和技术等[114]。Stuart 等运用实例证明处于生命周期成长阶段的生物技术公司与大学结成纵向联盟，主要是为了获取大学的研发技术[115]。

本节讨论产业链中上下游企业结成纵向技术联盟时，各厂商的研发投入、利润所得，以及与独立研发时的比较情况[116]。

1. 基本模型

假设对某一产业链而言，只存在一个上游的零部件供应商和一个下游的产品生产商。考虑产品生产过程，每生产一单位产品需要上游供应商提供一单位相应的零部件。对上游供应商而言，其向下游提供零部件的单位售价为 $w_1$，生产该单位零部件所需的成本为 $c_1$。零部件供应商通过研发实现产品或工艺创新，将该创新应用于零部件生产和设计中，该研发创新活动可使得每单位的零部件生产成本减少 $x$，此处将创新活动的研发投入设定为 $I_1 = \frac{1}{2}\alpha x^2$。对下游产品生产商而言，在最终产品的生产制造中，在付给上游供应商零部件成本 $w_1$ 的基础上，还需要支付制造成本 $c_2$，加总上述两部分成本，可得生产商的总成本 $c_2 + w_1$。同样，研发活动可以实现产品生产制造商的产品或工艺创新，降低其生产成本，记为 $y$，此处将创新活动的研发投入设定为 $I_2 = \frac{1}{2}\beta y^2$（$\alpha$ 和 $\beta$ 为供应商和生产商的创新系数），为方便计算，令 $\alpha = \beta = 1$。

处在同一产业链中的上下游企业，生产活动的关联性较强，上下游企业间的创新活动存在纵向的知识溢出效应。该溢出效应表现为上游零部件供应商的创新行为能够实现下游生产商的成本额外降低 $\delta_1 x$，下游生产商的创新行为能实现上游零部件供应商成本额外降低 $\delta_2 y$，$\delta_1$ 和 $\delta_2$ 为溢出系数，产业链上下游企业间的纵向溢出程度[$\delta_1$、$\delta_2 \in (0,1)$]用于表征知识或技术在企业间的溢出程度。上游零部件供应商成本为：$c_s = c_1 - x - \delta_2 y$，其中 $c_1 > x + \delta_2 y$，下游生产商最终产品生产成本为：$c_m = c_2 - y - \delta_1 x$，其中 $c_2 > y + \delta_1 x$。假定市场中仅有一个生产者，则产品为垄断品，生产者面临的逆需求函数为 $p = a - 2bq$，其中 $a > 0$，且 $a > c_1 + c_2$。

2. 独立研发阶段

在该阶段，上游供应商运用自身拥有的研发要素和人力资源开展零部件创新活动，如增强零部件精密程度，提高生产效率导向等工艺创新活动，由此降低零部件的生产成本；生产商运用自身拥有的研发要素和人力资源开展产品创新互动，如调整产品性能以满足消费者动态变化的需求，降低产品的制造成本。上下游企业以自身利润最大化为目的对研发投入做出判定。

供应商和生产商的利润函数如下：

$$\pi_s = (w_1 - c_s)q - \frac{1}{2}x^2 \tag{3.20}$$

$$\pi_m = (p - w_1 - c_m)q - \frac{1}{2}y^2 \tag{3.21}$$

此时，上游厂商确定研发投入和产出的过程为三阶段非合作博弈：第一阶段，上下游企业遵循自身利润最大化的目标，分别确定其研发强度 $x$ 和 $y$；第二阶段，上游供应商决定 $w_1$；第三阶段下游产品生产商决定 $q$。

$$令 \frac{\partial \pi_m}{\partial q} = 0，可得 q^N = \frac{a - w_1 - c_m}{2b} \tag{3.22}$$

$$令 \frac{\partial \pi_s}{\partial w_1} = 0，可得 w_1 = \frac{a - c_m + c_s}{2} \tag{3.23}$$

联立式（3.22）和式（3.23）可得

$$q = \frac{a - c_s - c_m}{4b} \tag{3.24}$$

将式（3.23）和式（3.24）代入式（3.20）和式（3.21）中可得独立研发时，上游零部件供应商和下游产品生产商的利润函数：

$$\pi_m = \frac{(a - c_m - c_s)^2}{16b} - \frac{y^2}{2} \tag{3.25}$$

$$\pi_s = \frac{(a-c_m-c_s)^2}{8b} - \frac{x^2}{2} \quad (3.26)$$

第一阶段，上游供应商和下游生产商各自确定研发强度 $x$ 和 $y$，使得各自利润最大化。

令 $\frac{\partial \pi_s}{\partial x} = 0$，可得

$$x = \frac{(a-c_1-c_2)(1+\delta_1) + (1+\delta_1)(1+\delta_2)y}{4b - (1+\delta_1)^2} \quad (3.27)$$

令 $\frac{\partial \pi_m}{\partial y} = 0$，可得

$$y = \frac{(a-c_1-c_2)(1+\delta_2) + (1+\delta_1)(1+\delta_2)x}{8b - (1+\delta_2)^2} \quad (3.28)$$

此处，假定 $a-c_1-c_2 = A$，$1+\delta_2 = B$，$1+\delta_1 = C$，联立式（3.27）、式（3.28）可得

$$x^N = \frac{2AC}{8b - B^2 - 2C^2} \quad (3.29)$$

$$y^N = \frac{AB}{8b - B^2 - 2C^2} \quad (3.30)$$

将式（3.29）和式（3.30）代入式（3.25）和式（3.26）中可得

$$\pi_s^N = \frac{2A^2(4b-C^2)}{(B^2+2C^2-8b)^2} \quad (3.31)$$

$$\pi_m^N = \frac{A^2(8b-B^2)}{2(B^2+2C^2-8b)^2} \quad (3.32)$$

3. 构建纵向技术联盟

考虑产业链上下游企业结成纵向技术联盟，进行合作研发的情况。下游生产商可快速洞悉客户需求，向上游零部件供应商反馈需求信息，供应商可以根据市场需求调整零部件生产工艺并实现零部件创新，进一步减少零部件的生产成本；下游生产商应用创新后的零部件产品实现最终的市场需求与产品创新升级，降低面向消费者销售的产品成本。二者结成联盟后，以共同的利润最大化为目标对各自的创新投入和产量进行决策。此时供应商和生产商的总利润可表述为

$$\pi^{va} = \pi_s + \pi_m = (p - c_s - c_m)q - \frac{1}{2}x^2 - \frac{1}{2}y^2 \quad (3.33)$$

由 $\frac{\partial \pi^{va}}{\partial q} = a - c_s - c_m - 2bq = 0$，可得

$$q^{va} = \frac{a - c_m - c_s}{2b} \quad (3.34)$$

$$p^{va} = \frac{a + c_m + c_s}{2} \quad (3.35)$$

将式（3.33）和式（3.34）代入式（3.35）中，可得

$$\pi^{va} = \frac{(a - c_s - c_m)^2}{4b} - \frac{1}{2}x^2 - \frac{1}{2}y^2 \quad (3.36)$$

由 $\frac{\partial \pi^{va}}{\partial x} = 0$ 和 $\frac{\partial \pi^{va}}{\partial y} = 0$ 可解得

$$x^{va} = \frac{AC}{2b - B^2 - C^2} \quad (3.37)$$

$$y^{va} = \frac{AB}{2b - B^2 - C^2} \quad (3.38)$$

其中，$a - c_1 - c_2 = A$，$1 + \delta_2 = B$，$1 + \delta_1 = C$。

将式（3.37）和式（3.38）代入式（3.36）中，可得

$$\pi^{va} = \frac{A^2}{2(2b - B^2 - C^2)} \quad (3.39)$$

此处，$\pi^{va}$、$x^{va}$、$y^{va}$ 中的上标 va 代表产业链中上下游企业结成纵向技术联盟，进行合作研发时的情况。

比较合作研发与独立研发上下游企业的利润，可得

$$\pi^{va} - \pi_s - \pi_m = \frac{(16b^2 + 10bB^2 - B^2C^2)A^2}{2(2b - B^2 - C^2)(B^2 + 2C^2 - 8b)^2} \quad (3.40)$$

当 $b > 4$ 时，合作研发的总利润将高出独立研发二者的利润之和，即上下游企业间的合作研发优于独立研发。

对单个企业而言，假定结成纵向联盟后，双方均分合作利润，则上下游企业合作时利润的增加分别为

$$\frac{1}{2}\pi^{va} - \pi_s^N = \frac{A^2(16bB^2 - 4B^2C^2 + 16bC^2 - 4C^2 + B^2)}{4(2b - B^2 - C^2)(B^2 + 2C^2 - 8b)^2} \quad (3.41)$$

$$\frac{1}{2}\pi^{va} - \pi_m^N = \frac{A^2(4bB^2 - B^4 + 32b^2 - 16bC^2 + 4C^2 + 2B^2C^2)}{4(2b - B^2 - C^2)(B^2 + 2C^2 - 8b)^2} \quad (3.42)$$

当 $b > 4$ 时，可知式（3.41）和式（3.42）为正，即对某一家单独企业而言，构建纵向技术联盟开展合作创新互动可以实现更大的创新产出。

进一步探究知识溢出效应对纵向技术联盟创新绩效的影响效果，求 $\pi^{va}$ 对 $\delta_1$ 和 $\delta_2$ 的偏导：

$$\frac{\partial \pi^{va}}{\partial \delta_1} = \frac{A^2 C}{(2b-B^2-C^2)^2} \qquad (3.43)$$

$$\frac{\partial \pi^{va}}{\partial \delta_2} = \frac{A^2 B}{(2b-B^2-C^2)^2} \qquad (3.44)$$

由式（3.43）和式（3.44）可知，$\frac{\partial \pi^{va}}{\partial \delta_1}$ 和 $\frac{\partial \pi^{va}}{\partial \delta_2}$ 均大于 0，表明产业链上下游环节间的知识溢出有助于合作研发的进一步开展，即知识溢出越大，企业间建立纵向技术联盟进行合作研发的积极性越大。知识溢出对产业链的利润增加效应取决于企业创新效率和对知识溢出的吸收能力，产业链不同环节的利润增加效应不尽相同。

由式（3.43）和式（3.44）可知，产业链不同环节的企业间知识溢出会促进企业开展合作研发，即知识溢出效应越大，企业构建纵向技术联盟展开合作研发的动力越强。企业作为产品生产和创新活动的主要载体，虽然无法左右外界创新环境的影响，但能通过自身研发努力和积极发挥创新主体的作用，增强创新动力，提高联盟成功的概率。由式（3.39）和式（3.40）可知，对产业链上下游而言，知识溢出对企业利润的作用效果存在差异，创新效率和知识溢出程度也是影响该结果的重要因素。当企业自身具有雄厚的创新资本和人力资源，在联盟中处于主导地位，有利于自身利润的增加和知识溢出的获取。为增强创新能力，在联盟中获利，企业可以进一步构建学习型组织，提高自身对知识的吸收能力，将研发摆在重要位置。

政府鼓励和扶持技术联盟，有助于知识溢出，实现创新成果在联盟内的扩散与吸收，形成大规模的创新与技术扩散，进而使得社会经济发生周期性变化。例如，20 世纪 70 年代，日本建立的 VLSI 联盟，通过政府支持和企业联盟相结合的方式，对半导体行业共性技术开展联合研发，实现半导体行业的技术突破和产业升级，提高了参加企业的整体技术水平，对日本半导体产业的技术创新与发展做出了突出贡献。

## 3.2.2 纵向技术联盟的控制机制

在纵向技术联盟中，联盟的控制权问题十分重要，在联盟中占主导地位的企业享有更多的收益便利条件，从研发技术中获益更多。因此，联盟的控制权对企业尤为重要。本节将通过构建联盟控制模型的方式，探讨联盟控制机制的相关问题。

控制机制是组织内确保计划能够如期完成而采用的一种管理方式。按照不同分类，控制机制可分为结果控制与过程控制[117]、战略控制与财务控制[118]、单边控制与双边控制[119]等。控制是组织为达成目标，通过一个群体或组织来影响另一个群体或组织的过程，是稳定内部结构的一种机制。控制机制的目标是以最小的治理成本来管理和控制合作伙伴的机会主义行为,目前已有许多文献对组织内和组织间的控制开展相应研究[120]。控制机制是为确保在组织内或组织之间实现目标而采取的行动,以整合成员行为,使其符合预期。

形成垂直技术联盟的两家公司具有很强的技术互补性。企业所拥有的技术通常在技术研发链中处于不同的环节。在这种情况下,联盟的控制通常取决于企业的技术实力,技术强的公司拥有更大的控制权,甚至可以收购技术链中的其他公司。但企业间的实力相差并非太大,内部化的可能性不大,因此企业将共同对联盟的控制权做出决策。

1. 基本模型

假设产业链中存在一个实力雄厚、拥有一定技术基础的下游生产商 A 和一家规模相对于 A 较小的上游零部件供应商 B。A 具有一定规模的生产能力和国内业务基础,通过研究发现,一项技术具有巨大的市场潜力,但由于缺乏人才、资金和相关技术,单独开发这项技术是不可能的;相比之下,B 具有发展这项技术(包括技术、资本和人才等)的互补能力,通过谈判,二者形成一个垂直的技术联盟。在下文中,不完全契约模型将用于模拟 A 和 B 之间控制权变化的关系。

假设 A 使用技术、资金和其他渠道让 B 相信这项技术研发具有很大的市场前景,如果 B 进行研发投入,B 投资一个单位的要素(技术和资金等)将产生共同的利润。

此外,B 代理成本与供应类型和自身的努力程度有关。假定 $p(e)$ 为关于付出努力程度的利润函数,$p(e)=\alpha e+\beta, \alpha>0, 0<\beta<0.5$,$e$ 表示努力程度。同时,B 结成联盟后付出的努力也会给自己带来负效应 $C(e)$,包括 B 的资源消耗和联盟目标与自身战略目标的冲突等,$C(e)=\frac{1}{2}e^2(e\geq 0)$。

2. 联盟控制机制的确定

A 和 B 间的纵向技术联盟,有两种控制机制:其一是 A 依托较强的实力和规模控制联盟;其二是 B 也掌握这项研发必要的关键技术,B 来控制该联盟。在第一种情况下,相当于 A 将 B 内部化,B 作为 A 企业的一部分,A 能够自由使用 B 的要素投入,此时 B 的努力程度最低,设为 0。第二种情况下,相当于市场交易,由二者共同决定利润分配,此时 B 拥有关键技术,A 有较强的实力与规模,B 单独无法把握联盟的运作,需要二者协商来共同决定联盟的控制和利润分配情况,假定二者利润均分。下面将考虑两种预期情况下的预期效果。

第一种情况:$e=0, U_{A_1}=p(0)\times v=\beta v, U_{B_1}=0$。

第二种情况,技术研发成功,联盟企业获得联合利润,各自获得 $\frac{v}{2}$ 的利润,

B 将选择 $e$ 最大化的决策，即

$$U_{B_2} = \frac{1}{2}p(e)v - C(e) \tag{3.45}$$

对 B 而言，为使效用最大化，需使式（3.45）的导数为 0，即

$$\frac{dU_{B_2}}{de} = \frac{1}{2}p'(e)v - C'(e) = \frac{v}{2}\alpha - e = 0 \tag{3.46}$$

可得

$$e = \frac{v\alpha}{2} \tag{3.47}$$

此时，双方的期望效用分别为

$$U_{A_2} = \frac{v}{2}p(e) = \frac{\alpha^2 v^2}{4} + \frac{v\beta}{2} \tag{3.48}$$

$$U_{B_2} = \frac{v}{2}p(e) - C(e) = \frac{\alpha^2 v^2}{8} + \frac{v\beta}{2} \tag{3.49}$$

企业 A 具有更强的实力，在技术创新中具有优势，在技术研发成功后具有更强的利润分配能力，这也说明 A 具有较强的联盟控制权；而 B 无论在何种情况下均处于较弱势的地位，但由于 $U_{B_2} \geqslant U_{B_1} \geqslant 0$，因此在第二种控制机制下，B 的效用更大。而对于下游企业 A，仅当 $U_{A_2} \geqslant U_{A_1}$ 时，企业 A 才会采取第二种控制机制。要保证 A 选择第二种控制机制，则

$$U_{A_2} \geqslant U_{A_1}, \quad \text{即} \quad \frac{\alpha^2 v^2}{4} + \frac{v\beta}{2} \geqslant \beta v \tag{3.50}$$

将式（3.50）代入式（3.49），整理得 $e \geqslant \dfrac{\beta}{\alpha}$。

结论 1：针对上游供应商 B 来说，如果要下游企业 A 也选择第二种控制机制，一定要保证努力程度 $e \geqslant \dfrac{\beta}{\alpha}$。

考虑下游企业 A 在两种不同控制情况时的效用，对 $U_{A_2}$ 求一阶和二阶导数，分别为

$$\frac{dU_{A_2}}{dv} = \frac{\alpha^2 v}{2} + \frac{\beta}{2} > 0 \tag{3.51}$$

$$\frac{\partial^2 U_{A_2}}{\partial v^2} = \alpha^2 > 0 \tag{3.52}$$

由式（3.51）和式（3.52）可判断 $U_{A_2}$ 是 $v$ 的递增凸函数，且当 $0 < v < \dfrac{2\beta}{\alpha^2}$ 时，$U_{A_2} \leqslant U_{A_1}$，A 将选择第一种控制机制；当 $v > \dfrac{2\beta}{\alpha^2}$ 时，$U_{A_2} \geqslant U_{A_1}$，A 将选择第二种

控制机制（图 3.1）。

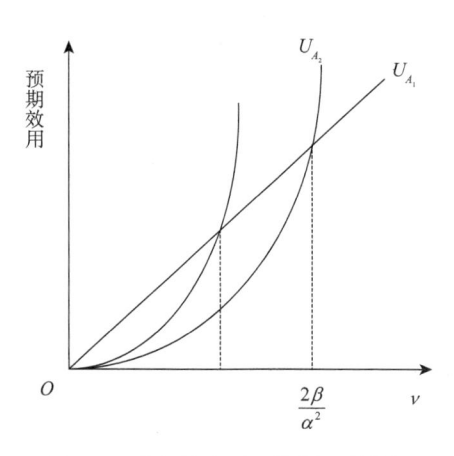

图 3.1 纵向技术联盟控制机制分析

结论 2：当企业 A 和企业 B 结成的纵向技术联盟获得的报酬足够大时，二者选择共同作用的机制可能使企业 B 付出更大的努力程度，选择第二种控制机制，结果优于企业 A 单独控制联盟的情况。

3. 结论和政策建议

以上分析给了我们很多启发。在技术联盟中，对于强大的龙头企业，应该适当考虑和关注弱势合作伙伴的利益，协调与合作伙伴的关系和利益机制，促使它们改进，努力提高技术研发的可能性，促进整个联盟的双赢局面。对于力量相对较弱的公司，有必要认识到这种情况，第一种控制模式无法盈利。

自 20 世纪 90 年代以来，中国采用了"以市场换技术"的合作形式。由于国外跨国企业占据控制地位，"市场换技术"战略尚未取得预期效果，外资企业在行业中占据越来越重要的地位。同时，与国际先进技术水平相比，国内企业的整体技术水平仍然较低。企业应充分估算自身实力，与龙头企业进行谈判，确定技术突破，充分挖掘企业潜力，最大限度地降低研发成本，逐步提升企业在联盟和市场中的地位和价值。

## 3.2.3 产业技术联盟的实施成效

自 20 世纪 90 年代初以来，中国开展了"产学研"合作模式，并于 1997 年在中国 28 所大学进行了试点工作，推动了合作研发的发展步伐。近年来，中国的合作研发取得了很大进展，合作研发的投入水平整体呈上升趋势（图 3.2）。产学研合作研发的投入强度高于企业间合作研发的投入强度，说明中国产业技术创新联盟等发展速度和实施效果较好，而由企业自主结成的横向和纵向技术联盟开展的企业间合作研发涉及多个主体，存在管理复杂、目标不一致、企业文化差异等问题，导致合作水平和投入强度有所降低。

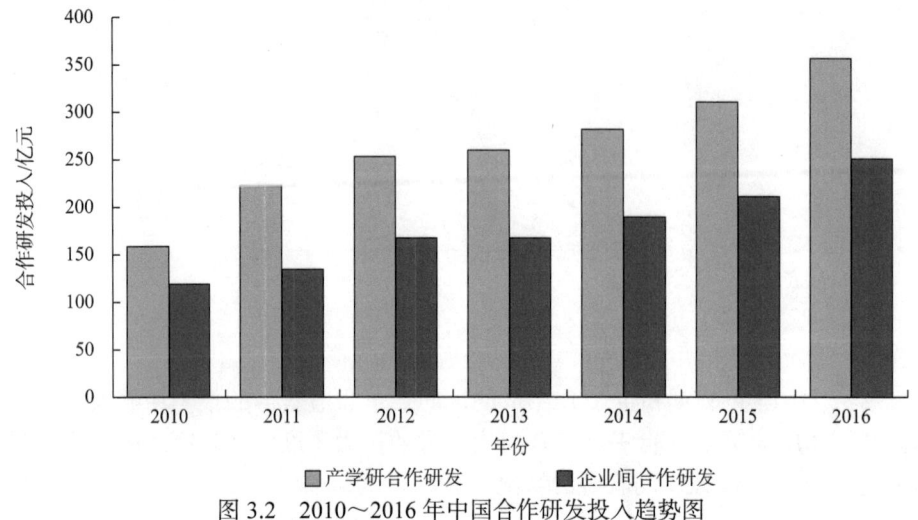

图 3.2　2010~2016 年中国合作研发投入趋势图

资料来源：根据《中国科技统计年鉴》(2011—2017) 绘制

以企业、高校和科研机构等结成的技术联盟（产学研合作）为例，中国开展产学研合作研发在区域发展上存在着较大差异。省域间对合作研发的投入水平差距较大，沿海地区合作水平普遍强于内陆地区，其中环渤海地区、长三角和珠三角等沿海地区产学研合作水平较高，平均研发投入分别为 27.25 亿元、31.82 亿元和 16.22 亿元，而新疆、宁夏等内陆地区合作研发投入较低，西藏和青海仅为 187 万元和 971 万元，不足上海市的 0.05%和 0.3%。为促进内陆地区的技术进步与产业升级，应加强内陆地区与其他省区市的合作创新和人力资本的培育[121]。

## 3.3　产业技术创新联盟及其运行机制

### 3.3.1　产业技术创新联盟的特点

产业技术创新联盟已成为实施国家创新驱动发展战略、构建中国技术创新体系的重要载体。2008 年《关于推动产业技术创新战略联盟构建的指导意见》明确指出产业技术创新战略联盟有利于整合产业技术创新资源，引导创新要素向优势企业集聚；有利于保障科研与生产紧密衔接，实现创新成果的快速产业化；有利于促进技术集成创新，推动产业结构优化升级，提升产业核心竞争力[42]。每个联盟都积极围绕产业链，构建技术创新链，打开通道，将科技成果转化为实际生产能力。近年来，中国产业技术联盟蓬勃发展，呈逐年上升趋势，截至2015年底，产业技术联盟试点单位已达到146家[122]，参加2016年度评比的联盟共有100家。其中活跃度高的联盟共29家，占29%；活跃度较高的联盟共23家，占23%；活跃度一般的联盟共30家，占30%（图3.3）。没能参加本次评价的试点联盟共有46家，其中17家联盟没有按科学技术部创新发展司〔2016〕52号发文参与数据库信息录入，主要原因：一是联盟领导不重视此次信息录入工作或无意继续参加试点工作；二是联盟基本处于瘫痪状态，秘书处无人负责此项工作。另外，还有29家联盟虽然进行了信息录入工作，但信息录入不全，没有达到评价基本条件，主要原因：一是对此信息录入工作重视不够，未能在时限内完成信息录入；二是联盟近一年开展协同创新活动不多；三是对信息数据库的架构、录入要求理解有误。产业技术创新联盟与产学研联盟和战略联盟的比较如表3.4所示。

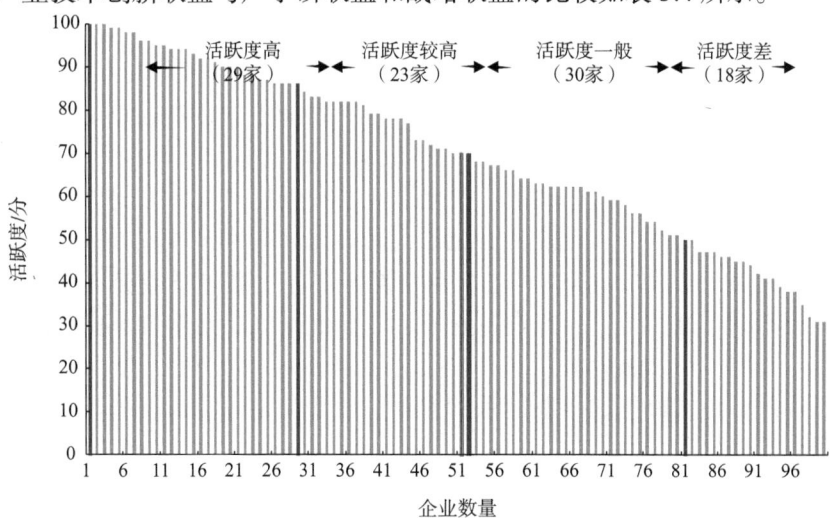

图3.3　2016年度产业技术创新联盟活跃度评价结果

资料来源：根据《2016年度产业技术创新战略联盟活跃度评价报告》绘制

表3.4　产业技术创新联盟与产学研联盟和战略联盟的区别[123]

| 主要类型 | 合作主体 | 实施目标 | 组织形式 | 法律意义 |
| --- | --- | --- | --- | --- |
| 产业技术创新联盟 | 大规模产学研合作（政府对联盟资源配置起引导作用） | 满足产业技术需求，有效解决产业共性问题，推进市场化进程 | 明确权责分配协议 | 具有较强的法律保障 |
| 产学研联盟 | 企业、高校、科研机构 | 合作研发 | 临时项目居多，组织形式松散 | 法律意义不强 |
| 战略联盟 | 两个及以上企业 | 实现个体市场竞争的战略目标 | 比较随意 | 法律意义不强 |

产业技术创新联盟是企业与高校、科研机构间通过契约建立的,以产业技术创新和产业技术升级为目标的一种产学研合作的高级形式,产业技术创新联盟的主要特点如下。

(1)产业技术创新联盟作为产学研合作的进一步探讨,能有效推动国家产业层面创新体系的发展,是大规模的产学研合作,参与方便,技术创新链完整,社会效益和经济效益也更为显著。

(2)主要由行业内优势企业、高校和科研机构组成。以《国家中长期科学和技术发展规划纲要(2006—2020年)》确定的重点领域和创新需求为指导,研发技术有利于解决行业存在的共性和关键技术问题[124]。

(3)产业技术创新联盟的开展有利于集聚创新资源,形成产业技术创新链,具有较强的产业带动和推广作用,以提升产业技术创新能力、核心竞争力,促进产业升级为目标。

因此,产业技术创新联盟的发展离不开政府的支持和高校科研院所等基础领域科研力量的积极参与;联盟以满足产业内企业的长期技术需求和实现科技向现实生产力转化为目标,研发的重点是产业的共性技术。产业技术创新联盟的主要成员通常是具有较强影响力的企业,通过建立不同形式的合作关系,确定明确的权责分配协议。以日本为例,日本的产业技术创新联盟兴起于20世纪60年代,发展历史相对较长,取得的成果相对显著。在1961年颁布的《工矿业技术研究组合法》的推动下,相继组建了产业技术创新联盟,以技术课题为中心,以解决周期长、风险大、规模大的技术课题和产业共性问题为目标,多以大企业为参与成员。日本产业技术创新联盟注重通过联盟获取自身所缺乏的稀缺性资源,通过学习、合作、竞争,培育企业核心竞争力,政府在该联盟中起主导作用,通常被称为"官产学合作的技术创新联盟"。总而言之,产业技术创新联盟是国家科技创新体系的重要组成部分,对产业技术升级具有重要的推动作用。

## 3.3.2 产业技术创新联盟伙伴选择机制

"机制"是指系统各组成部分之间相互作用的结构关系和工作方式,对系统的维护、推广和制约具有一定作用。良好的运行机制是联盟健康发展、实现技术创新和产业升级的良好保障。产业技术创新联盟的运行机制如图3.4所示。

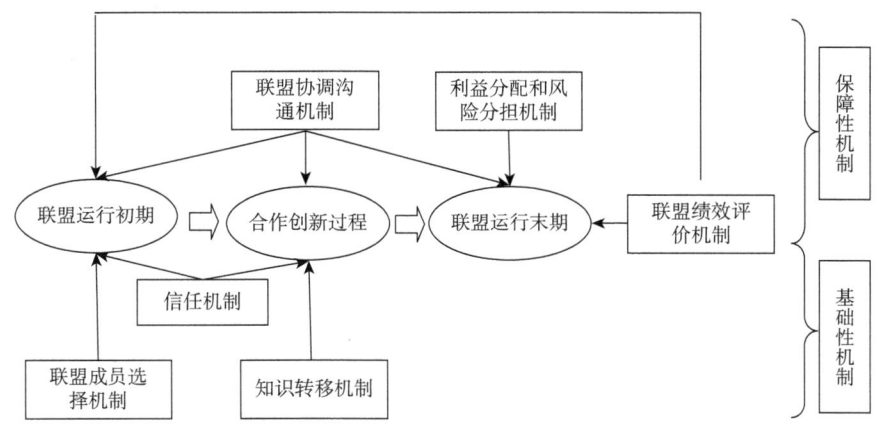

图 3.4 产业技术创新联盟的运行机制

合作伙伴选择是产业技术创新联盟成败的关键所在，只有构建科学的成员选择机制并选择合适的联盟成员才能保证产业技术升级的顺利实现。

国内外学者就联盟伙伴选择问题进行了大量的研究。Keith 等提出选择联盟伙伴时应遵循盟友间拥有互补性技能、合作文化、共同目标及联盟风险等四个准则[125]。Hutt 等指出影响联盟伙伴行为的因素包括信任、关系承诺和兼容性[126]。王晓新等认为在企业创新中，选择合作伙伴应考虑合作伙伴包括产权信誉、管理能力、资源能力、技术能力和兼容程度等在内的多方面因素[127]。张妍和魏江基于资源基础观和交易成本理论指出，研发伙伴多样性与创新绩效间存在倒 U 形关系，研发地理多样性会积极影响创新绩效[128]。张敬文等分析了战略性新兴产业技术创新联盟中合作伙伴的选择问题，研究表明，企业技术资源、文化背景、信息沟通和合作意愿对联盟合作伙伴具有显著影响[129]。王雪原和王宏起针对 R&D 联盟多伙伴选择复杂性问题，综合考虑了联盟伙伴提供创新资源满足度、伙伴间矛盾与冲突、创新资源互补程度和可获得创新资源重要性与稀缺性等，对 R&D 联盟伙伴选择流程和方法进行了研究[130]。

根据上述分析，我们可以得出，在选择联盟伙伴时，不仅要考虑伙伴间战略的适应性和互补性（战略目标是否一致），还需要考虑合作伙伴的各项核心能力（技术能力、管理能力和资源能力等）、财务状况、规模、文化背景和信用情况等。在此提出联盟伙伴选择的几点原则：①战略适应性原则；②兼容互补性原则；③互相信任原则；④风险最小化原则；⑤核心能力原则。下面将以我国的物联网产业技术创新战略联盟为例，说明联盟伙伴选择的相关问题。

物联网产业技术创新战略联盟成立于 2013 年，联盟的核心任务是凝练物联网行业的重大技术需求、创新和研究活动，在中国和全球市场推广和应用物联网技术。联盟中成员伙伴遵循共同战略宗旨"战略引领、协同创新、产业推动、合作共赢"。在联盟伙伴的选择上遵循以下标准。

（1）考虑参与企业核心竞争力，吸纳具有创新能力的骨干企业、规模较大的企业和具有基础研究和共性技术研发优势的科研院所，形成全产业链的技术创新支撑平台。

（2）联盟成员遵循兼容、互补的原则。在联盟中，企业具有高度的主导性和独立性，同时吸收科研机构和大学。这种以企业为主体、产学研相结合的伙伴模式，有利于形成物联网产业技术创新联盟研发生产一体化的先进体系。它为物联网产业的发展提供了一种有效的创新模式，有利于物联网产业的技术升级。

（3）政府在联盟中发挥重要作用，包括资金、项目和政策支持等，该联盟是在国务院《关于推动产业技术创新战略联盟构建的指导意见》和《物联网发展专项行动计划》的政策支持下开展的，且联盟由科学技术部、工业和信息化部等多家单位共同指导。

（4）遵循核心竞争力的原则，物联网联盟成员在物联网领域有一定的影响力，其实验研究设施、完善的研究体系和人才团队，可以有效实施重大技术创新项目和产业化项目，联合开展技术研究；联盟设有专家委员会机构，为联盟发展提出战略规划、重点规划和技术发展方向等，同时提出产业发展战略规划和技术路线图，向国家提出技术发展和产业发展建议。

### 3.3.3 产业技术创新联盟知识转移机制

20 世纪 80 年代以来，产业技术创新迅速发展，并成为企业竞争的重要组织形式，在市场竞争中的地位日益突出。随着创新成果在产业技术联盟中和整个产业内部的扩散，产业技术创新联盟突破中国经济发展中技术创新的"瓶颈"，逐步实现整个产业的结构调整和技术升级。产业技术创新联盟在实施过程中，其本质上是技术创造、转移和应用的过程，产业技术创新联盟成员间的有效知识转移与知识共享，是该联盟能够持续、稳健运行，产业实现技术升级的关键。因此，产业技术创新联盟的知识转移机制的研究具有十分重要的意义。

在产业技术创新联盟中，知识转移主要是指联盟成员为突破产业发展的核心技术，使得知识能有目的、有计划地进行转移和扩散。而产业技术创新联盟的知识转移价值是指知识从一个创新主体转移到另一个创新主体的过程，通过带动另一个创新主体积极开展创新活动来实现双赢[131]（图 3.5）。目前，相关文献更多地就知识转移与产业技术创新的内在联系等问题进行分析。

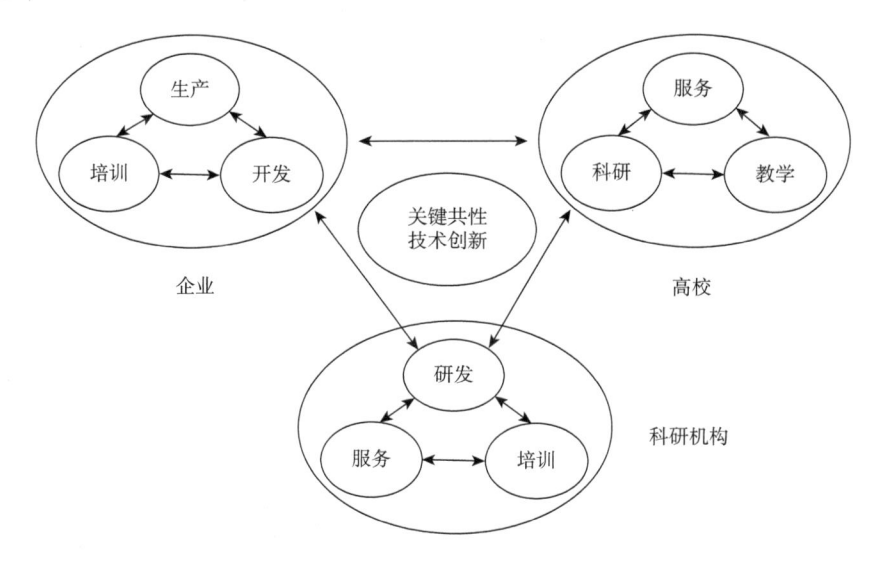

图 3.5 产业技术创新联盟知识转移机制

(1)产业技术创新联盟知识转移绩效的影响因素研究。Narteh 认为知识转移过程主要受合作伙伴的学习意图、向合作方传递知识的能力和合作方接受知识的能力三方面因素影响[132]。

(2)知识转移价值研究。蒋樟生等通过建立基于知识转移价值的产业技术创新联盟动态系统方程,指出联盟稳定性与联盟成员从知识转移过程中所获得的价值存在正向激励作用[131]。杨震宁和李晶晶研究了技术战略联盟间知识转移、技术成果保护与创新的关系,结果表明,技术战略联盟间形成了一种特殊的"竞合"关系,无论企业还是竞争对手,创新绩效的提升均受知识转移和交换影响[133]。

(3)知识转移障碍的研究。徐笑君认为母子公司双方的能力和意愿、转移渠道、营销会影响跨国公司知识转移效果[134]。曾德明等从知识基础、组织结构、信任程度、文化距离与收益分配五个维度剖析了产业技术创新战略联盟[135]。

知识转移能在一定程度上激励产业技术创新,也是知识应用实现良性循环的基础,是提升联盟创新能力和实现产业技术升级的关键。因此,在实践中必须保证联盟中知识的有效转移,突破知识转移中存在的障碍。实现知识的有效转移,需要政府、联盟和联盟成员三者协同作用,共同努力,采取相应措施促进知识转移的效率,实现知识的有效转移和技术创新(图 3.6)。

政策上的优势可以很好地激励技术产业创新联盟的进步,政府可以采取政策上的扶持,催化联盟知识技术更快地向知识接收方传播,如实施激励保障型政策、协调引导型政策等方式。构建一个完善的联盟执行保护体制有以下方法:筛选合

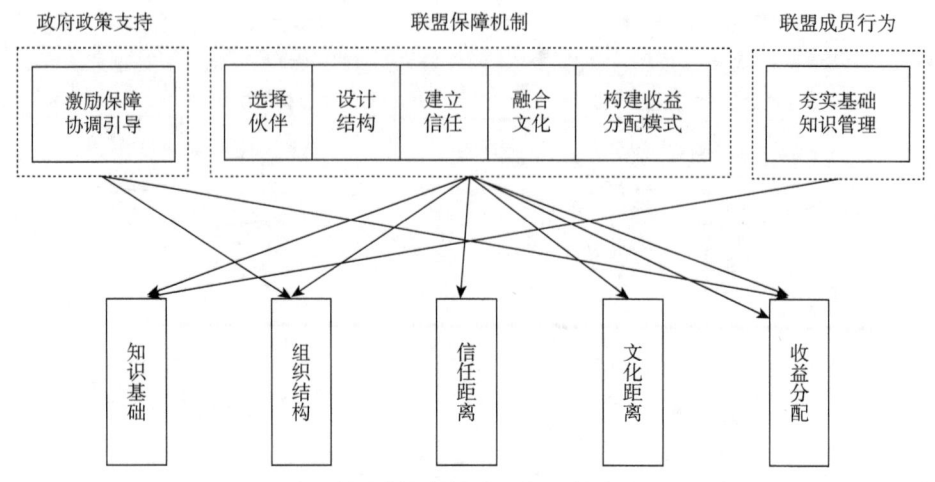

图 3.6 产业技术创新战略联盟知识转移的相关对策

适的合作伙伴、构建完善的联盟组织框架、建立良好的信任关系、培育融洽的联盟文化和构建合理的收益分配模式等五方面。

# 第4章  技术联盟视角的合作研发机制

## 4.1  市场导向的合作研发机制

### 4.1.1  市场导向的合作研发动力机制

1. 市场导向的合作研发动因

1）市场需求拉动力

满足市场需求，扩大市场份额是企业最关心的一项指标。在市场上，及时地掌握市场信息，并从中筛选出对企业有价值的信息来进行技术创新，以生产更多的新产品来占领市场，对企业而言十分重要。

随着经济的逐渐发展及生活环境的变化，人们对于产品的质量、服务以及技术水平均产生了更高的期望，这也成为提高企业技术创新能力的关键动力。为了追逐利益，企业必须弥补自身有限的技术和资源缺陷，通过合作研发来进行技术创新，不断开发新的产品、新的服务来满足市场需求。

2）市场竞争压力

主动抢占市场先机，积极提高技术创新能力，生产符合市场需求的产品是企业掌握核心竞争力的关键。技术创新是企业提高竞争力的重要方式，当企业竞争优势增强后，随着利润水平的提升，技术创新能力也会进一步提高，从而形成良性循环。

在激烈的竞争中，企业通过合作研发，可以实现与其他企业、高校、科研机构和中介机构等的资源互补，提高获得信息的效率，通过不断的技术创新，可以提高自身的核心竞争实力，从而在市场中占得一席之位。

3）追求自身利益

企业应根据市场需求与企业发展现状来选择适宜性技术的研发，以避免技术创新活动开展的盲目性。高校和科研机构具有优秀的科研团队和丰富的科技资源，能有效保证技术应用的先进性，其参与市场导向的合作研发，目的在于通过与企业合作研发获得更多的研发资金，促进科研工作的展开和科研成果的转化，以及为学生提供更好的实践、实习机会，培养出更符合市场需求的人才。在合作研发创新体中，企业可以给予高等院校及科研机构资金支持和设备支持，为学生提供理论与实践结合的机会。例如，中国广东省与乌克兰国家科学院等原独联体国家政府和研究机构先后签订了一系列面向产业技术开发的科技合作框架协议，通过政府间的合作共同搭建技术创新平台，有助于双方共同进步，形成稳定的保障机制。

2. 市场导向的合作研发障碍

科研成果和市场需求脱节、技术和市场没有很好对接依然是市场导向的合作研发在实践过程中存在的重要问题，具体来说，市场导向的合作研发障碍主要有以下几个方面。

1）利益分配问题

利益分配问题是合作研发的重要障碍之一。问题主要表现在，利益观点上的不一致就埋下了潜在矛盾。在合作研发初期，研发投入还比较少，联盟各成员的利益冲突还不明显，但随着合作研发进程的推进，当可得利益越来越大时，利益分配就会产生巨大的冲突。利益问题得不到解决，不仅无法达到合作创新的目的，还降低了研发人员的积极性，造成合作研发的失败。

2）缺乏成果衔接的有效机制

科技成果从实验室走向生产车间，仍有很长一段距离。科技成果中涉及的大量技术需要进一步加工，即技术的二次开发，然后再进行中试、孵化。在合作研发中，科研院所提供的技术更多是理论和抽象的，但是企业需要的是新产品，在技术和产品之间有一个必须要完成的中间衔接过程。有两种较为成功的科技成果转化模式：一是美国模式，即大型企业模式，企业负责把技术中试孵化；二是欧洲模式，技术转化靠大量的研究机构完成。欧洲大量的研究院所，一个重要功能是中试孵化。但是，在中国既没有类似美国的大型企业做孵化，也没有类似欧洲的研究院所做孵化。中国的大型企业真正重视科技成果转化的并不多，尽管一些企业也建立了技术中心，但是技术人员和设备很少更新，研发能力非常有限。虽然中国很多地区的地方政府建立了孵化园，但主要是提供场所、税收等方面的优惠，并未起到应有的孵化作用。借鉴美国和欧洲的模式，针对中国的具体情况，搭建孵化平台，以填补目前首尾不相连的窘境，才能促进创新主体更好地进行合作研发。

3）公共服务机制落后

一方面，中国的中介服务体系尚不健全，大部分中介组织由原来的行政部门、事业单位演化而来，运作方式、工作思路仍然遗留行政机关的烙印，服务内容、方式单一，提供信息不及时或缺乏准确性，运作体制比较僵化，服务质量较低；另一方面，科技研发往往需要较高的投入和较长的时限，在科研成果研发、中试、商品化和产业化阶段，都需要大量的资金支持，而中国融资机制存在结构性缺失问题，社会风险投资机构、金融机构对合作研发的介入还较少，使得企业面临巨大的资金压力和风险，上中下完善的产业链无法形成，影响合作研发的开展。

3. 市场导向的合作研发动力机制模型构建

从系统的角度来讲，合作研发内部和外部都存在着很多影响因素，这些因素彼此之间相互作用，交织成一张隐形的网络，形成了合作研发的动力集合，共同驱动着合作研发向着积极的方向发展。根据前文分析构建的市场导向下的合作研发动力机制模型如图 4.1 所示。

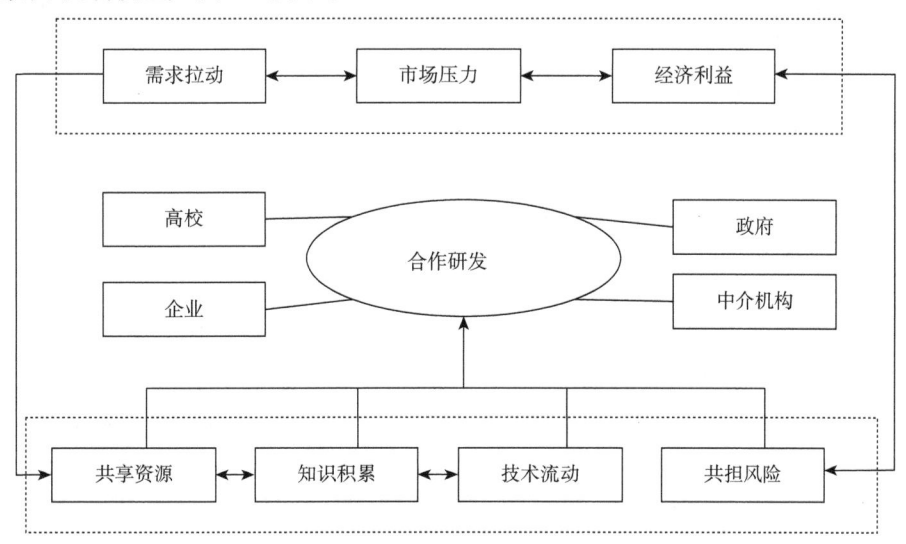

图 4.1 市场导向下的合作研发动力机制模型

在该机制模型中，市场需求拉动和市场竞争压力是合作研发形成的最主要的外部驱动力，而利益分配则是合作研发的重要内部动力。企业为了在市场中夺得一席之位，并不断追求利益及自身的长远发展，促使了合作研发创新战略的形成。

## 4.1.2 市场导向的合作研发模式选择

1. 合作研发模式的类型

1）模式一：委托研发

委托研发是公司或组织根据自身产品需求及市场情况，将自身所需技术外包给研究所或高校进行研发的技术合作方式。这种方式主要有以下几个方面的优点：首先，解决了创新能力较低的公司的技术需求及技术开发难题；其次，高校和研究所可以从研究成果上获取相应的收入报酬，然后将资金再次投入到研发活动中去。中小型公司的企业规模小、人才储备不足，技术研发能力有限，所以对中小型公司来说这种技术合作模式较为可行。中小型企业可以通过这种合作模式快速提升自身的技术水平，提高自身产品竞争力。当企业发展到一定的规模后，这种模式需要转变，因为长期依赖外部力量，不利于公司的持续发展和长远布局。

2）模式二：契约型合作

契约型合作是公司与一些技术人才聚集的组织通过契约相互制约与合作，共同投入资金、科研场地、设备及科研人才，共同进行科学技术的研发的模式，这些组织主要包括高校、科研所或专业技术研究院等。契约各方以利益为纽带，共享科研成果，共担科研风险，逐渐地，这种合作模式超脱了科技研究范畴，覆盖了产品销售及产品设计生产等领域。这种合作模式不仅加快了技术科研的步伐，而且大大缩短了科研周期。技术及知识的相互共享有利于提高各方的科研技术水平及创新创造能力。

3）模式三：研发一体化

研发一体化是企业和专业技术研究机构共同出资出人，建立一个科学研究联合组织，该组织围绕一个共同的目标，超脱原有组织的体制和层级关系，将合作各方的资金、技术、人才和知识等资源整合起来统一管理，实现资源配置最优化。研发一体化是所有合作模式中合作等级最高的合作模式。

2. 市场导向下的合作研发模式博弈

本书以由企业、高校和政府组成的产学研合作研发为例，运用博弈论的基本模型对市场导向的合作研发模式选择问题进行分析，首先，我们先对基本模型进行如下的基本假设。

假设一：目前市场导向的技术研发合作模式只有委托研发、契约型合作和研发一体化三种模式。

假设二：对博弈各方进行标记，公司（企资方）记作 $F$；高校、科研所及专业技术研究机构记作（学研方）$I$；政府（政资方）记作$S$。其中，企资方$F$由于没有某些核心技术，自身无法进行产品的独立开发，为了抓住机会，提高自身竞争力，快速抢占市场，急需和技术密集、创新能力较高的学研方$I$进行合作。而政府作为促进技术成果落实的重要推动方，可以通过政策扶持、政策重心偏移、资金补贴等方式激励学研方加快科研速度，提高科研效率，按其投入力度进行补贴，补贴力度标记为$s_i$，且$s_1<s_2<s_3$，$s_1$、$s_2$、$s_3$分别表示在委托研发、契约型合作、研发一体化三种不同模式下的政府补贴力度。

假设三：技术研究成果价值标记为$V$，公司在取得技术成果后，基于此技术成果获得的商业价值标记为$\pi(\pi>V)$，公司能将科学技术成果成功商业化的概率记作$P$，$P$与学研方、企资方的技术实力和知识溢出程度成正比，合作后双方对市场信息的敏感能力记作$k_i(i=1,2,3)$，表示为：$P=f(e_F,e_I,k_i)$，$\frac{\partial P}{\partial e_j}>0(j=F,I)$，$\frac{\partial P}{\partial k_i}>0$。假设企业独立进行技术研发，未来的市场化的收益记作$P_0\pi$，此时学研方未参与进去，企资方不用向学研方支付费用，支付向量表示为$(P_0\pi,0)$。

假设四：在委托研发模式中，学研方承担全部的科学技术研究工作及开销，全部的成本费用记作$\frac{1}{2}ce_I^2$，研究完成后，将技术成果转让给企资方，企资方支付给学研方的费用记作$w$，学研方将$w$中的一部分作为研究成本费用弥补研发过程中的开销，其余的作为研发收益。企资方支付$w$后，此时商业化成功的概率：$P_1=f(e_F,e_I,k_1)$，支付向量表示为$(P_1\pi-w,w-\frac{1}{2}(1-s_1)ce_I^2)$。

假设五：在契约型合作模式中，从技术成果的研究到产品生产及成果商业化的过程都需要契约双方参与。按照契约内容规定，企资方不需要向学研方支付技术购买费用，在技术成果商业化后，学研方不得将技术成果转让给其他企业或组织，且在技术成果获利后，企资方将获得比例为$m$的收益（$0<m<1$），该模式成功的概率为：$P_2=f(e_F,e_I,k_2)$，技术成果商业化成功后的收入中，企资方获益$mP_2\pi$，学研方获得$(1-m)P_2\pi-\frac{1}{2}(1-s_2)ce_I^2-V$。

假设六：在研发一体化模式下，不同参与方为了共同的利益聚集在一起，相互合作，形成了一个研发实体，各方精诚合作，使得所有技术成果实现交易内部化，节省了由技术合作和交易导致的非必要成本$\Delta T$。同样地，不同组织的人员聚集到一起，需要通过人力管理、组织规划来减少工作模式、文化及知识差异等冲突，花费了一定的时间，因此产生摩擦成本$T$。该模式取得成功的概率为：$P_3=f(e_F,e_I,k_3)$。研发一体化模式下以新组织的利益为先，为了取得更高的利润，需要对成果进行合理的分配，新组织的总收益为 $P_3\pi - \frac{1}{2}(1-s_3)ce_I^2 - V - T + \Delta T$。

基于以上假设，通过纳什讨价还价解使得双方的利益最大化，即

$$P + \max[(P_1 - P_0)\pi - P][P - \frac{1}{2}(1-s_1)ce_I^2] \tag{4.1}$$

$$M + \max(mP_2 - P_0)\pi[(1-m)P_2\pi - \frac{1}{2}(1-s_2)ce_I^2 - V] \tag{4.2}$$

首先，对式（4.1）计算关于 $p$ 的一阶导数，对式（4.2）计算关于 $m$ 的一阶导数，可得

$$\frac{\partial P}{\partial p} = \frac{(P_1 - P_0)\pi + \frac{1}{2}(1-s_1)ce_I^2}{2} \tag{4.3}$$

$$\frac{\partial M}{\partial m} = \frac{(P_2 + P_0)\pi - \frac{1}{2}(1-s_2)ce_I^2 - V}{2P_2\pi} \tag{4.4}$$

将式（4.3）和式（4.4）中求得的一阶导数分别代入企资方向学研方的支付向量里，计算得到在委托研发模式中的支付表达式。具体为

$$\left( \frac{(P_1 + P_0)\pi - \frac{1}{2}(1-s_1)ce_I^2}{2}, \frac{(P_1 - P_0)\pi - \frac{1}{2}(1-s_1)ce_I^2}{2} \right)$$

在契约型合作模式下的支付表达式为

$$\left( \frac{(P_2 + P_0)\pi - \frac{1}{2}(1-s_2)ce_I^2 - V}{2}, \frac{(P_2 - P_0)\pi - \frac{1}{2}(1-s_2)ce_I^2 - V}{2} \right)$$

在研发一体化合作模式下的支付表达式为

$$P_3\pi - \frac{1}{2}(1-s_3)ce_I^2 - V - T + \Delta T$$

由以上公式步骤计算得到的各方盈利，可以直观地判断出何种合作模式更适合企资方和学研方。

3. 选择合作研发模式

企业和学研方如何去选择合作模式和各个合作模型中的条件赋值有关系。

当模型条件满足 $P_2 - P_1 > \dfrac{V + \frac{1}{2}(s_1 - s_2)ce_I^2}{\pi}$ 时，此时有

$$\frac{(P_2+P_0)\pi-\frac{1}{2}(1-s_2)ce_I^2-V}{2}>\frac{(P_1+P_0)\pi-\frac{1}{2}(1-s_1)ce_I^2}{2}$$

$$\frac{(P_2-P_0)\pi-\frac{1}{2}(1-s_2)ce_I^2-V}{2}>\frac{(P_1-P_0)\pi-\frac{1}{2}(1-s_1)ce_I^2}{2}$$

满足合作双方的利益最大化,此时应该选择契约型合作模式,相反,则应选择委托研发模式,企业支付一定的费用给学研方,降低自研成本及失败的风险成本;学研方获得资金支持,降低了研发风险。

当模型条件满足 $T>\Delta T$ 且 $P_3-P_2<\dfrac{T-\Delta T+\frac{1}{2}(s_2-s_3)ce_I^2}{\pi}$ 时,此时有

$$\frac{(P_2+P_0)\pi-\frac{1}{2}(1-s_2)ce_I^2-V}{2}+\frac{(P_2-P_0)\pi-\frac{1}{2}(1-s_2)ce_I^2-V}{2}$$
$$>P_3\pi-\frac{1}{2}(1-s_3)ce_I^2-V-T+\Delta T$$

应选择契约型合作模式。

当模型条件满足 $T>\Delta T$ 且 $P_3-P_2>\dfrac{T-\Delta T+\frac{1}{2}(s_2-s_3)ce_I^2}{\pi}$ 时,此时研发一体化模式是合作研发双方的严格占优策略。

在模型中其他的条件不变的前提下,合作双方的市场信息敏感度 $k_i$ 越大,则双方选择深度合作的优势越高。假设 $\dfrac{\partial P}{\partial k_i}>0$,在模型中满足条件 $P_2-P_1$ $>\dfrac{V+\frac{1}{2}(s_1-s_2)ce_I^2}{\pi}$ 可能性越高时,企业应选择契约型合作模式。相反,当模型条件满足 $P_3-P_2>\dfrac{T-\Delta T+\frac{1}{2}(s_2-s_3)ce_I^2}{\pi}$ 时,研发一体化合作模式成为最优模式。

综上所述,在市场导向的前提下,企业和学研方的合作模式的选择受多方因素影响,如合作双方的技术能力、知识水平、创新创造能力、技术成果本身价值及其商业化价值,另外,还受到政府政策、市场消息及各方对市场信息的敏感度的影响,除此之外,合作双方在合作前的沟通谈判能力也对合作研发模式的选择有着重要的影响。

### 4.1.3 市场导向的技术联盟伙伴选择机制

1. 市场导向的技术联盟伙伴选择影响因素

1) 战略匹配性

战略匹配性指的是企业在战略布局上相互扶持，战略业务的匹配性是市场导向的技术联盟选择伙伴的重要因素。

2) 市场协同性

市场协同性主要指企业双方在市场中达成的互补关系。在市场导向的合作研发中，选择具有市场协同性的技术联盟伙伴，可以帮助企业尽快了解、适应新市场，获得更为丰富的市场信息，减少技术研发的风险。

3) 市场价值创造能力

市场价值创造能力主要是指在市场发展的过程中所需要用到的技能，如市场需求的识别、新产品的设计和改良能力、市场的适应能力等。市场价值创造能力还包括市场优势和知识产权上的优势。市场优势包括市场占有率和市场影响力、核心产品的供应能力、市场信息获取和整合能力以及吸引保持顾客的能力等；知识产权优势包括合作双方知识产权标准的一致性和核心技术与合作技术的一致性等。

4) 资源水平

资源水平是市场导向的技术联盟进行伙伴选择时必须要考虑的因素，其中包括了合作伙伴的资金实力、设备资源和人力资源等。资金是合作研发的基础，合作伙伴如果能提供充足的资金支持，那么在市场信息搜集、研发投入等方面都会减少合作研发的阻力；设备资源是合作研发的物质条件，完备的设备资源可以减少市场导向合作研发的成本；人力资本是吸收、创造知识的根本，具有丰富人力资源的合作伙伴能够提高市场导向合作研发的成功率。

5) 兼容性

兼容性是技术联盟得以长久维持的必要条件，具体包括不同企业间战略适应性和良好伙伴关系的建立和维持。首先，市场导向性是技术联盟建立和运行的前提；其次，企业间管理方式、组织文化的差异性越小，即兼容性越强，越容易减少企业间的合作分歧，进而更容易实现战略联盟的建立和高效运行。

6) 声誉

合作伙伴的声誉对市场导向的技术联盟来说非常重要。企业的声誉可以反映一个联盟伙伴在内部管理、产品质量、财务状况等方面的情况。良好的声誉能有效降低市场导向的合作研发中"道德风险"和"逆向选择"的发生概率，降低监控成本和交易成本，增加合作伙伴对联盟前景的良好预期，从而提高合作各方知识转移的意愿。

2. 市场导向的技术联盟伙伴选择指标体系

建立市场导向的技术联盟伙伴选择指标体系，应该遵循以下几点原则。

（1）以市场价值的创造能力作为首要的原则。因为以市场为导向的合作研发技术联盟形成的动力就是通过探测市场环境的变化，发现市场需求，了解顾客的价值主张，通过技术创新来满足市场动态变化的需求。

（2）科学、客观原则。联盟合作伙伴的选择涉及的因素很多，如何对这些因素进行高度的抽象、概括并抓住本质及最有代表性的东西是设计指标体系的关键和难点。因此，在制定评价体系时，要客观、科学地抽象和概括出研发联盟的目的和要求，选取能够全面反映候选合作伙伴综合水平的指标。

（3）定性指标与定量指标综合原则。有些因素是必须要考虑的因素，但是无法用定量指标来描述，因此这时必须采用定性指标和定量指标结合的方法来对评价指标进行选择。

（4）灵活性原则。有些指标体系的建立需要结合企业自身实际情况进行调整，因此需要有足够的灵活性。

根据以上原则及前文的分析，我们构建了如下市场导向的技术联盟伙伴选择指标体系（表 4.1）。

**表4.1 市场导向的技术联盟伙伴选择指标体系构建**

| 一级评价指标 | 二级评价指标 | 评价细目 |
| --- | --- | --- |
| 战略匹配性 | 战略业务匹配性 | 对方能提供的业务发展渠道 |
| | | 对方能提供的业务发展技术 |
| | | 对方能提供的业务发展资源 |
| 市场协同性 | 市场定位互补 | 是否有目标市场优势 |
| | | 是否有目标市场资源 |
| 市场价值创造能力 | 技术实力 | 新产品的设计和改良能力 |
| | | 技术的市场适应能力 |
| | | 技术的成熟度和可靠性 |
| | | 技术的时效性 |
| | 市场优势 | 市场占有率 |
| | | 市场需求反应能力 |
| | | 客户忠诚度 |
| | | 市场信息获取能力 |
| | 知识产权 | 拥有的知识产权数量 |
| | | 拥有的知识产权质量 |
| | | 双方知识产权标准一致性 |
| | | 核心技术与合作技术一致性 |

续表

| 一级评价指标 | 二级评价指标 | 评价细目 |
| --- | --- | --- |
| 资源水平 | 资金实力 | 自有资本 |
|  |  | 融资能力 |
|  | 设备水平 | 设备的先进性 |
|  |  | 设备的配套性 |
|  | 人力资本水平 | 人员素质 |
|  |  | 人员整体技能水平 |
| 兼容性 | 战略适应性 | 是否以市场为导向 |
|  | 伙伴关系 | 管理方式兼容性 |
|  |  | 组织文化兼容性 |
| 其他 | 声誉 | 行业地位 |
|  |  | 同行评价 |

## 4.2 基础研究导向的合作研发机制

### 4.2.1 基础研究导向的合作研发动力机制

1. 基础研究导向的合作研发动因

1）追求自身利益

在基础研究导向的合作研发活动中，不同创新主体的利益并不完全一致。企业在这个过程中不仅能够收获巨大的利益，还能够掌握到先进的技术和最新的技术发展信息，这都有利于企业吸引优秀的人才，提升生产的技术水平，从而提升声誉和知名度。科研机构在合作研发过程中期望得到的主要不是经济利益，而是利用参与合作的企业内部的生产资源来研究出更高水平的科研成果，从而向国家申请更高级别的科研项目和奖励。因此，合作的双方在参与合作的动力和方向上存在着不同。

2）政府推动力

政府综合利用各种政策、法律、组织和行为体系，采取有效的手段集合各类市场资源和力量，推动合作研发进程和提高技术创新能力。因此，政府的角色对于合作研发来说至关重要。

3）业绩考评的需要

中国的各类高校长期以来将学校在各个领域内取得的科研成果和技术突破看作头等大事，注重科研成果的社会实践性和转化性，许多院校往往都会选择将科研成果作为考核教师的晋升硬性指标，有了这样的指标存在，对于合作研发来说，也会产生一种促进效果。

2. 基础研究导向的合作研发障碍

1）合作目标冲突

在基础研究导向的合作研发中，各个创新主体仍然在目标取向上存在差异。企业主要是通过基础研究来获取新技术的先行者优势，抢先占领市场，最后获得持续的核心竞争力和经济利益；而对于高校、科研机构，在基础研究导向的合作研发中，追求的是更高的学术价值，以及提高人才培养的质量等。因此，各个创新主体的目标是不一致的。

站在企业的角度，即使是参与基础研究导向的合作研发，也应是从经济利益出发，去进行具有巨大经济潜力、可以进行规模生产、有效提升企业竞争力的基础研究。

2）资金支持不足

研发活动是进行科研活动非常重要的一个环节，近几年中国整体的研发活动支出水平在不断上升，但是相对于 GDP 强劲的增长趋势，差距还是比较明显，且同发达国家的 R&D 与 GDP 的比值相比也有较大的差距。整体来看，在研发活动支出的比例构成当中，用于基础研究导向合作部分的支出比例较小，这也是目前中国基础研究导向的合作研发面临的重要问题。

3）保障性法律法规不完善

保障性法律法规不完善是基础研究导向的合作研发发展的一大阻碍。现有的有关基础研究导向合作方面的国家政策也较为复杂，实用性方面存在一些欠缺。对于合作研发领域的法律法规，国家急需出台相关的政策来进行鼓励和支持，明确相关方的权利和义务。

3. 基础研究导向的合作研发动力机制模型构建

经过系统内外的各种驱动因素的相互作用，基础研究导向的合作研发得以产生，图 4.2 展示了基础研究导向的合作研发的动力机制。

从构建的模型中可以看出，自身利益、政策推动、考评压力、科技进步等因素将影响到技术联盟合作战略的制定和实施。一方面，创新主体可以挖掘其内在潜力，通过推动科技进步实现其社会价值；另一方面，合作方之间的技术交流是一个良性循环的过程，在技术交流的过程中，合作方之间对于基础资源的利用和

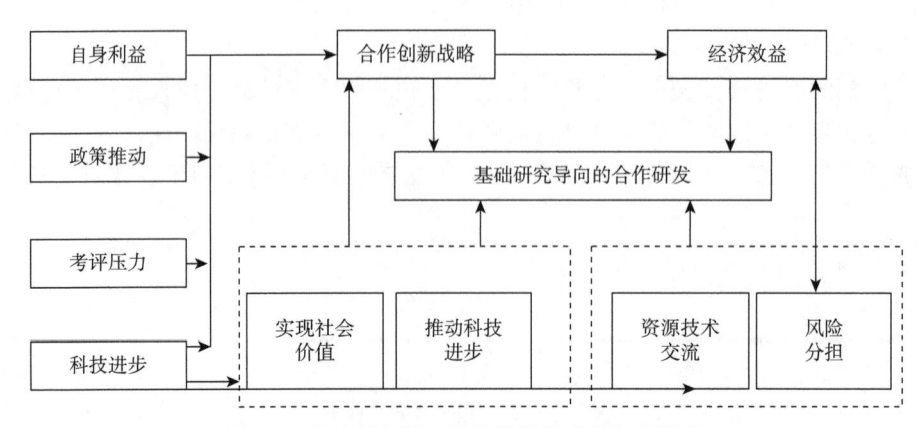

图 4.2 基础研究导向的合作研发动力机制模型

技术转化能力会不断提高。但是，技术交流必然伴随着风险的流动，合作方同时要面对技术交流过程中创新风险的分担情况，通常各个创新主体承担的风险与其获得的经济利益是成比例的，如果想获得更高的经济利益，就要承担更大的风险。

## 4.2.2 基础研究导向的合作研发范式决策

下面以股权合作研发中的合资研究和非股权、非委托型合作研发中的交叉许可协议两种合作研究模式为例，说明基础研究导向的合作研发模式的选择问题。

假设企业 1 与企业 2 存在互补性资源，要合作进行项目研发。在一定技术条件下，如果研发成功，那么获得的研发成果的价值为 $V$，企业 1 和企业 2 的获益比例分别为 $m_i$ 和 $1-m_i$，$0<m_i<1$，$i=1,2$，$i=1$ 表示建立合资企业，$i=2$ 表示签订交叉许可协议。假定科研成果研发成功的概率为 $p$，该概率与合作双方的专有技术知识相关，即 $p=f(e_1,e_2)$，$\dfrac{\partial p}{\partial e_j}>0(j=1,2)$，$j=1$ 表示企业 1，$j=2$ 表示企业 2。合作研发的成果会依成员企业提供的专有知识不同而发生变化。若合作研发组织中的成员之间存在竞争，各方会因利益关系对自己所提供的专有知识抱有机会主义心理并采取相应的行为。为此，要想促成有效的合作研发组织形式，就必须将机会主义行为纳入到考虑因素中。

假设企业 1 和企业 2 合作研发的模式只有两个选择，或是建立合资企业，或是签订交叉许可协议。在建立合资企业的情况下，企业 1 和企业 2 组成一个公司，共同完成项目；在签订交叉许可协议的情况下，企业 1 和企业 2 有独立的实验室，它们分别完成项目。但是，在现实情况下，合作研发过程中存在的不完备现象，以及研发所具有的内生不确定性，都使得契约中难以完整地包含尚未问世的技术成果的细节，这些技术所能带来的利润也无法量化并计入契约中。为了解决这个问题，限制机会主义行为和研发内生性的影响，两个成员企业可以事先签订版权费计划。假设经过协商，企业1决定支付$T$的版权费给企业2，$T$有可能是负值，当$T<0$时，则表示企业2决定支付$T$的版权费给企业1。张向阳和程柯的研究认为，在利益驱使下，获得利润较多的一方更愿意采取支付转让行为，即$m$数值越高，企业1倾向于转让给企业2的版权费越多[136]。此外，$T$的大小还可能受到本身技术水平和知识溢出水平的影响，比如，在合作研发过程中，一方企业有可能从对方企业身上获得部分溢出好处，如隐性知识等。由此，可假设$T=f(e_1,e_2,k,m_i)=\alpha m_i k e_1^2 e_2^2$。

假设无论是在建立合资企业的情况下，还是在签订交叉许可协议的情况下，企业1和企业2合资研发的投入都分别为$\frac{1}{2}e_1^2$，$\frac{1}{2}e_2^2$。

成员企业在进行合作研发模式的决策时，是以两种范式下可能获得的收益大小作为决策依据的。在成员企业收获的利益中，不仅应包含创新技术在市场上的利润所得，还应涵盖企业在合作研发组中所得到的其他利得，如版权费的配置等。作为创新成果的所有者，不仅拥有对创新成果的自由使用权，还有对创新成果的配置权。

根据之前的假设可知，在建立合资企业情况下，企业1和企业2的收益分别为

$$\pi_1 = m_1 p_1 V - \frac{1}{2} e_1^2 \tag{4.5}$$

$$\pi_2 = (1-m_1) p_1 V - \frac{1}{2} e_2^2 \tag{4.6}$$

在签订交叉许可协议的情况下，企业1和企业2的收益分别为

$$\pi_1' = m_2 p_2 V - T - \frac{1}{2} e_1^2 = m_2 p_2 V - \alpha m_2 k e_1^2 e_2^2 - \frac{1}{2} e_1^2 \tag{4.7}$$

$$\pi_2' = (1-m_2) p_2 V + T - \frac{1}{2} e_2^2 = (1-m_2) p_2 V + \alpha m_2 k e_1^2 e_2^2 - \frac{1}{2} e_2^2 \tag{4.8}$$

## 4.2.3 基础研究导向的合作研发模式选择

要对基础研究导向的合作研发模式进行选择，则需要对两种组织形式下可能得到的收益进行比较。本节采用纳什讨价还价解的方法来研究两种情况下的收益情况，先要计算出企业1和企业2关于基础研究成果成功后利润的分享比例$m_i$，再进一步求出两个企业的收益。对于合资情形下，纳什讨价还价解应该满足下列最大化要求：

$$\max(m_1 p_1 V - \frac{1}{2}e_1^2)[(1-m_1)\ p_1 V - \frac{1}{2}e_2^2] \quad (4.9)$$

求式（4.9）中关于 $m_1$ 的一阶导数并令其为零，则得到在合资情况下，研发成功后企业分享收益的比重：

$$m_1 = \frac{2p_1 V - e_2^2 + e_1^2}{4p_1 V} \quad (4.10)$$

因此，在合资情况下，企业 1 和企业 2 分别得到的总收益为

$$\pi_1 = \pi_2 = \frac{2p_1 V - e_2^2 - e_1^2}{4} \quad (4.11)$$

对于签订交叉许可协议的情况下，企业 1 和企业 2 的纳什讨价还价解应该满足下列最大化要求：

$$\max(m_2 p_2 V - \alpha m_2 k e_1^2 e_2^2 - \frac{1}{2}e_1^2)[(1-m_2)p_2 V + \alpha m_2 k e_1^2 e_2^2 - \frac{1}{2}e_2^2] \quad (4.12)$$

求式（4.12）关于 $m_2$ 的一阶导数，得到在签订交叉许可协议的情况下，研发成功后企业分享收益的比重：

$$m_2 = \frac{2p_2 V - e_2^2 + e_1^2}{4(p_2 V - \alpha k e_1^2 e_2^2)} \quad (4.13)$$

因此，在签订交叉许可协议的情况下，企业 1 和企业 2 分别得到的总收益为

$$\pi_1' = \frac{2p_2 V - e_1^2 - e_2^2}{4}, \quad \pi_2' = \frac{2p_2 V - e_1^2 + 3e_2^2}{4}$$

通过比较合资情形下和签订交叉许可协议情况下的收益情况，就可以做出模式的选择：当 $p_1 - p_2 > \frac{2e_2^2}{V}$ 时，即 $\pi_1' < \pi_1$ 与 $\pi_2' < \pi_2$ 同时成立时，建立合资企业是基础导向的合作研发双方的严格占优策略；反之，当 $p_1 - p_2 < \frac{2e_2^2}{V}$ 时，签订交叉许可协议是基础导向的合作研发双方的严格占优策略。可见，保持其他条件不变，如果企业合作研发中能够提供的专有性技术知识越多（$e_i$ 越大），则双方越是会选择建立合资企业的合作方式。

## 4.2.4 基础研究导向的技术联盟伙伴选择机制

1. 选择技术联盟伙伴的影响因素

第一，目标一致性。只有保持创造战略和创新目标一致，才能够在创新过程

中实现知识的共享、创造，开发出更多的新产品和新技术。基础研究导向的技术联盟强调积极开发和采用先进技术，重视基础研究在产品创新中发挥的作用，注重研发投入。因此，基础导向的技术联盟选择合作伙伴时，需要挑选具有以上共识的合作伙伴，如果选择目标不一致或者不匹配的企业作为合作伙伴，那么在合作过程中会遇到明显的阻碍，且由目标不一致带来的问题会被逐渐放大，最后导致合作失败。

第二，企业原始创新能力。企业原始创新指的是企业利用内部和外部相关的资源，再结合现有的已经在高新技术研究领域取得的研究技术和成果，获取更高水平的核心技术或者知识产权，并在此基础上将核心技术或者知识产权实现市场化的行为。与科研机构的原始创新相比，企业原始创新更加关注应用基础研究领域。由此可见，在基础导向的合作研发中，企业的原始创新能力起着关键性的作用，因此也是伙伴选择的重要因素。

第三，知识互补性。在成立合作联盟的初始阶段，如果没有做好合适的目标选择，整个联盟的发展注定会走向失败，这是因为，参与合作联盟的企业之间如果不存在知识互补，那么在合作研发过程中就会出现技术融合的障碍，企业之间无法相互学习和进行经验交流，久而久之，企业之间的合作意愿会逐渐降低，直至消失。

第四，合作意愿。良好的合作意愿是选择技术联盟伙伴的重要考虑因素，如果不具备较强的合作意愿，即便形成技术联盟，也多是松散的联盟关系，并不能带来稳定且长期的收益。其中，知识转移意愿是合作意愿的重要体现，所谓知识转移，就是参与合作联盟的各个合作方之间的技术知识信息的传递。每个企业都拥有不同于其他企业的私有知识，因此各个企业对于参与联盟的其他企业的私有知识具有强烈的获知性。但是私有知识的传递过程是十分复杂的，并且会受到一系列因素的阻碍。只有识别了这些阻碍因素并将其去除，才能做好知识转移。此外，投入意愿和投入水平是支撑技术联盟长期存在和运行的重要因素，利润导向的企业往往更加注重收益而在投入方面存在较强的博弈，但资金、人力资本和设备等投入是维系联盟更好发展的基础要素，只有增强投入意愿和投入水平才能实现更好的合作和发展。

第五，其他。承诺和沟通也是在技术联盟伙伴选择过程中的重要考虑因素。首先，承诺对于参与合作研发的合作方来说，起着支撑合作联盟稳定性的作用，代表着决策者对于合作联盟的认可和接受意愿。参与合作研发的各合作者之间只有履行好了各自参与联盟时做出的种种承诺，这样的联盟才会始终如一地运行下去。一旦某个合作方发生了违约行为，必将导致整个合作联盟发生崩盘，走向失败。其次，沟通是维系联盟关系的"润滑剂"，合作过程中产生分歧在所难免，在短期内可能会影响联盟关系的稳定，但同样也是进一步增强联盟合作者互相了解的重要机遇，而这往往离不开及时且有效的沟通和交流。

## 2. 基础研究导向的技术联盟伙伴选择指标体系

建立基础研究导向的技术联盟伙伴选择指标体系，应遵循的选取原则与市场导向的技术联盟伙伴选择指标体系选取原则类似，除了需遵循以市场价值的创造能力作为原则外，也应遵循科学、客观原则、定性指标与定量指标综合原则和灵活性原则。

根据应遵循的指标选取原则及前文的分析，我们构建了如表 4.2 所示的基础研究导向的技术联盟伙伴选择指标体系。

**表4.2　基础研究导向的技术联盟伙伴选择指标体系构建**

| 一级评价指标 | 二级评价指标 | 评价细目 |
| --- | --- | --- |
| 目标一致性 | 战略目标一致 | 是否以基础研究为导向 |
| | | 是否有合作经历 |
| | | 企业文化认同性 |
| 企业原始创新能力 | 核心技术能力 | 发明专利数量 |
| | | 国家发明奖励水平 |
| | | 国家科学技术进步奖水平 |
| | 知识产权 | 拥有知识产权的数目 |
| | | 拥有知识产权的质量 |
| 知识互补性 | 技术互补 | 对方的优势技术是否与自身互补 |
| | 资源互补 | 对方的优势资源是否与自身互补 |
| 合作意愿 | 知识转移 | 知识吸收能力 |
| | | 对方获取知识技术的能力 |
| | | 获取对方专有知识的可能性 |
| | | 是否愿意进行人才交流 |
| | 投入水平 | 资金投入水平 |
| | | 人力资本投入水平 |
| | | 设备投入水平 |
| 其他 | 承诺 | 是否签订相关合同、契约 |
| | 沟通 | 双方管理人员的关系 |
| | | 解决冲突的意愿 |

## 4.3 合作研发的组织协调机制

### 4.3.1 合作研发中的冲突

1. 目标冲突

在合作研发中,创新主体的多样性使得大家除了有共同的合作目标外,也有着各自的目标。整体的共同目标与各自目标之间既存在一致性,也存在冲突。冲突是因为,对于各个合作研发成员来说,其自身目标并不完全是为了合作研发的目标而设立的。比如,在产学研合作中,企业的目标是尽可能花最低的成本获取核心技术;而高校和科研机构的目标是追求研究的学术价值,提升师生的实践创新能力,因此,在合作研发的过程中,这种目标上的冲突就会导致道德风险、违约风险的产生,影响了合作研发的开展。

2. 关系冲突

合作研发中,各个成员的多样性和异质性不仅会产生目标上的差异,还会带来研发方式、企业文化、氛围、价值观和管理风格等方面的差异。合作成员之间的个体差异会引发关系冲突,表现为合作成员之间产生负面情绪,信任感降低,信息交流减少,彼此不愿意接受对方的观点,缺乏相互学习的动机。关系冲突会让成员把时间和精力过多地花费在彼此的关系上,而不是合作研发的工作中,限制了成员间的信息处理能力,加重了成员的压力和焦虑程度,降低了合作研发团队的认知和知识吸收能力,从而影响合作研发的知识共享,降低合作研发成员的积极性,减少合作研发绩效。因此,对于合作研发中的关系冲突,必须进行有效协调和削弱,以保证合作研发的顺利进行。

3. 利益冲突

利益因素是合作研发成立的根本立足点,但利益的存在会产生各种各样的冲突。利益冲突在合作研发中很常见,尤其是当合作研发的成果成型,开始产生经济利益后,利益冲突会更加凸显。如果不能对利益冲突进行有效协调,轻则可能导致合作研发效率低下,重则可能导致合作组织的崩溃解体。但应看到,虽然各方在利益分配上存在冲突,但因各个成员利益诉求的侧重有所不同,所以利益冲突是有可能调和的。在合作研发过程中，利益冲突的各方还可能包括政府、金融机构等，各方应根据自身利益诉求，在集体理性和个体理性的双重考虑下，选择合适的利益分配方案。

### 4.3.2 合作研发中的目标协调机制

1. 合作研发的目标体系

目标不仅是一个组织的最基本特征，也反映了一个组织存在的意义。目标是对目的和宗旨的具体化，是一个组织尽力去实现的未来状况。具体来说，目标是根据宗旨而提出的企业在一定时期想要达到的预期效果。合作研发中的目标体系包括合作研发的共同基本目标、各个成员的目标以及与环境协调的目标等多个层面。

合作研发的共同目标是各自发挥优势，联合进行研究开发、生产销售，共同实施技术创新，因此，合作研发往往有以下两个共同的基本目标：一是通过联合优势，着力解决研发资金投入不足、资源浪费和力量分散等问题，合理配置有限资源，提高资源利用效率；二是通过优势互补，实现科技成果的产业化，满足市场需求，扩大市场容量，降低交易、生产成本，获得更大的市场效用和更多的经济效益。

参与合作研发的各个成员方的目标也不尽相同，对于企业来说，其目标是在合作研发中获得某种核心技术，增强自身的市场竞争力；对于高校或者科研机构，其目标是获得更多科研成果，培养科研人才，提升自身学术实力和社会影响等。

随着科学技术的发展，人们也越来越重视产品创新过程中面临的环境问题。在合作研发创新过程中，必须处理好人与自然的关系，以及人与人的关系。与环境协调的总体目标应该包含：与政治环境协调，与经济环境协调，与市场环境协调，与法律环境协调，与自然环境协调，与周边环境协调，以及与其他方面的协调。

2. 构建目标机制

1）设定目标

设定目标时，对于合作研发的短期、中期和长期阶段要分别设置合理的发展目标，并且要综合考虑各个合作者的现实基础条件，建立起一个统一完善并且合理的目标发展机制。设定的目标同时要体现出灵活性的特点，针对合作研发过程中可能出现的各类突发状况，目标能够根据实际情况做出灵活的变动。另外还有一点，目标的设定不能太高也不能太低，要具有很强的可实现性。

2）拆分目标

设定好目标之后，就要对目标进行拆分，从而能够有效地落实和实施。具体来说，目标拆分的时候需要将目标有效地拆分成不同的层次，并可在各个部门之间进行有效分配，要体现过程的衔接性。

3）实现目标

在设定并且把目标进行拆分之后，下一步要进行的就是实现目标。如何有效地实现目标，是企业要重点思考的问题。一般来说，实现目标需要各个部门之间权责界定分明，同时需要一个有效的监督机制对实现目标的过程进行监督，避免某些部门出现偷懒行为，确保部门的行为和目标保持高度的一致性，即把合作研发的目标进行划分，在保证各个合作方认同的前提下，合理计划目标的实现过程，合理调节合作研发进度。

## 4.3.3　合作研发中的关系协调机制

1. 合作研发中关系协调的影响因素

合作研发中的关系协调主要是指合作研发主体之间是否能够真诚合作，这主要包含两个方面，一方面是合作研发主体之间是否能够互相信任、良好沟通，共同解决问题；另一方面是合作研发主体之间是否能够在合作创新中履行好自身义务，不投机、不违约。具体来说，合作研发中创新主体之间关系协调的影响因素包括如下内容。

1）信任度

信任是影响合作研发能否取得成功的一个非常重要的因素，在合作研发的过程中，合作各方的信息是不对称的，成员间都拥有不愿意共享的私有信息，各方成员一旦产生了不信任彼此的现象，合作各方之间将会难以交流，合作关系也会越来越难以协调。因此，信任度是合作研发稳定进行的基本保障。

2）沟通有效性

在合作研发中，有效的沟通不仅需要合适的人员安排，还需要灵活的人员安排和组织安排来进行高素质人员的接洽工作和信息接收工作。一旦这种安排产生了不妥当的现象，将会导致各方积累的问题越来越多，最后形成内部矛盾，影响联盟关系。

3）内部冲突

合作研发中产生内部冲突的原因有很多，比如沟通不足、信息不对称、合作成员异质性等。一旦产生了内部冲突而又没有得到很好解决，参与合作的各方之间的信息传递就会受到一定的影响，增大合作研发的其他风险，最终使各方难以合作下去。因此，解决内部冲突，有利于双方维持良好的合作关系，促进下一步合作。

4）风险

在合作研发的过程中，存在着一定的风险，如道德风险、信任风险、绩效风险、关系风险等，这些风险都会影响合作各方的积极性，从而影响各方的合作关系。

5）努力程度

合作研发活动开始后，合作各方需要付出各自的努力去实现合作研发目标。通常情况下，努力的程度和取得成功的可能性是成正比的，努力的程度越高，就越能促进合作研发各方的合作积极性，从而对合作研发各方的关系起到很好的协调作用。

6）投机行为

在合作过程中，高校和科研机构希望自己的核心技术不被盗用，而企业则希望以最少的资金投入获得最大的利益回报。在这种情况下，高校和企业会采取消极合作的态度，这将对合作效率产生负面影响，降低合作各方的协调性。

2. 合作研发中的因果关系

合作研发过程中，影响双方协调性的各因素之间的关系并不是单独存在的，而是彼此相互联系，通过研究我们发现，合作研发创新主体之间组织关系协调性越高，各方之间的相互依赖程度也越高，包括技术上的依赖，也包括人员、资金等方面的依赖。依赖性的增加也会带来各方更多的交流机会，增进各方之间的信任。信任感的增加又可以增加合作的灵活程度，缩短研发对市场的反应时间，提高合作研发效率。

合作研发各方沟通的有效性与各方的合作经验、学习能力、文化差异等因素相关。如果各方之间能够进行有效的沟通，不仅能够减少合作过程中的内部冲突，降低合作风险，增加各方合作意愿，还有利于激励机制的设计。良好的激励机制能够有效鼓励各方提高合作努力程度，减少投机行为，增强创新主体之间的关系协调性。在合作研发创新主体的组织关系协调性模块中，各方之间基于合作所做出的承诺也对合作关系的协调起重要作用。合作各方之间的承诺除了可以增强各方之间的信任感，还能提高各方之间的认知程度，同时可以提高合作研发关系的稳定性和协调性。合作研发中创新主体各方组织关系协调性的因果关系图如图4.3所示。

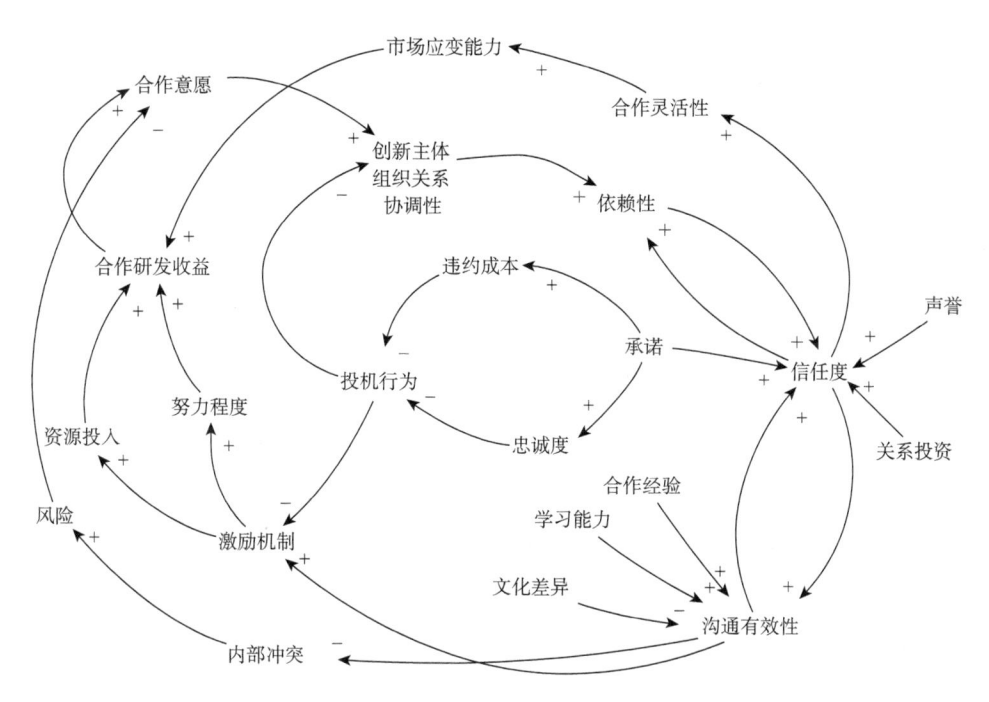

图 4.3 合作研发组织关系协调性因果关系图

### 3. 合作研发中关系协调机制的设计

#### 1)信任机制

合作研发中各个创新主体一般来说会通过以下方式建立起持续的信任机制。

(1)计算途径。计算途径指的是合作方会通过一系列的事前计算,来分析另外一方在合作时是否会履行合作之前做出的承诺,进而决定是否在初始阶段选择和对方进行合作。这个过程类似于博弈,即双方都会在事先对合作后履行承诺收到的收益和合作后违背承诺收到的收益进行权衡,进而在初始阶段选择是否信任对方。假设有两个创新主体参与合作研发,当博弈只有两个阶段时,假设博弈第一阶段,A 可以选择信任或者不信任 B,在博弈第二阶段,B 会选择履行承诺或者违背承诺。假如 A 在第一阶段选择不信任 B,即认为 B 会违背承诺,那么 A 和 B 的合作就不会发生,此时双方支付为(0,0);如果 A 信任 B,B 选择诚实,双方互利,双方受益为(5,5);B 选择欺骗,则 B 损人利己,双方受益为(-5,10)。博弈树如图 4.4 所示。

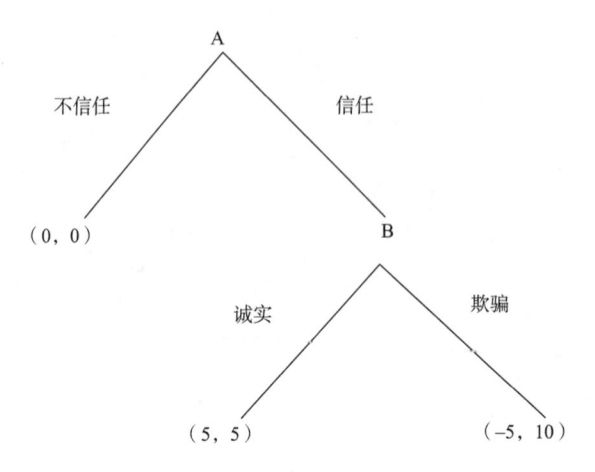

```
              A
       不信任 / \ 信任
           /   \
        (0,0)   B
               / \
            诚实  欺骗
             /    \
          (5,5)  (-5,10)
```

图 4.4 A 和 B 之间的合作博弈树

如果假设合作研发是一次性的，使用逆向推理的方法，可以得到最后的纳什均衡解是（信任，欺骗），双方所得支付为（-5，10）。这个结果令人失望。但是，如果双方有长期博弈的机会，合作将可能出现。假设 A 有如下策略：在初始阶段，A 有两种选择，要么信任 B，要么不信任 B，如果 A 选择不相信 B，那么 A 和 B 获得的收益都将是 0；假如 A 选择在初始阶段相信 B，那么在第二阶段，假如 B 履行了承诺，选择了诚实的行为，那么 B 在本期的收益是 5 个单位，同时在下一阶段有 $a$ 的可能性再次获得 5 个单位的收益，而假如 B 在第二阶段没有选择履行承诺，辜负了 A 对它的信任，那么 B 在这一阶段将会获得的收益是 10 个单位，如此等。这样，B 的期望收益为 $5+5a+5a^2+5a^3+\cdots=5/(1-a)$。因此，只要 $5/(1-a) \geqslant 10$，即 $a \geqslant 1/2$，B 的最优选择就是诚实，合作关系得以维持。

（2）预测途径。计算途径提供的仅仅是理论上双方能否遵守承诺的可能性，并不代表双方在实际情况中一定会按照理论假设的那样进行决策，现实情况下，双方往往还会根据对方以往的行为来进行决策，这被称为预测途径。如果双方根据对方以往做出的决策行为做出未来行为的预测，那么双方就有可能建立起契约关系。

（3）依赖途径。合作研发中各个主体的创新活动不是孤立的，而是相互依赖的，这种依赖性随着时间的推移，会加深彼此的信任度。但是这种依赖往往容易造成"搭便车"的行为，即一方偷懒，依赖对方提供的技术或者生产资源上的便利来实现自己的投机行为。

（4）声誉途径。良好的声誉与信任成正向关系。声誉在合作研发过程中起到三种作用。一是信息传递作用，它使具有良好声誉的合作方得到更多信任。二是隐性商誉的作用，如果企业对外的声誉不好，那么其他企业在了解到这种情况之后，往往会避免与这样的企业进行合作研发，对企业在未来的发展会产生严重的不利影响。三是转移信任的作用，即企业的声誉可以通过第三方媒介进行传播，通过第三方媒介可以了解到其他具有良好声誉的企业，从而促进两个企业通过第三方媒介的声誉宣传进行合作研发，同时这也能成为一种阻止机会主义行为的机制。

2）沟通机制

沟通要素主要包括沟通理念、沟通政策、沟通内容、沟通渠道及沟通反馈等。

（1）沟通理念。沟通理念有效融合了企业文化、经营理念及管理等企业观念，充分展示了企业决策层对于沟通理念的认知，即应积极结合合作研发特征、目标等来形成联盟内的沟通理念。

（2）沟通政策。沟通政策是一套行为准则，能够引导合作研发的各企业和科研机构之间实现有效的管理和沟通合作，参与合作研发的各个主体的地位都是相互平等和独立的，因此在制定沟通政策时，如何能够落实信息的共享和协调，如何实现合作目标，是需要重点考虑的因素。

（3）沟通内容。沟通内容强调的是根据有关政策有选择的与各个合作伙伴进行双向的信息交流和反馈，进而能不断地了解彼此的需求。其中，创新主体合作研发的目标、生产运行状况、经营情况等信息都应该是联盟成员积极沟通的内容。

（4）沟通渠道。正式沟通和非正式沟通都是常用的沟通方式。正式沟通包括各个合作伙伴之间的定期会议、内部文件和书面报告等，非正式沟通包括合作方之间的员工闲谈、非正式会议等。

（5）沟通反馈。它是双向沟通的重要环节，代表了信息的传递过程中的流畅性、完整性和及时性。图 4.5 展示了合作研发沟通机制的主体与其影响因素和运作保障之间的相互关系。

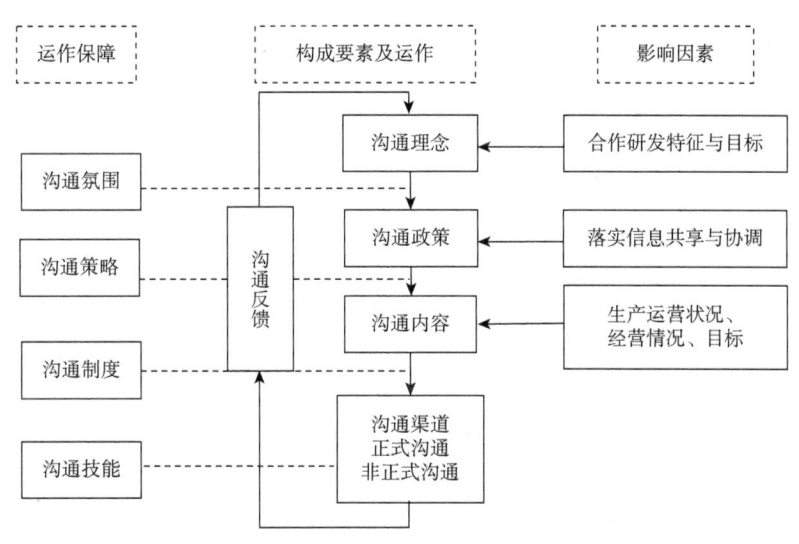

图 4.5　合作研发沟通机制框架

3）激励机制

对合作研发创新主体的激励机制设计应该包括两个方面，一方面是对创新主体进行共同知识创造进行激励，另一方面是对创新主体之间进行知识共享进行激励。

要对知识创造进行激励，应该从评价监督机制和产权保护机制等方面入手。良好的评价监督机制可以提升知识创造主体的声誉、社会地位和价值。评价监督机制要从三个方面考虑：一是信誉监督，为合作方建立知识创造信息档案，将灰色行为记录在案，并将其信誉进行等级分类；二是质量评估，在合作研发成果中引入第三方质量评估，客观和科学地评价合作创新的知识成果质量；三是经费监督，对创新主体的研发经费进行监督。在合作研发中，各个成员之间非常担心自身核心知识被盗取，因此应该加强产权保护机制，减少各个合作方的顾虑，尽量避免投机行为发生，可以从三个方面着手：一是利用利益和声望驱动机制，激励合作创新主体不断进行知识创造；二是限制不同知识产权的使用效力；三是利用法律武器保护知识产权的获取。

在合作研发中，知识共享是在合作方的员工之间具体进行的。但由于利己主义的存在，每个合作方在知识共享的过程当中，并不会毫无保留地将拥有的技术知识对外进行全部的分享，多少都会有所保留。在这种情况下，如果希望企业和企业之间完全共享已有的知识成果，就要使每个企业清楚地认识到，知识共享所带来的收益要远远大于保留私有知识的收益，并通过制定人才激励政策来有效地促进核心技术人员对外积极地分享取得的研究技术成果，避免出现技术知识垄断现象，促进合作研发中各合作方关系的良好发展。

## 4.4 产业升级视角的合作研发知识共享机制

### 4.4.1 产业升级视角下合作研发的实践

从宏观层面来说，产业升级是国民经济结构中高附加值、高技术产业替代低附加值、低技术的三次产业结构变动的情况[1]；从微观层面来说，产业升级是企业向全球价值链中高端迈进的过程，体现为流程升级、产品升级、功能升级和产业链条升级[7]。因此，产业升级最终还要落实到微观层面的企业上。

### 1. 合作研发的实践

企业技术升级是产业升级的微观基础,而企业要实现技术升级一般从两个方面着手:一种是基于企业内部的独立研发,另一种就是与外部企业进行合作研发。

### 2. 合作研发方式的选择

根据《中国科技统计年鉴(2017)》的数据,目前,在合作研发的具体方式中,产学研合作(包括与国内高校合作和与国内研究机构合作)的研发方式占据了绝对优势,占比高达57%,其中,与国内高校合作研发占比10%,与国内研究机构合作研发占比达47%,如图4.6所示。此外,企业与境内其他企业合作研发的方式占比为20%。可见,在当前,从全国来看,高校和科研机构仍然是企业主要的知识共享伙伴,并且近几年企业间合作研发所占比重逐渐上升,即企业与企业之间的知识共享仍然是促进技术进步的重要方式。

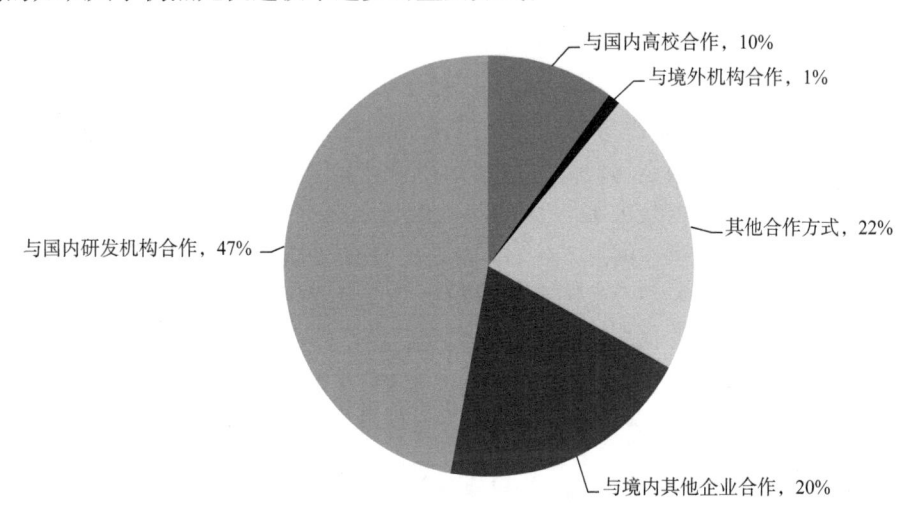

图 4.6　规模以上企业 R&D 项目合作形式数据

资料来源:根据《中国科技统计年鉴(2017)》绘制

图4.7描述了规模以上企业的合作研发项目情况。由图4.7可知,我国不同省份规模以上企业合作研发项目数存在较大差距,其中江苏、广东、浙江、山东和上海等地合作研发项目数较高,且以企业合作项目数为主,上述地区经济发展水平、创新基础和地区间关联较高,因而较容易开展合作研发。而吉林、海南和贵州等地合作项目数较少,有待提高。

图 4.7 规模以上企业合作研发项目情况

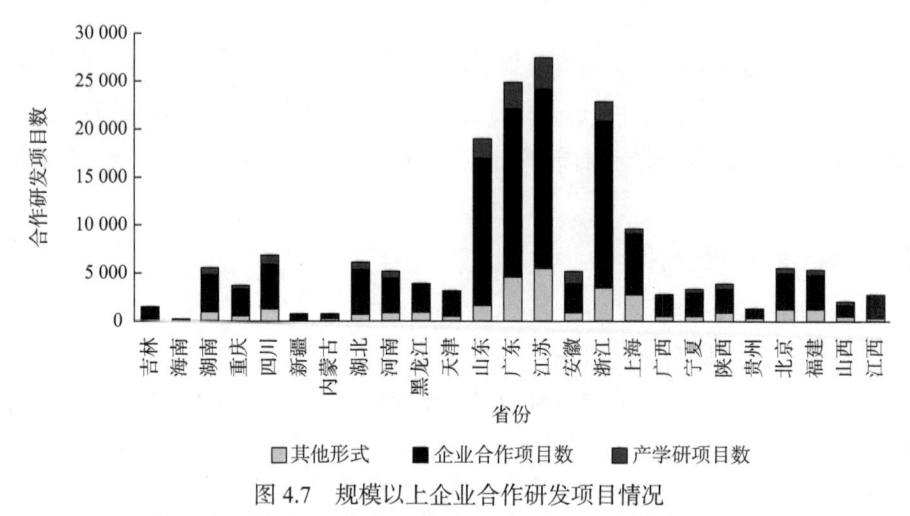

资料来源：根据《第二次全国科学研究与试验发展（R&D）资源清查主要数据公报》绘制

由于《第二次全国科学研究与试验发展（R&D）资源清查主要数据公报》中辽宁、甘肃、云南、河北、西藏和青海数据的缺失，该图中并没有对这些省份进行分析

图 4.8 描述了 2016 年规模以上企业的产学研合作和企业间合作相对占比情况。规模以上企业项目数较高的省份均来自沿海地区，这些地区的企业间合作项目和产学研合作项目数也均较高，尤其是产学研合作项目数。产学研合作项目数较低的省份为辽宁、内蒙古等。但从产学研合作和企业间合作的这两种合作方式选择的情况来看，北京、河北、吉林、山东、陕西、新疆的合作研发方式的选择比较均衡，比例接近 1∶1，还有部分省份近几年企业间的合作方式明显大于产学研合作方式，说明各省越来越注重企业之间的合作与交流。

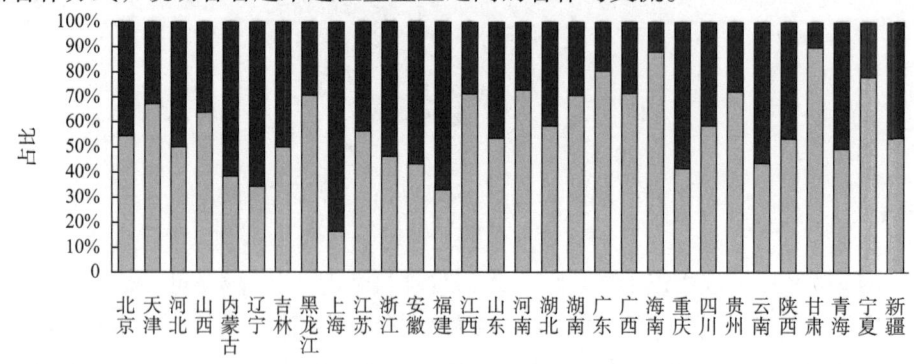

图 4.8 2016 年大部分地区规模以上企业产学研合作和企业间合作相对占比

资料来源：根据《中国科技统计年鉴（2017）》绘制

总的来看，这样的情形与当前中国的现状有关，中国企业的自主创新能力不

足、创新资源缺乏,没有能力独立成为国家创新的绝对主体。在中国的创新系统中,高校和科研机构拥有扎实的科研基础和先进的技术力量,是国家创新的重要参与者,对产业创新能力的提高和技术升级有着突出的贡献。在经济转型过程中,中国创新系统呈现创新主体多元化的特征,即中国的创新活动主体包括企业、高校和科研机构三种类型的机构和组织[137]。因此,企业与高校、科研机构合作研发是中国的重要创新方式,形成企业主导的创新模式还需要企业创新能力、创新环境、经济发展、政策等各方面的配合和发展,这是中国企业创新能力提高、产业技术进步必须经历的一个过程。合作研发的紧密程度借鉴余泳泽和刘大勇的衡量方法,本书进一步测算了中国企业-机构合作研发、企业-高校合作研发和企业-企业合作研发的紧密程度[138]。具体方法:用规模以上企业 R&D 经费外部支出中对境内科研机构支出的比重来表示企业-机构的合作研发紧密程度,用规模以上企业 R&D 经费外部支出中对境内高校支出的比重来表示企业-高校合作研发的紧密程度,用规模以上企业 R&D 经费外部支出中对其他企业支出的比重来表示企业-企业合作研发的紧密程度。在《中国科技统计年鉴》中,规模以上企业 R&D 经费外部支出中对其他企业的支出并没有直接给出,考虑到外部支出是指报告年度调查单位委托外单位或与外单位合作进行 R&D 活动而拨给对方的经费,因此用总外部支出减去对境内高校的外部支出和对境内研究机构的外部支出来表示对其他企业的外部支出。2011 年以后,统计口径发生变化,因此本书分析了 2012 年、2014 年和 2016 年的情况;由于西藏数据缺失,分析中剔除了这个省份,分析结果如表 4.3 所示。

表4.3 2012年、2014年、2016年规模以上企业合作研发的紧密程度

| 地区 | 企业-机构合作 2012年 | 企业-机构合作 2014年 | 企业-机构合作 2016年 | 企业-高校合作 2012年 | 企业-高校合作 2014年 | 企业-高校合作 2016年 | 企业-企业合作 2012年 | 企业-企业合作 2014年 | 企业-企业合作 2016年 |
| --- | --- | --- | --- | --- | --- | --- | --- | --- | --- |
| 北京 | 0.76 | 0.64 | 0.44 | 0.08 | 0.09 | 0.10 | 0.16 | 0.27 | 0.45 |
| 天津 | 0.37 | 0.42 | 0.54 | 0.10 | 0.18 | 0.13 | 0.53 | 0.40 | 0.34 |
| 河北 | 0.42 | 0.38 | 0.32 | 0.43 | 0.39 | 0.23 | 0.15 | 0.25 | 0.48 |
| 山西 | 0.35 | 0.51 | 0.40 | 0.23 | 0.25 | 0.25 | 0.41 | 0.22 | 0.34 |
| 内蒙古 | 0.49 | 0.41 | 0.29 | 0.30 | 0.18 | 0.15 | 0.22 | 0.42 | 0.56 |
| 辽宁 | 0.46 | 0.37 | 0.28 | 0.12 | 0.22 | 0.18 | 0.41 | 0.41 | 0.54 |
| 吉林 | 0.59 | 0.54 | 0.34 | 0.29 | 0.16 | 0.19 | 0.12 | 0.31 | 0.47 |
| 黑龙江 | 0.51 | 0.52 | 0.49 | 0.23 | 0.26 | 0.19 | 0.26 | 0.22 | 0.32 |
| 上海 | 0.16 | 0.18 | 0.18 | 0.05 | 0.07 | 0.06 | 0.79 | 0.76 | 0.76 |
| 江苏 | 0.36 | 0.32 | 0.36 | 0.21 | 0.14 | 0.16 | 0.42 | 0.53 | 0.47 |
| 浙江 | 0.42 | 0.43 | 0.33 | 0.16 | 0.18 | 0.07 | 0.41 | 0.39 | 0.60 |
| 安徽 | 0.31 | 0.41 | 0.26 | 0.18 | 0.18 | 0.20 | 0.51 | 0.41 | 0.54 |
| 福建 | 0.43 | 0.36 | 0.17 | 0.12 | 0.11 | 0.11 | 0.45 | 0.53 | 0.72 |
| 江西 | 0.52 | 0.33 | 0.48 | 0.25 | 0.13 | 0.20 | 0.23 | 0.53 | 0.32 |

续表

| 地区 | 企业-机构合作 2012年 | 企业-机构合作 2014年 | 企业-机构合作 2016年 | 企业-高校合作 2012年 | 企业-高校合作 2014年 | 企业-高校合作 2016年 | 企业-企业合作 2012年 | 企业-企业合作 2014年 | 企业-企业合作 2016年 |
|---|---|---|---|---|---|---|---|---|---|
| 山东 | 0.38 | 0.42 | 0.32 | 0.35 | 0.30 | 0.22 | 0.27 | 0.27 | 0.46 |
| 河南 | 0.66 | 0.45 | 0.39 | 0.28 | 0.40 | 0.33 | 0.06 | 0.16 | 0.28 |
| 湖北 | 0.52 | 0.60 | 0.55 | 0.21 | 0.17 | 0.17 | 0.27 | 0.23 | 0.28 |
| 湖南 | 0.43 | 0.53 | 0.40 | 0.45 | 0.26 | 0.24 | 0.12 | 0.21 | 0.37 |
| 广东 | 0.14 | 0.40 | 0.72 | 0.11 | 0.09 | 0.04 | 0.75 | 0.50 | 0.24 |
| 广西 | 0.68 | 0.63 | 0.54 | 0.19 | 0.14 | 0.17 | 0.13 | 0.26 | 0.30 |
| 海南 | 0.04 | 0.92 | 0.85 | 0.04 | 0.05 | 0.03 | 0.03 | 0.03 | 0.12 |
| 重庆 | 0.63 | 0.53 | 0.26 | 0.12 | 0.15 | 0.16 | 0.25 | 0.32 | 0.58 |
| 四川 | 0.50 | 0.45 | 0.33 | 0.30 | 0.26 | 0.18 | 0.20 | 0.30 | 0.49 |
| 贵州 | 0.59 | 0.46 | 0.52 | 0.33 | 0.27 | 0.17 | 0.08 | 0.27 | 0.31 |
| 云南 | 0.53 | 0.48 | 0.28 | 0.14 | 0.25 | 0.22 | 0.32 | 0.27 | 0.50 |
| 陕西 | 0.42 | 0.48 | 0.24 | 0.36 | 0.14 | 0.16 | 0.21 | 0.37 | 0.60 |
| 甘肃 | 0.45 | 0.56 | 0.48 | 0.35 | 0.41 | 0.40 | 0.19 | 0.03 | 0.12 |
| 青海 | 0.87 | 0.68 | 0.37 | 0.10 | 0.31 | 0.18 | 0.03 | 0.01 | 0.45 |
| 宁夏 | 0.52 | 0.43 | 0.49 | 0.32 | 0.43 | 0.28 | 0.16 | 0.14 | 0.23 |
| 新疆 | 0.57 | 0.39 | 0.37 | 0.23 | 0.38 | 0.20 | 0.20 | 0.23 | 0.43 |

资料来源：根据2013年、2015年、2017年《中国科技统计年鉴》相关数据计算整理

为了更直观地观察整体的合作研发紧密程度变化趋势，本书绘制了图4.9和图4.10，两个图分别表示了沿海地区和内陆地区2012年、2014年、2016年规模以上企业合作研发紧密程度的变化趋势。从图4.9可以看出，2012年时，沿海地区的企业-企业和企业-高校的合作研发紧密程度相当，之后企业-企业合作研发紧密程度呈现上升趋势，而企业-高校的合作研发紧密程度一直比较稳定且紧密程度较低，企业-机构的合作研发紧密程度呈现下降趋势。从图4.10可以看出，内陆地区的企业-企业与企业-机构合作研发紧密程度整体呈现上升趋势，企业-高校合作研发紧密程度略呈现下降趋势。

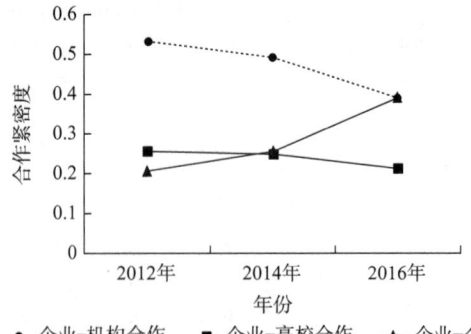

图4.9 沿海地区规模以上企业合作研发紧密程度图

资料来源：根据2013年、2015年、2017年《中国科技统计年鉴》相关数据绘制

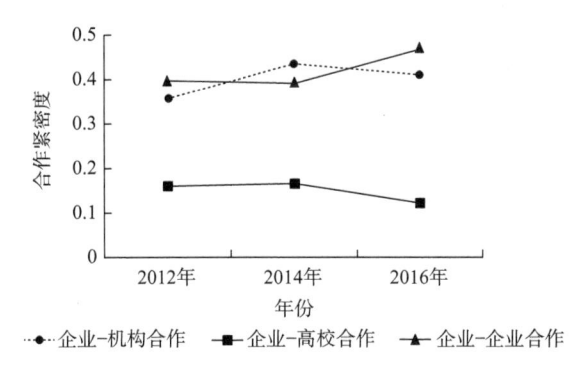

图 4.10　内陆地区规模以上企业合作研发紧密程度图

资料来源：根据 2013 年、2015 年、2017 年《中国科技统计年鉴》相关数据绘制

由以上分析可以看出，经济发展程度更高的沿海地区，企业与企业之间的合作研发活动更密集，企业也更愿意与其他企业进行知识共享，包括与自己的上下游企业及同行竞争企业成为合作伙伴。这是因为，沿海地区的经济更发达，企业的创新资源比较丰富，创新能力普遍比较高，创新意识也比较强。沿海地区是全国开放得比较早的地区，比内陆地区拥有更开放、更包容的创新环境，企业更愿意去接受新的知识，接受不同的研发伙伴，与上下游企业及同行竞争企业进行合作研发。相比之下，内陆地区的经济发展比较滞后，单独一个企业的创新能力比较弱，设备、技术水平和研发能力比不上科研机构，因此企业更愿意与其他企业、科研机构成为合作伙伴，以得到互补性资源，增强自身创新能力。

## 4.4.2　产业升级视角下合作研发的知识共享

1. 合作研发中知识共享的测度

在合作研发中，知识共享的过程是复杂且难以观测的，根据之前的分析，我们把知识共享的过程总结为知识溢出和知识创造两阶段，知识在合作研发中不断发生主动溢出和被动溢出，通过不断地消化吸收，最后产生了新的知识。知识共享过程的这种特性，使对合作研发中知识共享水平的衡量难以通过某一个确定的指标来实现，而在进行知识共享测量过程中同时选择多个指标，有可能出现多重共线性的情况，因为知识共享模型中多个指标会出现信息重叠的情况。因此，需要通过研究变量内部的依赖关系，来寻找合作研发中知识共享的综合指标。

$$X_1 = a_{11}F_1 + a_{12}F_2 + ... + a_{1m}F_m + \varepsilon_1$$
$$X_2 = a_{21}F_1 + a_{22}F_2 + ... + a_{2m}F_m + \varepsilon_2$$
$$\vdots$$

$$X_p = a_{p1}F_1 + a_{p2}F_2 + \ldots + a_{pm}F_m + \varepsilon_p$$

其中，$F=(F_1,F_2,\cdots,F_m)'$ 为相互独立且不可观测的 $X$ 公因子，即对每一个变量 $X_i$ 都有影响；$\varepsilon_i$ 为 $X$ 的特殊因子，只影响 $X_i$。由公因子的系数构成的矩阵 $A=(a_{ij})_{(p\times m)}$ 为因子载荷矩阵，而 $a_{ij}$ 为第 $i$ 个变量在第 $j$ 个因子上的载荷。

对于因子分析法的指标选择问题，合作研发的紧密程度反映了不同合作主体间沟通、交流的紧密程度，合作研发的紧密程度越高，各个主体之间的互动越多，知识溢出也越多，这在一定程度上反映了知识共享的情况；新知识的产生既是合作研发追求的目标，也是知识共享达到一定程度的产物，知识共享进行得越充分，越顺利，产生的新知识也会越多，所以新知识的产生也能反映合作研发中知识共享的情况。因此，本书从合作研发的紧密程度和新知识的产生两个方面去寻找相关指标。关于合作研发的紧密程度，研究机构和高校有相似的属性，因此我们将企业-机构合作研发和企业-高校合作研发归类为产学研合作研发，因此选择了产学研合作研发紧密程度和企业-企业合作研发程度两个指标；关于新知识的产生，最常见的度量指标包括了专利数、新产品开发项目数和新产品销售收入等，因此，本书也选择采用这几个指标进行进一步分析。表 4.4 列出了合作研发中知识共享用于因子分析的指标体系。

表4.4 合作研发中知识共享指标体系

| 目标 | 一级指标 | 二级指标 |
| --- | --- | --- |
| 合作研发中的知识共享 | 合作研发紧密程度 | 产学研合作紧密程度（$X_1$） |
| | | 企业-企业合作紧密程度（$X_2$） |
| | 新知识的产生 | 当年被受理的专利申请数（$X_3$） |
| | | 当年获得授权的专利数（$X_4$） |
| | | 新产品开发项目数（$X_5$） |
| | | 新产品销售收入（$X_6$） |

根据因子分析法原理，本书用 SPSS 22.0 对 6 个变量的 2014—2016 年的 30 个省份（不含西藏）的数据进行因子分析。根据相关的系数矩阵表，相关系数超过30%的占较大部分，部分变量的相关系数超过90%，所以 6 个指标之间是存在信息重叠的，因子分析是有必要的。随后的检验表明，各年的 KMO（Kaiser-Meyer-Olkin）检验值分别为 0.759、0.740 和 0.732，均通过巴特利特球度检验，因此数据可以进行因子分析。

进一步采用主成分分析法，提取因子并选取特征根值大于 1 的特征根。根据初始因子载荷矩阵，前两个因子的特征值大于 1 而且在三年中分别有 95.071%、96.013%和96.212%的对方差的累积贡献率，贡献率超过了剩余变量所提供的，因此确定保留第一和第二因子，省去其余的因子，2016 年的因子载荷矩阵见表 4.5。

表4.5 旋转后的因子载荷矩阵（2016年）

| 指标 | 旋转前 公因子1 | 旋转前 公因子2 | 旋转后 公因子1 | 旋转后 公因子2 |
| --- | --- | --- | --- | --- |
| 产学研合作紧密程度（$X_1$） | 0.160 | −0.951 | 0.109 | 0.959 |
| 企业-企业合作紧密程度（$X_2$） | 0.019 | 0.965 | 0.070 | 0.962 |
| 当年被受理的专利申请数（$X_3$） | 0.991 | 0.018 | 0.991 | 0.035 |
| 当年获得授权的专利数（$X_4$） | 0.989 | 0.032 | 0.990 | 0.021 |
| 新产品开发项目数（$X_5$） | 0.991 | 0.043 | 0.992 | 0.010 |
| 新产品销售收入（$X_6$） | 0.981 | 0.041 | 0.981 | 0.011 |

从表4.5可以看出，旋转后的因子载荷矩阵中，当年被受理的专利申请数、当年获得授权的专利数、新产品开发项目数和新产品销售收入在第1个因子上有较高的载荷，第1个因子主要解释了这几个变量，因此可以将第1个公因子命名为知识创造综合指标；产学研合作研发紧密程度和企业-企业合作紧密程度在第2个因子上有较高的载荷，第2个因子主要解释了这两个变量，因此可以将第2个公因子命名为合作紧密程度综合指标。2014年和2015年的因子分析结果与2016年类似，此处略去，不再赘述。

下面可以利用因子得分变量对各个地区进行对比研究，表4.6展示了各个省对应的编号，图4.11~图4.13展示了2014—2016年两个因子得分变量的散点图，总的来看，广东、江苏、浙江在2014—2016年，知识创造的因子得分都比较高，表明这几个地区的知识创造水平在这几年里高于其他省份；上海的合作紧密程度因子得分在2014年和2015年比较高，说明上海的合作紧密程度在这两年高于其他省份，而2016年相对较低；广东除了在2015年时合作紧密程度因子得分不算高，在2014年和2016年中，其合作紧密程度得分和知识创造得分都是比较突出的，两个因子的分值都比较高，说明广东的合作紧密程度相对其他省份比较高，同时在知识创造上有比较优异的表现，是合作研发中知识共享程度比较高的地区；此外，青海的两个因子得分都比较低，说明其合作紧密程度和知识创造水平都在平均水平之下；海南在2014年和2015年的合作紧密程度和知识创新水平都比较低，但在2016年的合作紧密程度因子得分相对其他省份达到了最高，说明其合作研发的合作共享程度得到了明显提高。

表4.6 各个省份对应的编号

| 编号 | 省份 | 编号 | 省份 | 编号 | 省份 |
| --- | --- | --- | --- | --- | --- |
| 1 | 北京 | 7 | 吉林 | 13 | 福建 |
| 2 | 天津 | 8 | 黑龙江 | 14 | 江西 |
| 3 | 河北 | 9 | 上海 | 15 | 山东 |
| 4 | 山西 | 10 | 江苏 | 16 | 河南 |
| 5 | 内蒙古 | 11 | 浙江 | 17 | 湖北 |
| 6 | 辽宁 | 12 | 安徽 | 18 | 湖南 |

续表

| 编号 | 省份 | 编号 | 省份 | 编号 | 省份 |
|---|---|---|---|---|---|
| 19 | 广东 | 23 | 四川 | 27 | 甘肃 |
| 20 | 广西 | 24 | 贵州 | 28 | 青海 |
| 21 | 海南 | 25 | 云南 | 29 | 宁夏 |
| 22 | 重庆 | 26 | 陕西 | 30 | 新疆 |

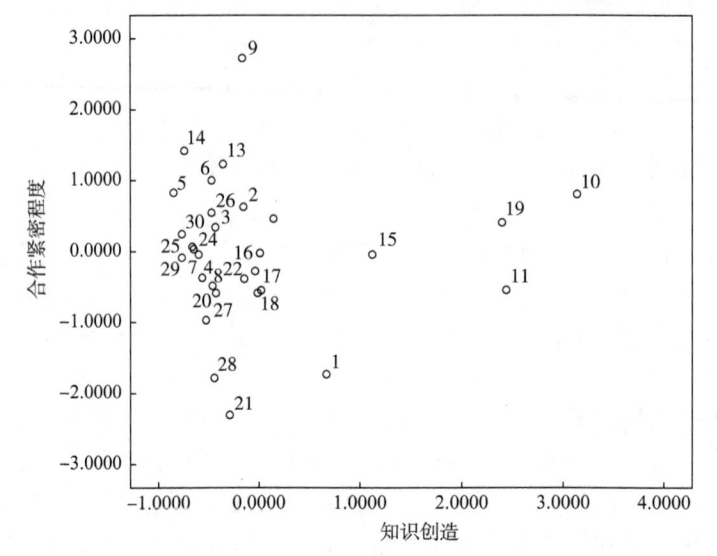

图 4.11　2014 年各地区两因子得分散点图

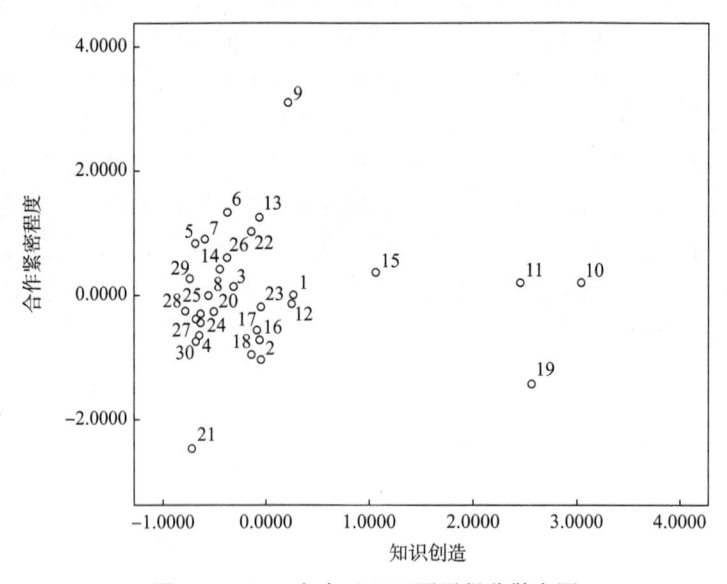

图 4.12　2015 年各地区两因子得分散点图

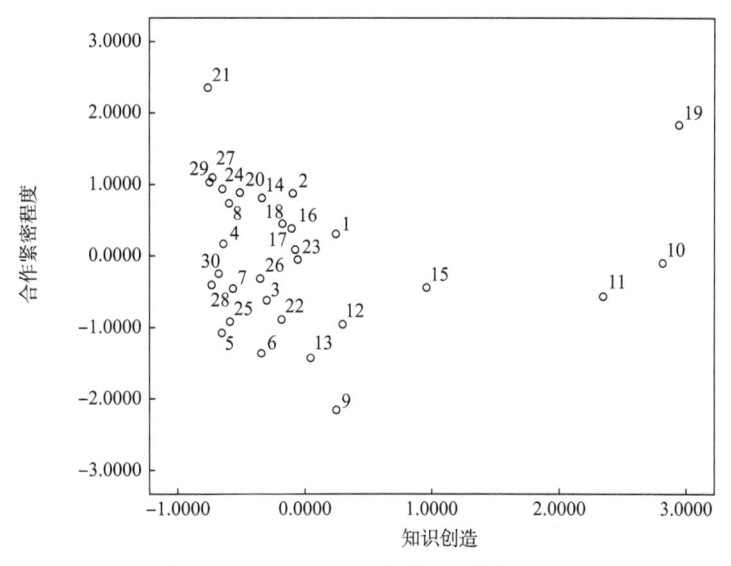

图 4.13　2016 年各地区两因子得分散点图

根据两个因子得分，可以进一步计算出知识共享因子综合得分，以对各地区的知识共享水平进行综合评价。本书采用计算因子加权总分的方法，其中权重的确定是关键。本书采用两个因子的方差贡献率作为权数，计算得出的知识共享综合得分及排名如表 4.7 所示。

表4.7　2014—2016年各地区知识共享综合得分情况

| 省份 | 2014 年 综合得分 | 排名 | 2015 年 综合得分 | 排名 | 2016 年 综合得分 | 排名 |
|---|---|---|---|---|---|---|
| 北京 | 0.07 | 7 | 0.18 | 8 | 0.25 | 5 |
| 天津 | 0.04 | 9 | −0.35 | 19 | 0.21 | 7 |
| 河北 | −0.23 | 18 | −0.16 | 15 | −0.39 | 21 |
| 山西 | −0.49 | 26 | −0.62 | 28 | −0.37 | 20 |
| 内蒙古 | −0.41 | 19 | −0.19 | 16 | −0.76 | 30 |
| 辽宁 | −0.10 | 12 | 0.17 | 9 | −0.64 | 28 |
| 吉林 | −0.43 | 20 | −0.11 | 13 | −0.51 | 25 |
| 黑龙江 | −0.44 | 22 | −0.36 | 20 | −0.17 | 17 |
| 上海 | 0.53 | 5 | 1.1 | 4 | −0.5 | 24 |
| 江苏 | 2.43 | 1 | 2.04 | 1 | 1.81 | 2 |
| 浙江 | 1.61 | 3 | 1.66 | 2 | 1.36 | 3 |
| 安徽 | 0.21 | 6 | 0.12 | 10 | −0.1 | 14 |
| 福建 | 0.04 | 8 | 0.35 | 6 | −0.41 | 23 |
| 江西 | −0.20 | 15 | −0.16 | 14 | 0.03 | 9 |

续表

| 省份 | 2014年 综合得分 | 排名 | 2015年 综合得分 | 排名 | 2016年 综合得分 | 排名 |
|---|---|---|---|---|---|---|
| 山东 | 0.80 | 4 | 0.81 | 5 | 0.49 | 4 |
| 河南 | −0.09 | 11 | −0.26 | 18 | 0.05 | 8 |
| 湖北 | −0.12 | 13 | −0.23 | 17 | −0.02 | 11 |
| 湖南 | −0.15 | 14 | −0.38 | 21 | 0.02 | 10 |
| 广东 | 1.81 | 2 | 1.23 | 3 | 2.49 | 1 |
| 广西 | −0.44 | 21 | −0.41 | 23 | −0.06 | 13 |
| 海南 | −0.75 | 30 | −1.23 | 30 | 0.22 | 6 |
| 重庆 | −0.20 | 16 | 0.22 | 7 | −0.4 | 22 |
| 四川 | 0.01 | 10 | −0.09 | 12 | −0.05 | 12 |
| 贵州 | −0.45 | 23 | −0.55 | 25 | −0.14 | 15 |
| 云南 | −0.46 | 24 | −0.51 | 24 | −0.67 | 29 |
| 陕西 | −0.20 | 17 | −0.06 | 11 | −0.33 | 19 |
| 甘肃 | −0.60 | 28 | −0.56 | 26 | −0.14 | 16 |
| 青海 | −0.74 | 29 | −0.58 | 27 | −0.61 | 27 |
| 宁夏 | −0.57 | 27 | −0.4 | 22 | −0.17 | 18 |
| 新疆 | −0.49 | 25 | −0.67 | 29 | −0.52 | 26 |

从表 4.7 可以看出，2014—2016 年，合作研发中知识共享效果比较好的省份大多来自东部沿海地区，如江苏、广东、浙江和山东，这些省份每年的排名都在前列。知识共享综合得分排名比较靠后的省份大多来自西部地区，如青海、宁夏和云南等。这一情况和中国各地区的经济发展水平和开放情况相关。东部沿海地区具备比较开放的创新环境和比较完备的合作研发条件，这些都促进了知识共享的进行；相对来说，西部地区的一些省份信息比较缺乏、创新条件不足、创新环境比较落后，给合作研发带来不利的影响，并进一步影响了知识共享的进行。

2. 知识共享与产业升级的实证

1）产业升级及其度量

关于产业升级，众多学者对其概念进行了探讨，目前理论界主要有三种说法。一是描述国民经济结构中高附加值及技术密集产业代替低附加值、低技术产业的过程。例如，李钢等在研究中国产业升级的方向和路径时，利用购买力平价分行业数据计算了中国 2000—2009 年的产业结构，结果表明，应该保持第二产业的比例，第二产业特别是制造业的加快发展仍旧是中国产业升级的方向及产业政策的着力点[1]；二是从全球价值链的视角，认为产业升级指的是各主体向全球价值链中高端迈进的过程，目的是提高产品和产出的增加值率，在市场竞争中占据优势，市场主体包括企业或国家[2-5]，该种定义强调的是产品单位价值的提高和单位产出增加值率的提高，侧重的是微观视角的企业和行业内升级改造。还有一种主流观点是基于比较优势理论认为国家应该根据比较优势进行专业化分工，推动要素禀赋结构的内生转化，实现国家经济的产业升级。经典的比较优势理论主要是通过分析要素禀赋来影响国家间的产业分工，因此也可以称为要素禀赋理论。

本书将产业升级作为被解释变量，关于衡量产业升级的测量方法，国外有霍夫曼系数、钱纳里标准结构方法等较为完备的测度方法，但这些测度方法需要高质量数据的支撑，暂时无法用于对国内产业升级的测度上。国内的学者对于产业升级的衡量方法主要包括：第三产业增加值占 GDP 的比值[139, 140]；用非农化水平来表示产业升级水平；对三次产业赋予不同的权重，乘上三次产业各自的比重作为产业升级的指标[141]；或者构建产业升级指标体系，如徐晔等将产业升级分为产业结构高度化和产业结构合理化两个二级指标，再选用了十个三级指标来衡量前两个二级指标，以此构建产业升级的指标体系[142]。

李逢春指出，产业升级过程中伴随着专业化分工的深入进而导致劳动生产率的提升[143]。本书借鉴其计算方式，采用各产业水平值和各产业产值占 GDP 的比重乘积之和来衡量，同时，为提高水平变化的敏感性，对各产业劳动生产率进行了开方处理。具体计算方法如下：

$$\text{IND} = \sum_{i=1}^{3} \sqrt{L_i} \times K_i, \ i = 1, 2, 3$$

其中，IND 为产业升级水平；$L_i$ 为各产业的劳动生产率，用各产业产值与该产业的从业人员数的比值表示；$K_i$ 为各产业产值占地区生产总值的比重。

2）解释变量与控制变量

解释变量即 4.4.2 节中分析得到的合作研发知识共享程度的综合因子分。以下是一些需要考虑的控制变量。

各省的经济规模：考虑到经济规模的差异可能会影响产业升级水平，模型用各地区人均生产总值来表示各省的经济规模。

人力资本：人力资本的度量方式有公共教育开支、平均教育年限和全社会的文盲率等。Mulligan 和 Sala-I-Martin 提出在测量人力资本时要结合教育和劳动力收入，国内研究人力资本时大多参考此方法采用受教育年限法，本书也使用受教育年限法[144]。计算公式：$\text{labor}_i = p_{i1} \times 6 + p_{i2} \times 9 + p_{i3} \times 12 + p_{i4} \times 16$。其中，$p_{i1}$、$p_{i2}$、$p_{i3}$ 和 $p_{i4}$ 分别代表 $i$ 地区受教育程度为小学、初中、高中、大专及以上的就业人口比值，权重为各阶段的受教育年限，分别为 6、9、12、16[145]。

基础设施水平：基础设施是实现产业升级的基础条件之一，本书采用邮电业务总量占地区生产总值的比重来衡量各地区基础设施建设的水平。

# 第 5 章　跨国技术联盟的创新机制

## 5.1　跨国技术联盟的特点和类型

### 5.1.1　跨国技术联盟概述

　　跨国技术联盟没有明确的定义，学者们的观点大致相同，认为跨国技术联盟是一种伙伴或合作关系。哈佛商学院教授 Porter 认为在市场竞争愈加激烈，科技发展速度日益提高的背景下，企业实施国际化战略必然会导致技术联盟的形成，企业通过形成具有一定相互技术依存的战略性伙伴关系来提高企业的核心竞争力[146]。

　　企业技术联盟建立在不同的企业有共同市场预期条件的基础上，通过技术升级、技术交流、合作开发、提高利润等实现企业共同的长期发展战略目标，这种组织形式具有优势互补和风险共担的特点，此定义也被国内学者广泛采用。刘云和梁栋国则对其进行了比较完善的描述，认为跨国技术联盟的战略目标是跨国公司的技术创新，合作方式是共同从事研究和开发工作，最终目的是提高企业的核心竞争力，合作伙伴是本国的其他跨国企业或东道国企业，通过与合作伙伴形成利益共同分享、资源共同利用、风险共同承担、责任共同担负的合作关系，扩大并占据更多市场份额，实现企业的战略和最终目标[147]。

　　综上，我们可以看出，跨国技术联盟不仅是新型组织形式，也是重要的国际竞争策略。基于上述国内外学者的研究基础，本书认为跨国技术联盟是由两个或两个以上的跨国公司根据其对整个世界市场的预期目标和企业各自总体经营目标的需要而采取的跨学科、跨部门、跨区域的组织结构形式，互动过程包括跨国知识传递、知识分享、知识整合及知识管理等。参与者包括跨国企业与本国其他的跨国企业或东道国企业、大学、研究机构等。

　　跨国技术联盟是近些年国内外企业和经济发展的新方向，是产业集群化、资源优化、信息分享的主要实现渠道。在互联网等现代经济发展下，跨国技术联盟的建立能实现利益和规模的扩大化，能更好地应对市场竞争，跨国技术联盟也是当前各国产业贸易发展中的焦点。

如表 5.1 所示，跨国技术联盟是从 20 世纪 80 年代得以发展的。跨国企业间的合作协议从 1990 年的 1760 份增加到了 1995 年的 4600 份，占全部协议的 61%以上。技术联盟成员基于优势互补原则进行技术上和能力上的合作以达到降低成本和风险的目的，这一组织形式促进了大量协作溢出效应的产生，扩大了国际市场，形成全球化、国家化的研发和经营网络[148]。在中国，跨国技术联盟是企业技术寻求战略的重要趋势，它的发展是技术本身的性质和经济大环境以及国际竞争共同作用的结果。改革开放后中国经济走向市场经济占重要地位的发展道路，中国企业受政策鼓励和市场需求引导引进国外技术，一些企业开始通过合资或合作的方式与国外企业结成技术联盟消化吸收所引进的技术。因此，中国企业能否以国际化的视野来认识和应用跨国技术联盟是能否把握未来全球创新优势的重要因素[149]。

**表5.1　1980—1985年美国、欧洲和日本行业之间的联盟数量增长**

| 行业 | 美国与欧洲 | 美国与日本 | 欧洲与日本 |
| --- | --- | --- | --- |
| 汽车工业 | 10—24 | 10—39 | 6—16 |
| 生物工程 | 58—124 | 45—54 | 5—20 |
| 信息技术 | 158—256 | 133—132 | 57—57 |
| 新型材料 | 32—522 | 16—40 | 15—23 |

资料来源：根据《联合国世界投资报告（1995）》整理

跨国公司具有先进的技术和管理经验，中国企业技术创新水平普遍较低，在管理经验等方面也与国外优秀企业有较大差距，很多中国企业希望能够通过与跨国公司结成技术联盟获取国外的先进技术和管理经验，中国也曾经尝试开放部分国内市场引进外商投资从而引进技术，但结果是让出了市场，所需技术却没有成功引进[86, 150, 151]。因此，跨国技术联盟的创新和机制的完善对中国企业合作研发和技术创新具有重要的意义，企业在不断吸收技术和经验、完善自身技术体系和创新能力之后，才能具有源源不断的自生技术来源。

## 5.1.2　跨国技术联盟的特点

1. 高科技性与智能化

高科技性与智能化是跨国技术联盟开展合作研发的重要基础，跨国技术联盟智能化能充分体现联盟内部环境的科技化和智能化，其不仅表现在与互联网的关系上，而且体现在科技和生活的方方面面。尽管本书是针对跨国技术联盟实现合作开发进行的研究，但需要说明的是智能化并不等同于高技术使用属性。要积极保障技术联盟的便利性、易懂性，以推进跨国技术联盟高技术性与智能化的有效开发。

高科技性是跨国技术联盟的主要特点之一。对于传统产业而言，开展跨国技术联盟合作其价值和效益不高，也不符合当前的社会发展潮流。互联网、知识经济发展模式下，高科技性不仅是企业的追求，更是提升企业竞争力的关键。开放经济条件下，企业、政府、有关机构等需要开展合作，以保障跨国技术联盟的目标实现。智能化是高技术下的一种新模式，具体来说，智能化是通过高科技性来实现的，中国目前很多家居智能产品、智能电子产品都是高科技性的产物，很多也是通过跨国技术联盟完成的。

### 2. 绿色生态与可持续发展

绿色生态和可持续发展归属为技术发展之中，最早出现在20世纪80年代，并在出现后几年间席卷各国。从绿色生态和可持续发展出现的本质看，其主要保障生存环境，维护健康，进而限制国际贸易的活动，以免造成本国国内环境问题，仅就绿色生态和可持续发展实施方式和角度看，美国、日本、德国都曾以绿色生态和可持续发展名义保障本国产业发展，限制其他国家进出口贸易，随着发展中国家的兴起，绿色生态和可持续发展则被更多应用在发展中国家出口贸易之中。可持续发展是伴随现代经济社会发展造成的生态环境恶化而提出的新的生产、生活模式。在可持续发展的要求下，个人、企业甚至是国家都应当在永续发展基础上开展各项事业，保持社会和谐稳定和绿色生态，为后代提供更为良好的生活环境。另外，绿色生态与可持续发展作为跨国技术联盟的特点之一，它还作用于技术本身，对技术升级有反馈作用，技术的升级又进一步促进技术联盟的发展。

跨国技术联盟的绿色发展需要遵循以下几点原则。

第一，可持续性原则。可持续发展作为中国各行业发展的重要行为准则，要保证在推进生态文明建设的过程中，满足当代人需要的同时考虑到后代的需要。跨国技术联盟实现可持续发展，其核心是社会的经济利益、社会大众的广泛需求、自然资源的合理利用三者之间的协调发展。

第二，和谐性原则。跨国技术联盟实现绿色发展的重要原则之一是实现人与自然的和谐相处与互惠互利。

第三，需求性原则。"以人为本"一直是产业发展的重要理念，强调的是人的需求而不是产品，可持续发展是要满足所有人的基本需求，是满足所有人美好生活的愿景。而人类的需求是基于社会和文化条件，由客观因素和主观因素共同作用的结果，也就是说跨国技术联盟要基于市场需求，否则将造成产能过剩等问题，不仅无益于技术创新和经济发展，反而带来困扰。

第四，高效性原则。高效性原则指的不仅是经济学意义上的生产效率水平，更重要的是人们基本需求被满足的程度，是人类社会发展的整体上的高效。因此，跨国技术联盟高效机制建立在遵循经济规律基础之上，符合人类社会发展和资源有效配置的需要。

3. 高竞争性与市场化

高竞争性和市场化体现为当前跨国技术联盟数量多，竞争大，只有不断加强联盟结构稳定性才能达到发展目标，获得预期收益。跨国技术联盟合作的中心就是跨国联盟合作能够实现资源、资金、信息、人员的有效利用，形成"集群化"，进而发挥更大的作用。虽然近些年中国国际地位不断提升，但在竞争和市场的分割上还存在不足，特别是在海外产业的竞争中，市场占有率不高。在这种背景下，才有了更多跨国技术联盟产生。

需要说明，跨国技术联盟的高竞争性和市场化是经济社会发展下的集中产物，即无论跨国技术联盟是否合作，竞争性和市场化都是始终存在的。而跨国技术联盟需要做到的就是将优势融合在一起，更好地开展竞争，以达到竞争力最大的目标，占据更为有效的市场环境。从目前的跨国技术联盟看，其创新和实现机制也是通过高竞争性和市场化的比重和实现情况来进行判断的。由此可以看出高竞争性和市场化对跨国技术联盟创新的重要作用。

## 5.1.3 跨国技术联盟的类型

1. 贸易经济跨国技术联盟

部分国家为保障本国企业发展，通常会对国外企业施加绿色技术、反倾销等贸易壁垒，在这种环境下会导致部分企业改变出口贸易发展策略，直接到出口国建厂销售。发展中国家自身技术有限，会选择到科技先进的发达国家办厂，以获得发达国家的技术和人才支持，进而从国内国外两种渠道进行贸易经济跨国技术联盟合作。

在贸易经济跨国技术联盟建立中，纺织贸易、服装贸易等具有一定代表性。实际上，很多人都会存在疑问，纺织业、服装业都属于传统工艺，和现代化的科技跨国技术联盟究竟有何关系？纺织和服装贸易经济跨国技术联盟会朝着面料功能化和款式时尚化的方向努力，更多的资金会用来开发高纤、免烫、纳米技术等科技含量更高的新型面料。同时，纺织和服装贸易经济跨国技术联盟会大力推进纤维原料开发以及生态化纺织机染整加工技术、产业用纺织品关键技术、新型纺织机械技术等研发。中国多处高新技术产业区都注重培养纺织人才，多地都是服装贸易的集散地，为纺织和服装贸易经济跨国技术联盟的开展奠定了基础，将高新技术投入纺织业、服装业，可以促进中国服装贸易和地区经济的发展，为中国带来重要的经济效益。

2. 高新技术产业跨国技术联盟

各国在开展高新技术研究的程度、时间方面有所不同，对高新技术的具体涵盖范围也存在一些不同的认识。目前国际上普遍将高新技术产业分为了六个方面，即飞机制造业、航空器材制造、办公计算机自动制造、通信设备制造、医药制品及高精尖的科学器材。

中国通常将高新技术产业跨国联盟理解为两个方面，一方面是技术高；另一方面是技术新。顾名思义，技术高，就是指高新技术产业跨国联盟需要的制造、生产技术标准要求高；技术新，是指高新技术跨国联盟区别于传统行业，具有技术方面的创新，并且技术上的创新在高新技术跨国联盟中发挥了非常重要的作用。但总的来说，由于科技水平相比西方发达国家来说有些落后，中国的高新技术创新依然存在一些不足和缺失，在高新技术的发展和技术指导中，部分高精尖技术需要依靠国外技术的支持才能完成。

研究高新技术产业的跨国联盟的特点时一定要将其与传统行业做类比，才能更容易地看出其存在的特点：①高新技术产业属于高知识结构的产业；②高新技术产业属于资金集聚性产业，需要大量资金支持，对于高新技术产业的推进也高于其他产业；③高新技术产业发展是一个长期的过程，短期内很难得到巨额收益，其次还会面临相关人员的离职、经费的流动等问题，收益并不明显；④高新技术产业属于绿色产业、生态产业，在发展中始终坚持环境污染少、资源能源充分利用，其带来的价值和效益不完全体现在经济上。

图 5.1 描述了 2016 年中国高新技术产业的增加值情况，整体看，电子及通信设备制造业依然是联盟的主要方向和焦点。

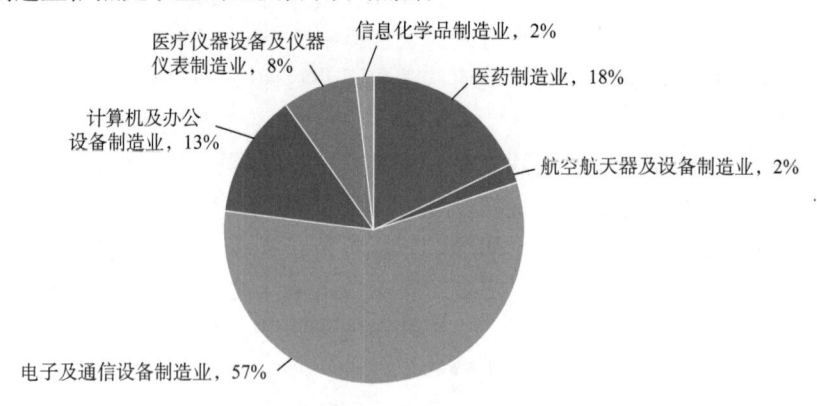

图 5.1　2016 年中国高新技术产业各行业主营业务收入分布

资料来源：根据《中国科技统计年鉴（2017）》绘制

### 3. 互联网领域跨国技术联盟

事实上，不仅是中国地区的互联网领域跨国技术联盟发展在未来需要依靠计算机、通信和网络的共同发展，其他地区也是如此。针对当下计算机网络通信技术的现状，移动设备具有便于携带和通信不受限的特点，在手机普及率越来越高的情况下，移动终端代替传统计算机的趋势愈加明显。可以预计，作为支撑移动通信技术变革的 4G 技术与 5G 技术会逐渐成为主流，其与计算机网络技术的结合发展将成为计算机网络技术的技术变革。

互联网领域跨国技术联盟的发展，是对当前计算机网络技术和信息技术的进一步融合，计算机网络技术的普及和外延化及计算机技术的快速发展极大地满足了人们对技术的需求，同时，在信息技术快速发展的背景下，计算机网络也将在应用服务导向及人工智能服务导向的技术的推动下进行技术革新。作为现代化各项经济发展的革新技术，信息技术在未来的社会各项事业发展中必然起到重要作用，同时正在不断建立健全的信息技术体系还会与中国传统工艺、工业相结合，产生种类繁多的新型互联网领域跨国技术联盟，对促进中国地区经济发展，乃至中国国民经济水平的提高具有重要作用。

### 4. 其他领域跨国技术联盟

此外，跨国技术联盟的类型还包括以下几类。

（1）新市场扩展类。这类企业主要在于开拓更广阔的市场环境，提升产品覆盖范围。新市场扩展类代表为磁波通信技术，从中国跨国技术联盟的整体发展情况看，已经初步落实其在 2013 年制定的跨国技术联盟发展纲要，使得中国地区的部分传统行业形成了微波通信等现代化技术，作为现代化技术，微波通信真正实现了不需要固体实物的电磁波通信技术，并成为中国国家通信网应用的比较普遍的通信技术。未来中国地区的通信技术也将使微波通信实现普遍发展。

（2）劳动力导向类。对企业发展来说，降低劳动力成本是其降低成本的方法之一，特别是传统加工产业，对劳动力需求较大，因此，会选择廉价劳动力地区建厂，通过降低劳动力成本，获得较高的经济效益。劳动力导向型的跨国技术联盟以加工类企业为主，如中国的富士康就属于这类跨国技术联盟的一员，其主要在联盟中提供劳动力支持。

（3）全球发展类。伴随经济全球化，各国都开始制定全球化的贸易发展策略，跨国经验也标志着经济的未来发展之路。伴随着现代社会的发展，对医疗器械行业的发展要求也在不断提升。从科学化的角度看，医疗器械属于高精尖的科技项目，这些器材和设备的制造依靠传统工艺或者技术是很难达到其规定的要求和标准的。透析机、呼吸机等医疗器械未来有可能由于电子元件的小型化实现便携化，患者使用便携式医疗器械可免去去医院的麻烦，同时医疗费用也会大幅降低。实时监控运动状态和心跳脉搏等的器械已开始应用，未来将会有更多设备应用在个人及家庭场合中。因此，在这些医疗器械制造方面，高新技术起到了关键性的作用，并且未来医疗器械需求量的猛增，也会加快经济的发展，中国高新技术产业在未来应当适当地提升在医疗器械业的高新技术投入比例。

## 5.2 跨国技术联盟的实现机制

### 5.2.1 完善跨国技术联盟动力机制

跨国技术联盟动力机制主要是针对跨国公司的不同发展方向和目标制定的动力机制，本节主要从以下几个方面进行讨论。

1. 企业创新动力机制

企业是技术创新的主体，一个国家技术创新水平是由企业决定的。企业组建技术联盟研发成功的关键不仅在于技术基础，还在于企业的努力程度。企业作为一个社会经济的微观主体，应积极提高自身技术创新能力以保障联盟技术研发的顺利展开[152]。

2. 经济推动机制

自 20 世纪 70 年代末中国实施改革开放政策后，国内的政治经济环境发生了比较大的改变，极大地推动了高新科技领域的发展，高新技术在推动社会变革的同时，实际上也会对传统企业造成不小的打击，企业的资本获得和竞争环境发生改变。一般情况下，跨国公司为保障自身发展通常采取兼并方式，以达到规模效应和实现集群发展，占有更大的市场。但在高新技术领域这种方式成效甚微，没有办法帮助跨国企业实现预期经济目标。在这种背景下，跨国技术联盟的出现将技术放到了更高的平台，并发挥了越来越重要的作用。同时跨国技术联盟合作也成为跨国公司竞争合作的一种常见形态。在经济市场竞争加剧的当前，经济必然是推动跨国技术联盟开展合作的主要动力。在外部环境作用下，不确定因素增多，因此，只有强化自身的技术才能在社会中站稳脚跟。当然，跨国技术联盟合作，作为企业运用资源共同研发的一种手段，能够保障创新效率和质量，同时能够降低创新过程中的研发费用。有关资料显示，大型跨国技术公司的一项记忆芯片的研发大致在10亿美元，如果芯片要应用在具体的产业中，如汽车产业，总费用则会超过25亿美元，庞大的研发成本让很多企业望而却步，同时造成了产品技术性不足的风险。以一汽—大众汽车有限公司来说，其就是中国与德国的合资企业，在技术上也是二者共同研发的，德国主要为汽车生产提供高新技术、汽车监管技术，中国方面则承担了生产、安全性能等方面的技术，这种技术联盟在中国并不少见，且已经成为地方经济的重要支撑[153]。

表 5.2 为跨国公司技术联盟成功案例，上述的跨国公司在中国并不陌生，消费者对其产品和品牌的认可度较高，对其开展和深化销售具有重要的作用和意义，这也是跨国技术联盟应当坚持创新和实现机制研究的关键。

表5.2 跨国公司技术联盟成功案例

| 跨国公司 | 合作内容 |
| --- | --- |
| 英特尔、微软、通用仪器公司 | 共同研制电视网与个人计算机（personal computer，PC）网的终端设备 |
| 三星电子公司与东芝公司 | 联合开发闪光灯记忆集成电路 |
| IBM、摩托罗拉、苹果公司 | 联合开发 POWER PC 微处理器芯片 |
| 日本三菱电机公司、葡萄牙电信公司、德国航空航天公司、英国广播公司 | 联合研制高清晰度图像移动通信装置 |
| IBM、东芝、西门子 | 共同设计制造 DRAM 芯片 |
| 三星电子公司与 DNS 公司 | 合作开发半导体生产设备等 |

3. 合作对象选择机制

刘云和梁栋国提出技术联盟选择合作对象及联盟间合作对象的关系是技术联盟不稳定性的主要影响因素，美国于 1998 年对 750 位 CEO 进行调查，结果显示联盟实践中合作伙伴选择是最薄弱的部分[147]。有相关资料显示，涉及伙伴关系的因素占一个联盟过早结束原因的 70%[153]。

因此，合作对象选择是跨国技术联盟创新成功与否的关键，也是其后期实现机制能否实现的重要前提。合作对象的选择不是跨国公司管理者决定的，而是董事会经过长期讨论、商议的决策。从成功的跨国技术联盟看，跨国企业选择合作对象时极为严谨且具有严格的程序。例如，杜邦公司在合作伙伴选择上花费了几年的时间，就是为了了解合作伙伴、找到合适的合作对象，因此，在选择合作对象时，无论其规模还是影响力如何，一定要保持谨慎态度进行考察，避免战略合作联盟在后期出现问题。

跨国技术联盟合作伙伴选择的原则主要分为三个方面（图 5.2）。第一，兼容性，基于跨国技术联盟的兼容性要求，其针对规模与能力、公司战略、组织管理与实践、生产方面、市场营销和分配、财务能力、企业文化及以往合作记录进行分析，考察战略合作伙伴是否符合企业未来发展方向。第二，能力，主要考察合作领域谁更活跃、市场势力、技术水平、生产能力、销售网络及市场主导性[154]。针对这几个方面对技术联盟合作伙伴进行选择。第三，承诺，承诺是跨国技术双方能否开展、深化交流的基础和根基，所以针对人员、联盟业务的核心性、投入经费及信息发展的考察比重较高。

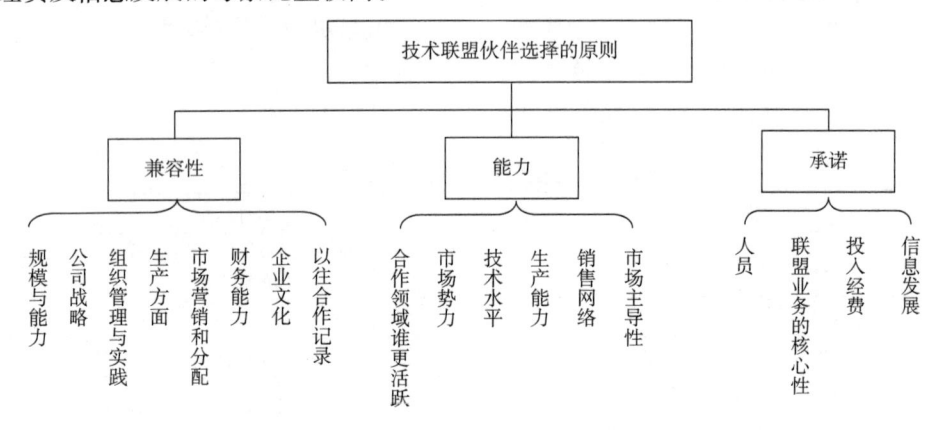

图 5.2　跨国技术联盟的合作对象选择原则

文化的差异程度与合营企业的注销率二者之间是具有相关性的（表 5.3），但也有学者认为文化差异的存在可能导致不同的文化碰撞，带来更多的知识交流和创新，因此合适的文化差异对跨国技术联盟而言反而是一种资源或动力[155, 156]。因此，文化差异是跨国技术联盟的合作对象选择原则中不可忽视的一点。

表5.3　文化差异与中外合营企业注销率的关系[157]

| 项目 | 中欧 | 中美 | 中日 | 中国与东南亚 |
| --- | --- | --- | --- | --- |
| 文化差异程度 | 大 | 大 | 中 | 中 |
| 注销率 | 高 | 高 | 低 | 低 |

当前世界经济发展相对稳定，市场中很多跨国公司都希望找到适合自己的合作对象。合作对象选择是一门科学的艺术，既要与企业发展方向相符合，又要明确跨国企业发展中的优缺点，弥补自己的不足，以保障核心竞争力最大化。

4. 运行机制选择

选择合作伙伴之后，跨国技术联盟的成立基础就奠定了，接下来应当根据联盟的发展现状和未来发展方向建立联盟的创新机制。这里主要的创新方向是合作模式的选择，一般情况下需要签订协议，以保障合作方能够在平等的环境下共同发展，按照协议内容做好自己的工作，承担起在跨国技术联盟中的责任。Das 和 Teng 从资源组合视角对技术战略联盟的合作机制选择进行了研究，结论如表 5.4 所示[158]。

表5.4 跨国技术联盟合作机制选择

| 联盟机制选择 | 情形 |
| --- | --- |
| 合资 | 企业投入所有权型资源而合作方投入知识型资源 |
| 股权式参与 | 企业投入知识型资源而合作方投入所有权型资源 |
| 单边契约联盟 | 双方都投入所有权型资源 |
| 双边契约联盟 | 双方均投入知识型资源 |

跨国技术联盟创新中的合作模式也是多元化的，所以跨国技术联盟在合作中应当针对不同的合作内容和方式进行研究，以规避可能存在的风险，在保障获得效益的基础上，顺利开展跨国技术联盟日后的其他类型工作。在跨国技术联盟的创新合作模式方面，以 IBM 公司为例进行分析和研究。

跨国技术联盟合作中，IBM 公司主要根据不同的合作对象选择了不同的合作模式，在合作内容上也有所不同（表 5.5）。从其合作的内容上看，IBM 公司针对不同合作类型企业，制定了不同的合作方向。微软以软件研发起家，有良好的资源和核心技术，因此与微软开展系统软件合作。爱普生在打印机方面有着其他企业没有的技术，凭借其打印技术方面的核心竞争力，让 IBM 公司与其开展合作。英特尔的处理器则是当前计算机的主要系统来源，其处理器的容量和开发技术也是其他同类型公司不能比拟的。

表5.5 IBM跨国技术联盟的合作模式

| 合作对象 | 合作模式 | 合作内容 | 原因 |
| --- | --- | --- | --- |
| 微软 | 交换特许技术协议 | 系统软件 | IBM 计划在长期内把系统软件开发转成自行业务，必须考虑前几代软件的兼容性；防止泄露核心技术 |
| 爱普生 | 供应合同 | 打印机 | 合作范围窄，合作时间短（不到 3 年）；这样的技术联盟不涉及 IBM 自身的核心技术和营销内容，但对 IBM 自行生产打印机提供了可能性 |
| 英特尔 | 股权合作 | 微处理器 | 技术联盟的合作涉及核心技术，有风险暴露的可能性；是否选择进入第三方半导体市场成为维持战略灵活性的重要因素，IBM 希望通过技术联盟获得英特尔几代微处理器的开发技术 |

## 5.2.2 健全跨国技术联盟执行管理机制

美国麦肯锡公司调查了 20 世纪 80 年代后参与技术联盟的 800 多家美国企业发现，其中只有 40%的联盟持续时间超过 4 年，大部分联盟短期内就解体了[159]。正是联盟的不稳定性，使其更需要健全的执行管理机制。

跨国技术联盟执行管理机制针对的是跨国技术联盟合作对象在协议签订后的具体运行情况。对于跨国公司而言，不同的生活背景、环境、政策、企业文化，给跨国技术联盟管理造成较大的影响。此外，跨国技术联盟在合作中本身具有一定的独立性，这也在跨国技术联盟的创新中蒙上了"看不见"的纱，影响跨国技术联盟的实现机制。严格分析，跨国技术联盟执行管理机制体现为以下几个方面。

1. 风险管理机制

跨国技术联盟具有很多的不确定性，如制度环境等外部环境的不确定性、联盟组织的不稳定性、技术上所能达到的预期前景的不确定性及企业在市场预期和未来盈利的不确定性等问题。技术创新具有高投入和高风险的特点，这使其需具有较其他投资更为严苛的环境条件[158]。因此，风险管理机制对联盟的作用就更为重要。

风险管理是长期存在于经济社会发展中的，跨国技术联盟面对的市场风险、技术风险、关系风险自然会加大，进而影响企业的实际效益获得。即便跨国技术联盟在创新过程中比较顺利，但在突变的市场环境下，依然存在很大的潜在风险，如英国脱离欧盟后，英国与欧盟国家的跨国技术联盟在发展中就会面临严峻的市场环境，加上缺少稳定的社会背景保护，这对其跨国技术联盟的发展而言是致命的[160]。所以，为保障跨国技术联盟创新机制的实现，一定要建立一个平等的平台，跨国技术联盟之间要在创新基础上相互学习，分享彼此间的成功，当然也要注重机密技术的安全保障工作，避免出现核心技术流失问题。

图 5.3 为跨国技术联盟的风险构成，其中，跨国技术联盟技术创新风险主要为技术风险、市场风险。具体地，技术风险包括技术本身成熟性、技术前景、技术效果及技术生命周期。市场风险则包括了市场接受能力、市场开发时间、产品市场生命周期及产品的市场竞争力。对于技术创新风险来说，导致技术创新风险出现的原因同样是多方面的，市场、产品及创新的程度、研发水平都是跨国公司技术联盟创新中面临的风险，跨国技术联盟如要深化学习必然也要进行不同的创新并建立严格的监管机制。

## 第5章 跨国技术联盟的创新机制

```
跨国技术联盟风险 ─┬─ 技术创新风险 ─┬─ 技术风险 ─┬─ 技术本身成熟性
                 │                │            ├─ 技术前景
                 │                │            ├─ 技术效果
                 │                │            └─ 技术生命周期
                 │                └─ 市场风险 ─┬─ 市场接受能力
                 │                             ├─ 市场开发时间
                 │                             ├─ 产品市场生命周期
                 │                             └─ 产品的市场竞争力
                 └─ 关系风险 ─┬─ 企业选择联盟对象的风险
                              └─ 联盟内部员工人际关系
```

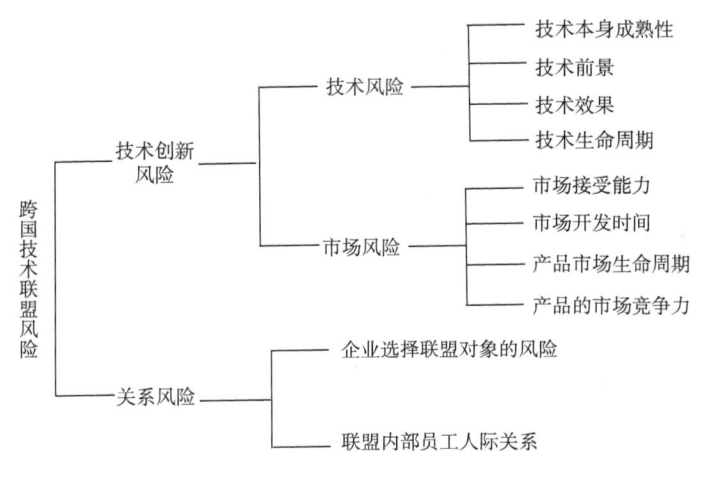

图 5.3 跨国技术联盟的风险构成

### 2. 注重跨国技术联盟利益分配

利益分配是注重公平、保障客观效益实现的重要保障，跨国技术联盟的合作是利益的结合体，最终也会因利益分配不均或是利益获得不足而解散，这是非常现实的问题，也是跨国技术联盟在发展中应当注意和正视的问题。跨国技术联盟的利益应当是无形利益和有形利益的集合体，其中的固定资产和非固定资产都是跨国技术联盟创新的有效实现机制。对于跨国技术联盟创新而言，如不能获得长期效益或是未来发展堪忧，那么就需要进行新的跨国技术联盟选择，以实现预期发展目标。

### 3. 绩效考评机制

绩效考评机制是跨国技术联盟创新与实现机制的又一项重要保障。绩效考评机制下，如果跨国技术联盟合作不当则应当解除当前创新内容，甚至是合作关系，以保障技术联盟的优势能发展到最大化。对于跨国技术联盟的创新和实现机制来说，其竞争力提升是必然的，能够获得的效益也是显著的，而具体的判断标准则主要依据绩效考评这种较为科学的机制进行。

表 5.6 列出了跨国技术联盟创新的绩效考评机制的具体判断情况，针对盈利指标、成本指标、资源投入角度、竞争能力角度、风险管理角度、社会效益角度进行了具体分析，这些方面能有效考察跨国技术联盟在绩效考评中的具体收益情况，而收益情况也成为考察跨国技术联盟合作情况的重要指标。

表5.6 跨国技术联盟创新的绩效考评机制

| 一级指标 | 二级指标 | 三级指标 | 内容 |
|---|---|---|---|
| 财务指标 | 盈利指标 | | 净利润、投资回报率、销售利润率、投资利税率、投资回收期、原材料投入产出变化率 |
| | 成本指标 | | 产品成本变化率、R&D 成本、机会成本、销售成本、交易成本等 |
| 非财务指标 | 资源投入角度 | 人力资源投入 | R&D 人员的结构和数量等 |
| | | 技术资源投入 | 技术资源的结构和数量等 |
| | 竞争能力角度 | 研发能力 | 新产品产值率、研发项目成功率、研发经费占销售收入的比例、研发成果取得的时间 |
| | | 市场销售能力 | 新产品产值率、分销网络程度、品牌的知名度等 |
| | | 创新管理能力 | 合作水平的提高、创新机制的有效性、创新结构的完善等 |
| | | 应变能力 | 适应能力、学习能力等 |
| | 风险管理角度 | 风险识别能力 | 技术风险、市场风险、资金风险、自然风险等 |
| | | 风险承担能力 | 技术创新能力、技术的匹配性、生产制造能力等 |
| | 社会效益角度 | 社会效益 | 合作创新战略的可行性、知识共享的平台建设等 |
| | | 环境效益 | 资源的利用、对生态环境的影响等 |

4. 联盟解散或集合机制

对于跨国技术联盟而言，决定其是否解散或是集合的原因很容易判断，就是技术联盟在创立或是合作初期制定的战略目标是否实现，实现了那么就会进行更深一步的集合，或是融入其他企业或机构，扩充跨国技术联盟。如果最初制定的战略目标没有实现，那么跨国技术联盟则会面临解散的情况，当然这种解散并不是一时的决定，一定是长期尝试下，没有办法改变技术联盟的发展难题，才会选择解散。跨国技术联盟的解散不意味着企业的失败，而是为保障企业更好发展做出的必要调整。具体而言，例如，跨国技术联盟中，企业不能按照原本制订的方案推进实施或是在发展中出现了一些不可抗力原因造成跨国技术联盟发展困难，或是跨国技术联盟选了错误的、不适合企业发展的联盟对象，那么就可以解除原本的跨国技术联盟合作关系，寻找新的跨国技术联盟合作伙伴。当然在集合机制建立中，跨国技术联盟应当坚持友好、共同发展的发展目标，保持高度信任，进而建立跨国技术联盟共同发展合作机制，即集合机制，最大限度发挥跨国技术联盟的优势[161]。

## 5.2.3 增强跨国技术联盟调控机制

1. 跨国技术联盟调控环境控制

跨国技术联盟针对其内部可能出现的变动建立调控机制，属于保障跨国技术联盟内部连续工作的重要机制。跨国技术联盟调控机制的建立,可以保障跨国技术联盟在面对问题的时候能够按照程序进行相关工作和活动,进而保障跨国技术联盟内部依然能保持高强度的工作,实现联盟的最终发展目标。在当前跨国技术联盟的发展中,要通过不断调控,保障跨国技术联盟的高效运转,以遵循跨国技术联盟的利益发展方向,增强跨国技术联盟成员内部之间的相互学习,促进共同发展。当然,即便进行环境调控,在实际的工作开展中,跨国技术联盟依然会遭受一些风险和难题,这就要求在调控中要注重环境稳定性,避免出现风险过度影响跨国技术联盟共同发展目标实现的情况。

图 5.4 描述了跨国技术联盟的正常运行所必须考虑的因素。

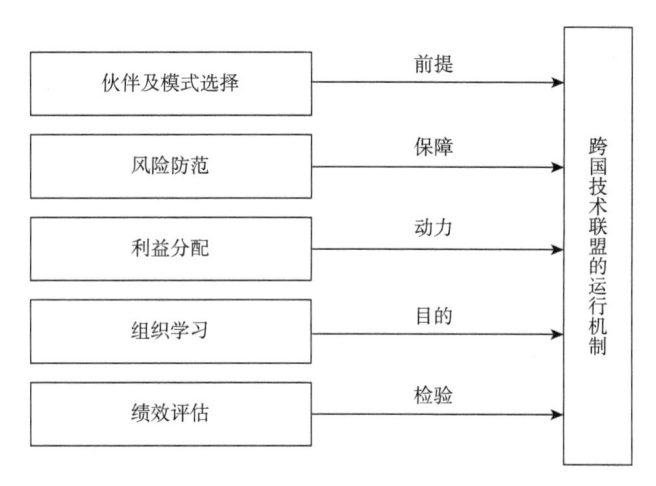

图 5.4 跨国技术联盟运行机制

2. 跨国技术联盟的管理层调控

跨国技术联盟管理层调控,是跨国技术联盟能否做出正确和科学判断的关键。跨国技术联盟作为一个发展的整体,其各项工作的开展都来源于内部的成员工作和管理层决策。跨国技术联盟中管理层充当了联盟发展的指南针,跨国技术联盟如要获得发展,一个科学有效的管理层是十分重要的。

跨国技术联盟中管理层同样属于其内部的一个组织,通过这个管理层组织建立跨国技术联盟的机构,并对整个联盟进行管理,由此可以看出管理层在其中的重要作用。一般情况下,跨国技术联盟的管理层主要有以下几种形式。

第一,跨国技术联盟中的总经理联席会议,通过总经理之间的交流达成项目合作意见,签订合同并制定相关细则,同时由总经理解决合作过程中可能出现的矛盾冲突[162]。

第二,跨国技术联盟的执行管理小组,一般情况下由跨国技术联盟中的企业和机构进行代表选择，由代表共同组成执行管理小组。具体如 IBM 公司在跨国技术联盟建立中，就与德国西门子和日本东芝公司进行代表和负责人选择，共同组成执行管理小组，对相关事项进行管理和讨论。

第三，跨国技术联盟中的共同研发和生产小组，主要包含了跨国技术联盟中的生产人员、技术研发人员，因跨国技术联盟主要以技术为导向，因此共同科研中心的建立，有利于跨国技术联盟成员相互交流和讨论，必要的时候能够强化跨国技术联盟的内部技能，便于从各个方面对研发技术进行审查，保障技术联盟的科学性和合理性。

此外，在跨国技术联盟的调控中，依然包括了对伙伴之间关系的调控、信息资源的调控等方面。如伙伴之间关系调控，在跨国技术联盟中，伙伴或是合作对象选择一定是跨国技术联盟管理中最为主要的，虽然"人多力量大"，但在跨国技术联盟中并不一定代表合作成员越多作用越大，跨国技术联盟的合作在于"精"，而非多。跨国技术联盟的合作一定是最符合企业当前或是未来一段时间发展方向的合作，因而才能产生最大的效益和品牌影响力。在信息交流调控方面，互联网经济发展下信息交流无处不在，跨国技术联盟的发展一定是依托现代科技联盟的发展进行的，所以，信息交流、信息交换，能保障技术联盟内实时进行信息和技术的交流，由此促进联盟的整体发展。

# 5.3　跨国技术联盟与产业升级

## 5.3.1　完善跨国技术联盟与产业升级的运行环境

### 1. 跨国技术联盟多元化发展环境需要

由于时代的需要，市场的需要，社会的需要，多元化经营策略不仅包括了产品、技术、人员、管理的多元化，经营多元化对企业直接效益的获得也有重要作用，这也是技术联盟企业跨国经营的主要原因和内在动力。跨国技术联盟依托产品开展全球竞争，在全球范围内通过并购、合作等方式开展全球销售[163]。

一般来说，跨国技术联盟多元化战略的成功都要遵从以下法则：第一，跨国技术联盟根据市场变化动态调整产品和行业结构；第二，重视资源共享，最大化发挥合作优势；第三，保持对组织结构的优化调整以适应联盟整体战略；第四，加大主要领域的要素投入，重视核心优势的应用；第五，从战略高度重视跨国技术联盟文化的融合；第六，重视品牌延伸的有效范围，在合作中走出一条属于自己的多元化道路。

2. 跨国技术联盟产业升级中的环境资源分配

通过协作发挥参与企业的专长和在参与企业的联合努力下寻找可以改善产品性能的技术创新和开发新业务新产品的技术创新，从而获得更大的经济效益。如果将资源分散流入每一个业务单元，那么企业会更倾向于只关注业务中自己产品的市场机会。

3. 跨国技术联盟运行环境评价机制

我们把基于跨国技术联盟的合作创新的运行设计成一个流程，对流程的各环节分阶段设立目标，分阶段评价，以此构成系统的评价机制。立项阶段的评价主要集中在整体的合作创新能力，运营阶段的评价包括研发阶段的研发进度的评价和销售阶段的效益指标评价。动态调整分阶段的评价机制可以保障联盟的合作创新活动[164]。

对合作创新活动分阶段指标的评价主要选择模糊综合评价法，合作创新立项、运营的各阶段指标和标准的评价都有一定的模糊性。第一，外部环境的模糊性。跨国技术联盟的参与方包括跨国企业或东道国企业，可能受国际形势、东道国环境、跨国公司所在国环境影响。第二，系统评价的模糊性。全面正确的评价机制需要选择合适的定量和定性指标。第三，跨国技术联盟对各阶段的评价具有一定的差异，对不同侧重点的阶段评价选择指标和指标权重需要考虑模糊因素。

## 5.3.2　加强跨国技术联盟与产业升级的结构设计

1. 网络成为跨国技术联盟产业设计的重要构成

进入 21 世纪后，信息网络时代在悄然间改变人们的生活，同时对传统经济和运营模式也有所改变。技术联盟企业跨国经营中也需要融合网络新模式，通过现代化运营模式的建立增强技术联盟企业整体竞争力。技术联盟企业发展至今已经确立了五个发展阶段，当前正是其发展的第五个重要阶段——网络化阶段。通过建立现代网络运营模式，优化客户群体、制定完善的营销体系、实现信息资源共享，甚至是资金获得，这些在当前都可以通过网络达成。这是技术联盟企业当前的机遇，网络化下技术联盟企业能够整合全球资源，以最快速度了解同类企业或产品的发展状况，网罗更多用户[165]。但在网络的大潮中，技术联盟企业也会面临更为严峻的发展格局，竞争也更为激烈。

从目前技术联盟企业的发展来看，网络化是保障企业实现更好的扩展的主要渠道。技术联盟企业作为中国传统企业，其内部有固有的管理模式、习惯，无形中会增加跨国经营中的条条框框，制约企业发展。为了打破这些条条框框，应将企业放到更真实、更为宽松的环境下，让其内部成员明确发展中的问题，了解网络化对企业的挑战。

2. 跨国技术联盟的全球化经营结构策略

著名管理学家彼得·德鲁克认为，在经济策略的制定中，战略思维建立、战略策略制定是关键，战略策略制定包含众多内容，其不仅是对资源的有效利用，更是对经济、成本的科学融合，符合科学发展战略，也是跨国技术联盟全球化竞争战略制定的关键。

技术联盟企业的国际化和国际化的技术联盟企业既有区别又有本质上的联系。跨国技术联盟国际化运营策略制定是其向全球扩展的根本，也是开展跨国经营的必然之路。只有第一时间将技术联盟企业推进到国际市场环境中，才能提升其在国际市场的知名度和形象，更好地开展跨国经营工作。为保障国际市场竞争，避免遭遇反倾销、绿色贸易壁垒等，技术联盟企业在国际化运营中需要永远将质量放在第一位。

技术联盟企业自身具备可以进入国际市场的能力，所以"出口"是针对技术联盟企业的国际化而言。但国际化的技术联盟企业就不同了，国际化的"技术联盟企业"已不再是某一地区的技术联盟企业，中国的技术联盟企业也将成为整个国际化技术联盟企业的一个组成部分，另外还会有美国技术联盟企业、欧洲技术联盟企业、东南亚技术联盟企业等。为保障国际化运营策略的制定，跨国技术联盟在发展中应以设计、营销和制作中心建立为主，三合为一下竞争力极强，对跨国技术联盟海外市场扩展、综合竞争力提升也大有帮助[166]。

3. 跨国技术联盟成本结构设计

跨国技术联盟达到合作创新目的所需承担的全部成本是跨国技术联盟合作创新的成本，这个成本通常包括联盟从立项、组建、运行到解体的全部费用。从联盟立项到解体的成本包括融资成本、机器设备成本、研发技术成本、人员成本等，联盟参与企业具有的要素禀赋不同，所能提供的投入也具有差异性，要素投入之间可互相转化且联系紧密，因此企业共同投入的合作创新成本也就有动态性的特点。

跨国技术联盟的成立和正常运行需要经过立项、组建、运营，参与企业需要付出一定的成本以保障联盟的正常建立和正常运行。因此，从联盟建立流程的角度分析，可将跨国技术联盟合作创新成本分为立项成本（即从调研到决策的一系列流程所需成本）及运营成本（即企业达成合作、共同研发、生产、销售、交易等环节所需的成本），见图 5.5。

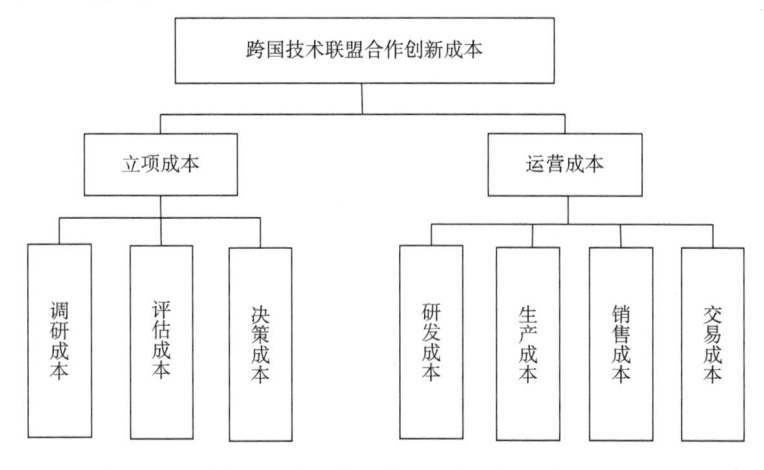

图 5.5 跨国技术联盟合作创新成本

## 5.3.3 审视跨国技术联盟与产业升级对象

1. 以国际市场为主的对象判定

为进一步加快中国产业升级进度，不能仅实现技术水平的提高，更要注重国际市场导向，实现以国际市场为主的工艺和产品创新。随着服务在产业升级中重要性的显现，以用户为中心的理念已成为推动产业升级的重要方向。所以，跨国技术联盟合作创新的方向也需要不断地调整，通过积极鼓励用户参与研发设计、及时收集用户信息反馈等方式来改变传统的创新模式，利用柔性创新来持续地更新生产制造流程，更有利于推动产业升级进程。

同时，为顺应全球市场变化的多样性，跨国技术联盟合作不仅要实现创新柔性，更要满足产品开发柔性，积极响应用户的个性化需求，这样才能保证一定的竞争优势，从而促进产业升级。原因在于两个方面：一方面，产品开发柔性保证了产品设计与生产的多样性，降低了产品开发的更新成本，从而与用户的多样化需求相匹配；另一方面，以市场需求为导向一直是产业升级的重要前提，市场需求瞬息万变，而柔性的产品开发过程可以满足多样化的市场需求，及时顺应市场的变化。

2. 改变跨国技术联盟的发展认识

促进企业传统竞争模式向协同竞争模式转变已成为中国产业升级的关键。一直以来，企业间为追求收益注重积累和重组，而忽视了更为重要的合作关系，尤其是跨国技术联盟的合作，导致产业升级遇到阻碍。所以，企业间由独立"扩张式"发展逐渐转向"收敛式"发展是必然趋势，为应对国际多样化的市场需求，跨国技术联盟合作是企业间实现资源共享的重要方式，即实现企业间合作与竞争的共存。因此，一方面，国内企业要转变传统发展理念，积极引进跨国技术联盟合作创新，通过与国外企业的技术交流与分享，实现彼此之间长期稳定的合作与竞争关系，从而来弥补企业自身发展所存在的不足。另一方面，国内企业应由"被动化"向"主动化"转变，不仅要被动吸收国外企业的优势资源，更应该积极走出去，通过企业间的信息对比和实地考察，来寻找更适合自身企业长久发展的联盟企业，从而保证企业自身的竞争优势。因此，改变对跨国技术联盟的发展认知有利于企业认清自身发展的需求，更有利于推动产业升级。

3. 完善跨国技术联盟合作培训体系建立

由技术引进和模仿创新向自主研发转变一直是中国企业发展的目标。同样，企业在参与跨国技术联盟合作过程中，通过与国外企业的交流与合作来实现原有技术的更新与改进比单纯引进现有技术更重要。国内企业普遍存在一定的"干中学"效应，虽然在一定程度上有利于低技术企业在较短的时间内提高自身的发展水平，但并不利于企业长久的升级进步。因此，在参与跨国技术联盟的过程中，首先要做到建立合理的学习机制，通过企业间的技术溢出效应，来积极快速地提高企业的知识积累与能力水平；其次，国内企业与国外企业之间应建立良好的联盟运行机制，抑制企业间可能存在的机会主义行为和道德风险，保证企业间稳定健康的合作竞争关系；最后，在技术联盟中要建立健全的信息网络结构，这不仅能够保证跨国技术联盟对内部组织关系的及时调整，也能够实现企业内部的修正与完善。因此，建立完善的跨国技术联盟合作体系对于保证企业间的健康稳定发展具有重要的现实意义。

# 5.4 跨国技术联盟的创新

## 5.4.1 跨国技术联盟技术质量创新

1. 产品质量、服务质量、运输质量和后期服务的创新

通过跨国技术联盟的技术创新发展，能够让更多人看到跨国技术联盟对产品质

量的追求及对消费者负责的心理。从现代跨国技术联盟的发展来看，其对产品质量的要求不断提高，无论是实际的产品质量，还是服务质量、售后等都成为跨国技术联盟营销策略制定的关键。对于跨国技术联盟而言，技术上的合格与否并不是检验其内部产品是否合格的唯一考量，客户满意才是真的合格。而客户满意度，则从产品质量、服务质量、运输质量、后期服务等多个角度考核，如果客户不满意，销售情况则会受到影响。因此，跨国技术联盟质量考核中，以客户满意度为质量考核标准是一种尽职尽责的表现，也是增强客户关系管理的关键。

首先，在质量控制手段中，强科学化、现代化是以提高跨国技术联盟中现代化信息技术使用率为目标的。随着经济发展劲头不断攀升，现代化水平稳步提升，各行业均将信息、科技等手段应用于自身的工程管理中。尽管中国目前跨国技术联盟依然以传统的人力劳动为主，但仍应当以现代化科学技术武装质量体系，以保障其重要地位。现代化科学技术不仅是确保跨国技术联盟质量安全性的重要法宝，也是建立跨国技术联盟管理体系的助推器。

其次，在设计者招聘中，要充分注重应聘者的自身素质，将设计者的专业素质和职业道德作为筛选条件，以确保招聘者的素质能够保证工程质量。对在职设计人员，工程企业应建立完备的培训系统，针对设计人员的不足之处进行培训，以不断提升设计者的专业素养，实现设计人员专业素质的前瞻化。

2. 跨国技术联盟质量机制建立

跨国技术联盟质量机制建立主要考虑两方面内容。一方面，质量是跨国技术联盟关注的焦点，也是其考核的重点。现代管理理论要求跨国技术联盟必须追随消费者需求和社会需求的变化以做出相应的调整。无论身处何时，产品质量都是决定跨国技术联盟成败的定音锤，更是其获益的护航员。因此，应当坚持高要求、严管理及零缺陷准则，为产品质量提供有效保障。另一方面，产品自身质量满足要求下，客户满意度同样被归属于跨国技术联盟质量管理当中。跨国技术联盟经过多年发展，产品质量成为其成功关键，而客户满意度同样成为跨国技术联盟质量管理软文化，在潜移默化中影响更多客户群体。跨国技术联盟质量控制保障机制是确保跨国技术顺利实施的主要动因。只有确定好完善的跨国技术联盟质量控制机制后，才能够对从业人员起到约束作用，促使相关人员树立责任意识，严格执行规章制度，以实现产品质量达标的目的。

## 5.4.2 跨国技术联盟技术管理创新

跨国技术联盟管理方面的策略制定主要从以下三个方面进行研究。

1. 目标体系

通过目标体系将跨国技术联盟工作部门和工作内容细化，即跨国技术联盟从管理者到工作人员的工作量、工作内容、工作标准都以目标系统为主开展工作，通过制定的目标来审核自身工作情况，考察工作是否符合跨国技术联盟发展需求和目标，避免出现资源浪费和效率低下的情况。

2. 制定每日管理控制体系

每日管理控制体系是考察跨国技术联盟内部每日工作整体状况，看其能否达到整体系统优化发展的要求。对于每日管理控制体系而言，如果不审核、不控制、不监管则形成了无限"死循环"，没有办法达到预期效果。通过监管部门每日进行工作审核和监管，对问题进行纠正和监督，可以规避掉问题长期存在可能对跨国技术联盟造成的不良影响。

3. 绩效激励体系

绩效激励机制是最能提升跨国技术联盟内部人员工作态度、服务水平和质量的管理模式。建立跨国技术联盟激励机制可以增强跨国技术联盟内部成员工作积极性。提升激励机制实用性要求对跨国技术联盟工作人员激励机制的理论与实践进行有机结合。目前跨国技术联盟激励机制已经形成了一定的理论，但之所以激励机制还存在问题主要在于目前跨国技术联盟等相关部门在对工作人员进行管理过程中忽视了工作人员激励制度的执行，工作人员激励制度存在的表象意义明显大于实际意义，由此造成激励机制实用性不足。因此，在推动跨国技术联盟激励制度建立过程中，提升跨国技术联盟激励制度的执行力度，使其不再成为"摆设"，具有现实意义。

## 5.4.3 跨国技术联盟成本管理创新

1. 建立健全跨国技术联盟预算控制体系

首先，对人力资源进行合理配备，以此减少人工成本支出。人工成本占据了跨国技术联盟非生产成本的较大部分，因此，应清晰分配各岗位人员应尽的责任，充分完善工资激励体系，鼓励员工积极主动承担降低成本的责任。与此同时，各企业部门还应加大力度改革现有的人事制度，充分配置人力资源，为促进劳动生产率的提高做出贡献。

其次，对项目实施预算进行严格把关。加大力度增强对生产成本的事先预算、事中控制和事后反馈分析。跨国技术联盟在进行生产经营的过程中，应以成本预算为核心对项目进行有效的规划和合理的掌控，逐步构建系统的成本预算控制机制，进而加快提高跨国技术联盟的经营收益。

最后，做好事前预算工作。跨国技术联盟事前预算工作包括对生产产品种类、数量的预算，以及对生产所需要的人工进行合理预算，不能浪费，要具有前瞻性。

### 2. 建立健全跨国技术联盟采购控制体系

首先，重视采购成本。采购成本是采购体系建立过程中主要的考察对象。提高采购成本意识，有利于深化跨国技术联盟内部各个部门对采购成本管理的重要性认识，通过部门之间的合作及信息资源分享，有利于各部门负责人明确企业主要发展方向和具体的发展现状。通过符合跨国技术联盟发展的采购方式，优化采购程序，能够提升采购人员对采购工作的认识，在采购中切实落实采购成本，在质量、地域等不变的情况下，考虑价格优势，为跨国技术联盟发展中的各个流程提供帮助。

其次，树立全局、全面的采购成本控制观念。要真正控制采购成本必须树立全局性的成本控制观念，必须在采购成本分析中首先考察机会成本，认清采购的短期利益和长期利益。在采购新产品的时候，要充分考察、比较不同产品的差异，考察其他跨国技术联盟成员在适用新原料后的市场销售状况和市场评价。对供应商提供的产品价格要综合分析其定价形成的原因，切不可盲目杀价，在确定采购产品时要坚持质量第一、服务第二、价格第三的原则。

最后，建立和完善员工激励机制。激励制度的作用主要在于"激励"二字，即可理解为激发、鼓励，通过对员工潜力、积极性的开发使其能协助企业、个人或其他组织完成规定工作或超额完成工作。在激励机制的作用下可有效提升企业规划目标实现，既能保障企业发展，也能达成员工的实际需求，一举两得。坚持物质保障和精神激励相结合。加快推进企业人才激励政策的实施和用人制度改革，让跨国技术联盟员工不会为了蝇头小利，私自收取回扣，损害跨国技术联盟的利益。

### 3. 建立健全跨国技术联盟生产控制体系

首先，着重运营中的价值链研究，完善战略生产成本管理。就跨国技术联盟在成本费用发生时的管理和控制看，跨国技术联盟管理者十分看重成本费用的实际支出。所以在建立跨国技术联盟生产控制体系时要注意对其产品附加值的计算，进而通过附加值计算考查周边产品的实际价值，进行价值链分析，并在发展中优化价值链，实现生产成本的控制。另外，作为战略性生产成本管理，跨国技术联盟在发展中面临更大的竞争压力，制定符合跨国技术联盟自身和社会需求的生产成本战略，有利于实现跨国技术联盟成本控制目标。

其次，建立健全现代跨国技术联盟成本管理机制。成本管理制度建立必然离不开成本管理机制建立，成本管理机制建立的主要形式就是完善跨国技术联盟内部的权力部门、监督部门和执行部门，三者之间既能合作也能制约，能够切实保障现代跨国技术联盟制度的开展和成本管理机制的建立。就成本管理机制建立而言，要坚持服务顾客、遵守法律、保护跨国技术联盟利益的原则，在不损害社会、企业或其他成员利益的同时将成本降到最低，并保持这种发展趋势，通过确立优势实现跨国技术联盟的经济效益和低成本运营的目标。

# 第6章 产学研技术联盟的合作研发模式

## 6.1 产学研技术联盟中技术对接面临的挑战

### 6.1.1 技术与市场需求相脱节

一项科技成果在进行立项和实验研究时，主要以技术创新水平的先进程度为目标，往往会忽略市场的需求及可能产生的经济效益，而只追求技术创新，项目创立目标明显脱离了企业实践的轨道，导致技术创新不能很好地适应市场需求，科技的创新并没有有效地解决经济问题。由于缺少对新技术的认知与判断能力，诸多消耗巨大的科技项目不能带来良好的经济效益。

根据科学技术部创新发展司的跟踪调查，2014年的9302个课题中，技术成果没有成功对接的课题有4907个，占52.8%。技术成果没有实现成功对接的课题里面，有包括基础研究类项目课题在内的2.7%的成果未成功实现应用转化价值。而大量课题的成果虽有应用前景或适宜转化应用，但尚未实现转化应用，其影响因素涉及多个方面，其中很重要的原因就是科技成果不成熟，本身不具备转化应用条件，受影响课题占64.8%。

因此，在产学研合作研发的过程中，高校技术研究应该以市场为导向，充分利用企业的市场信息优势，了解市场需求，研发出切合实际的科研成果，政府也应对有市场前景、但技术风险大的科技成果加以投资并承担风险。

## 6.1.2 资金短缺融资困难

资金是实现技术对接的基础，尤其对于产学研合作创新项目，研发周期长，风险性高，成果转化到产生效益需要较长时间，因此需要持续的资金支持。在产学研技术联盟中，高校和科研机构往往不具备技术成果产业化的资金实力，而企业也害怕完全承担研发风险。根据《2017 年全国科技成果统计年度报告》，2016 年度通过的登记的应用技术科技成果有 51 728 项，其中有 29 805 项产业化应用成果，企业完成 57.56%的科技成果，而小规模小范围的研究成果数达到 14 304 项，企业完成 34.51%，4569 项试用成果，大专院校完成 23.55%。

科技成果未应用或者停用的原因仍然以资金问题为主，与此同时还有多种因素对此产生不利影响。资金问题占比约为 30.19%，技术问题和市场问题也是重要原因，占比分别是 31.26%、12.01%，其中，技术问题比上年增加 3.41 个百分点，市场问题比上年下降 5.73 个百分点；政策因素所占比例较低，为 6.75%，而管理因素从 2014 年开始呈大幅上升趋势，所占比例为 19.79%，如图 6.1 所示。

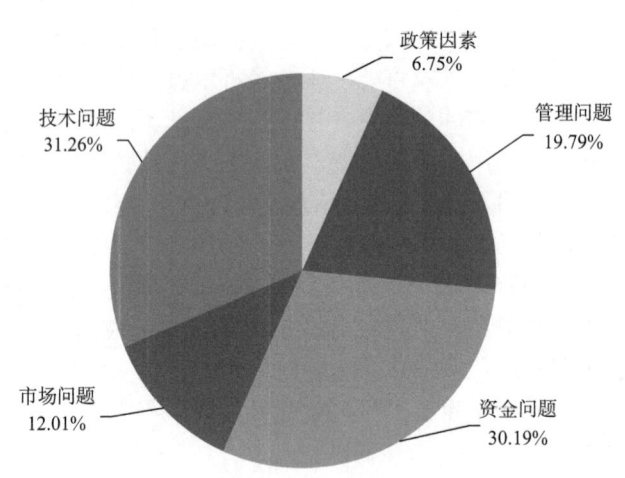

图 6.1　2016 年科技成果未应用或停用的原因
资料来源：根据《2017 年全国科技成果统计年度报告》绘制

资金问题在西部地区表现更加突出。表 6.1 列出了不同地区科技成果未应用或者停用的原因。一方面，资金问题严重影响了西部地区的科技成果的应用或停用，其中资金短缺导致了 40%以上的成果没有应用或者被停用，这种现象在西部地区较为显著；另一方面，东部地区主要受技术问题影响。而其他导致成果未应用或被停用的原因还包括政策因素、市场因素和管理中存在的问题，其中，管理问题近年来对东部和中部地区的影响较大，而市场问题和政策问题所占比例较低。

**表6.1　不同地区科技成果未应用或者停用的原因（单位：%）**

| 问题类型 | 东部 | 中部 | 西部 | 环渤海 | 长三角 | 珠三角 | 东北 |
| --- | --- | --- | --- | --- | --- | --- | --- |
| 资金问题 | 23.49 | 37.22 | 45.52 | 30.98 | 14.25 | 17.89 | 34.53 |
| 技术问题 | 38.12 | 23.79 | 21.32 | 39.32 | 34.30 | 49.47 | 27.34 |
| 市场问题 | 8.59 | 14.10 | 18.27 | 6.84 | 10.14 | 7.37 | 7.91 |
| 管理问题 | 22.61 | 17.40 | 9.14 | 15.81 | 37.44 | 10.53 | 21.94 |
| 政策因素 | 7.19 | 7.49 | 5.75 | 7.05 | 3.87 | 14.74 | 8.28 |
| 合计 | 100 | 100 | 100 | 100 | 100 | 100 | 100 |

资料来源：根据《2017年全国科技成果统计年度报告》整理

资金问题将是产学研技术联盟实现技术对接的严峻挑战。面对此挑战，只依靠企业和产学研方去解决是不够的，还需要政府的支持以及风险投资等第三方的协助。对于产学研技术对接中面临的研发成本和风险，政府应该设立相应的专项补助资金，同时完善金融体系，建立合理的科技金融结合机制，引入由民间资本参与的风险投资，为技术对接构建良好的资金保障。

### 6.1.3　科技中介平台力量薄弱

在产学研技术联盟技术对接的过程中，科技中介平台应该是将科技成果供应方和需求方联系起来的一座桥梁，起着"黏合剂"和"催化剂"的作用。但是，由于中国科技服务中介机构起步较晚，综合实力较弱，没有系统完善的中介服务机制及政府和相关权威机构的充分规范引导，使得中国的科技中介机构较少充分参与进产学研的技术对接过程，所提供的服务不够及时，导致了高校、研究所与企业之间的合作契机的缺失和技术对接效率的低下。比如，有些地方由于考虑和规划不够长远、缺乏整体眼光，不断重复对分工不同、体系差异较大的科技中介机构的合并与拆分，导致中介机构不能明确自身的职责，机构人员、工作内容与体系运转都受到不同程度的影响，阻碍了其产学研技术对接功能的发挥。

根据科学技术部创新发展司发布的科技统计报告，2014年国家主体科技计划的4396个课题项目成果的应用转化中，未通过科技中介平台自主转化的机构为62.7%，通过科技中介平台转化的仅为37.3%。在课题项目的从属单位中，多数未经过中介机构进行转化，科研院所占62.6%，高等院校占56.1%，企业占67.3%，其他单位占66.5%，如图6.2所示。可见，中介机构在中国产学研技术对接中并没有发挥很好的作用，中介机构较少参与技术对接的"半隐"状态使其很难与产学研各方建立长效稳定的合作机制，也很难帮助产学研各方实现技术成果产业化。

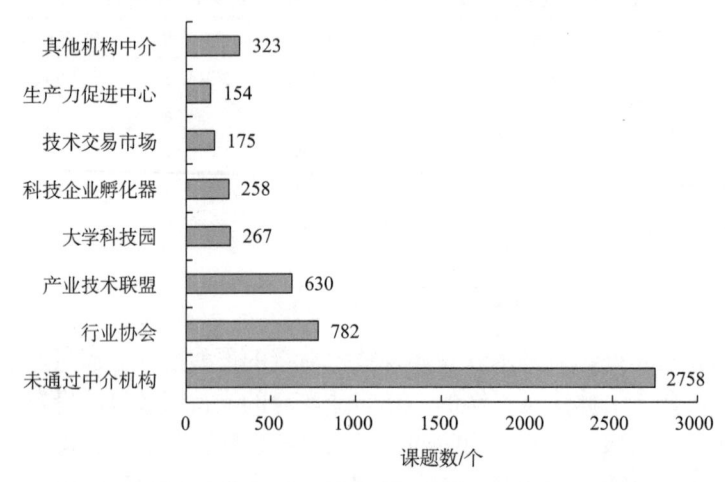

| 机构类型 | 课题数/个 |
|---|---|
| 其他机构中介 | 323 |
| 生产力促进中心 | 154 |
| 技术交易市场 | 175 |
| 科技企业孵化器 | 258 |
| 大学科技园 | 267 |
| 产业技术联盟 | 630 |
| 行业协会 | 782 |
| 未通过中介机构 | 2758 |

图 6.2　通过各类机构/中介转化成果的课题数分布（2014 年）
资料来源：《2014 年国家科技主体科技计划成果转化应用情况统计分析》
图中有部分成果是通过多种途径进行转化的

## 6.1.4　技术对接和创新人才不足

目前，中国劳动力素质和研发人力投入强度在全球仍处于落后位置，创新人才不足加大了产学研技术对接的困难。2011 年，中国每 100 劳动年龄人口中只有 11.3 人为大专以上学历，而美国平均达到 61 人，俄罗斯达到 54 人，日本达到 41 人，中国远低于这些国家；另外，中国每 10 000 就业人口中 R&D 研究人员仅有 17.2 人，远低于美国（101 人）、日本（104 人）、韩国（109 人）等国家，仅高于巴西、印度等国家。

产学研技术对接对人才提出了更高的要求，科技成果的对接需要的不仅是科技研发型人才，更需要创新型人才。而目前在产学研技术联盟中，人才培养主要集中于高等院校，企业较少参与高校人才培养，高校在创新人才的培养过程中，缺少进行项目实战的相关条件，理论与实践相结合的双向教师较少，较难培养创新型的人才和相关专业优秀人才，也更加导致了产学研技术对接的后劲不足。

## 6.2 企业主导的产学研技术联盟

### 6.2.1 企业主导的产学研技术联盟的特点

企业主导的产学研技术联盟是指以市场需求为基础,具有强大发展实力的相关企业能够与高等院校主动交流合作,由企业部门组织领导,政府和相关中介机构进行支持配合,共同实现技术创新和转移的产学研的联合发展模式。企业主导型的产学研技术联盟要求企业必须具备雄厚的资本支撑,才能保证为科研人员在研究过程中提供足够的研发经费和其他资源。资金雄厚的大型企业同时拥有着市场信息丰富、研发接近市场前沿的优点和知识局限性、体制复杂等弱点,因此,这就使得企业拥有了寻找外在科研突出的高校、科研院所进行合作研发的动机。企业主导的产学研技术联盟是在市场经济发展影响下的经济活动形式,企业是实践技术成果应用的主体,如果技术脱离了生产部门,知识将不能再为社会进步提供服务,也就失去了创新的意义。企业的自身性质决定了企业对利益最大化的追求,而利益最大化又需要在竞争的环境中才能实现。在激烈的市场竞争中,每一个企业都希望与其进行合作研发的高校或科研院所能够按照自己的实际需求进行研发,这是由企业的本质所决定的,企业需要在产学研合作联盟中占据主导地位。这种主导地位不仅有利于企业在科学技术研究方向和进展方面有主要决策权,还能使企业在合作伙伴选择、联系程度和利益分配等方面占据主动地位。当然,作为产学研合作的主导者,在享受相应权利的同时,也应承担相应义务,在整个合作过程中企业作为主导者要承担更大比例的风险。

综合来说,企业主导的产学研技术联盟的实质主要体现在:①以企业为主导,企业是产学研合作研发的决策和投资主体、技术创新活动主体和创新成果利益分配的主体;②以市场为导向,技术成果必须满足社会和市场的需求,其价值要经过市场的检验;③由政府进行推进,政府通过相关的政策、资金或技术支持等直接或间接的方式为产学研的发展发挥推动作用;④其他要素参与,单单依靠企业和市场力量并不能完成创新活动,其他创新要素如金融机构、中介机构的参与也是必不可少的。图6.3展示了企业主导的产学研技术联盟模式。

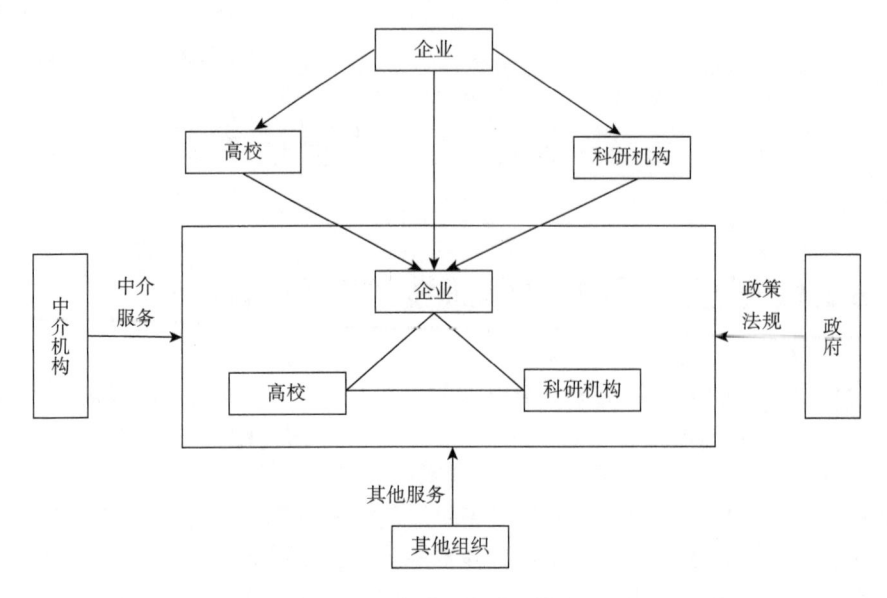

图 6.3　企业主导的产学研技术联盟

企业主导的产学研技术联盟，往往具有以下特点。

（1）行动的主动性。企业对利益最大化的不懈追求决定了企业在产学研合作和核心技术成果获取上的极大热情和动力，这种热情和动力会积极推动企业主动寻求合适的产学研合作对象，构建产学研合作技术联盟。

（2）目的的明确性。企业对自身的技术情况最了解，企业知道自己的技术需求，清楚自己对合作伙伴的期望。因此，在产学研技术联盟中能够有目的地提出自己的技术需求和合作要求。

（3）地位的主导性。产学研技术联盟的合作项目选取、合作目标、合作伙伴选择、合作方向和进程都由联盟的主导者所控制。因此，在企业主导的产学研技术联盟中，企业在创新决策、创新研究、创新实践和技术转移的全过程中均起着支配者和领导者的作用，广泛整合科研力量和各方资源，为自身创造最大化的利益。由企业来主导产学研技术联盟可以有效保证技术成果开发对市场需求的适应性，同时直接增加了获得更大市场收益的概率。

## 6.2.2　企业主导的产学研技术联盟的对接模式

1. 企业主导的产学研联盟技术对接的过程

在企业主导的产学研联盟技术对接过程中，受市场上的技术推动和需求拉动的共同影响,在企业主动组织和领导下,企业、高等院校与科研机构三方合作,完成技术创新、应用、试验、技术扩散、开发应用、宣传推广等多个环节,将科技成果转化为新产品或新工艺满足市场需求,进而促进一个产业的顺利形成。

企业主导的产学研联盟技术对接过程可以归纳为四个关键的步骤:一是技术的发明与研制,即通过与高校、科研机构进行协同创新,研发出新技术或者新思想等;二是对已完成生产的产品进行充分的开发和宣传推广,也就是企业将新的技术或思想运用于产品的生产过程中,使其生产出能够满足市场需求和实现经济效益的新产品;三是当新产品实现规模化生产后,形成大批量的商品,新产品的生产可能从一个企业扩大到多个企业;四是新产品的市场开发,实现新产品或新工艺在市场上的推广应用,当新产品或新工艺渗透到其他产业,产业技术升级也将得到进一步推进。

作为知识形态的技术成果是否能够实现生产上的重大转变,关键在于技术对接过程。从这个意义上来说,产学研完成科技成果的对接过程,实际上就是以市场需求为基础,将产学研三方共同研发的技术成果通过调查、研制、试验、生产开发和宣传推广等环节转化为有价值的产品的过程,同时,能够应对瞬息万变的市场,对市场占有率及产品的使用率进行及时的调整。从图 6.4 可以看出,产学研技术的顺利对接,要经历技术在三大主体之间的流畅对接,以技术成果从科研单位向生产部门转移为主,将合作研发成果投入生产,其次是技术在各个生产部门之间的扩散,使技术创新成果在各部门间不断渗透和再创新,以实现技术的较高收益,进而提高生产力,实现产业升级。

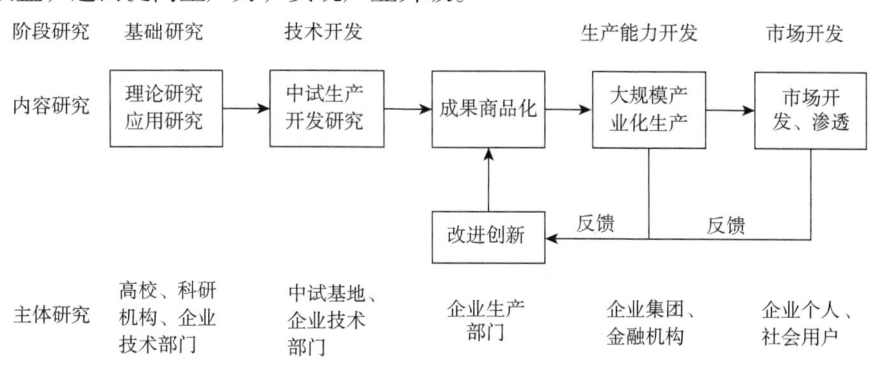

图 6.4 企业主导的产学研联盟技术对接过程

2. 企业主导的产学研联盟技术对接的典型模式

1)共建经济实体

共建经济实体是企业主导的产学研技术联盟进行技术对接采用的主要模式之

一。尤其是对于大型企业或者企业集团，为了自身长远发展的需要，在法律规范下按照现代企业制度组成一个长期合作经济实体，不仅有利于对产学研各方资源的整合，还加速了技术对接和转化。共建经济实体的主要特征表现如下：寻求能够弥补自身资源缺陷的合作伙伴，以实现资源的整合和互补，与合作伙伴之间共同承担项目风险、共同享受项目所带来的经济收益；在进行资源方面合作的同时，在市场、经营管理等各个方面实现合作；只有构建了系统完整的管理体系，产权方面才能得到明确划分，责任也会被清晰分配，以此保证各主体优势的充分投入。在共建经济体的具体实践中，对接方法一般包括股份制公司、生产联合体、有限责任公司等；另一种典型的形式是类似于中试基地、研究开发中心等的共建科研经济实体，这类共建经济实体一般存在于高等院校、科研机构或企业的内部部门。

高等院校或科研机构一般以其已完全掌握的技术创新成果、知识产权或一定量的资本参与入股共建经济实体，企业投入大量支持共建经济实体发展的资金，高校、科研机构与企业之间共同建立新的经济实体，以完成技术成果的技术对接或者使其产业化生产。新组建的经济实体按照公司法规定独立运营，与投资公司之间独立运作，但为投资公司提供所需的技术支持。新经济实体成立初期，应该从产权的角度保证发展方向的合理与稳定，促使科技成果对接和转化的实现，股本一般由高校、科研机构筛选出的具有市场价值和潜力的技术成果作价，其他的企业法人参与投资，进而实现清晰明确的资产组合。与此同时，为使高校和科研机构的优秀科研人才拥有充分的科研动力和良好的发展平台，相关机构还应设立致力于科研、学科建设、基础研究建设、学生奖学金等相关基金，企业为高校或科研机构的毕业生提供继续发展的岗位。

2）围绕龙头企业的产业链体系

国际经验表明，产业群或者产业链的形成往往以大企业为龙头，这种区域集聚能够对区域的经济发展提供支撑。着眼于当下，企业应正面迎接产业综合实力及产业配套体系等方面的竞争，在参与竞争的过程中才能不断提高自身的产业竞争能力，使得各种投入要素在区域内得以充分发挥，进而建立起围绕龙头企业的产业链或产业群体系，以支撑技术创新的深度发展和实现产业的转型升级。而产业集聚的具体目标主要包括：建立健全以具备成熟的科研能力和强大的经济实力的龙头企业为核心的产业链体系；政府不断推出适应相关企业发展的支持政策，营造良好的发展环境，为这些企业的产业链发展提供集中的支持和鼓励，以加快实现健全的产业配套体系。

产业内的大企业主导着市场，在定价、订购数量等方面都具有一定的优势，掌握着市场上的诸多主动权。一般来说，中小型企业一定程度上依赖着龙头企业生存，比较被动。在围绕龙头企业的产业链体系中，各中小企业以大企业为核心进行生产经营，向大企业提供其所需的零部件等产品，或承担一些特殊的专业职能。以这样的企业联盟模式为基础，大企业与中小企业形成相互合作的稳定关系，在合作竞争的大环境下，这种模式为技术对接提供了更好的条件。

在构建这样的企业联盟模式的过程中，需要注意以下几点：首先，政府应为企业联盟模式的实现搭建供需交流平台，加快企业需求信息的有效传递，以更快获得所需产品供应。在产业发展的过程中，中小型企业为了谋求发展更希望与龙头企业进行合作，进而参与产业链的生产环节，但是它们无从获取龙头企业的需求信息，因此，为促进产业发展，一方面需要企业间主动交流合作，另一方面还需要政府在企业间搭建适当的交流平台以提供配套的供需信息，加强大中小型企业间供给和需求的完美对接。其次，应出台相关政策支持本地化的供需对接。本地配套匮乏影响外企投资，因此应加大力度支持龙头企业这样的配套主体对本地配套企业的投资。最后，加快形成产业联盟。在中小企业之间建立分工明确、收益共享的合作模式，促进中小企业间的互通有无与共同发展，建立健全系统完善的产业联盟机制。以产业联盟为基础，增强技术上的交流合作，以减少中小企业在技术研发上的成本消耗，进而促进区域的产业发展与升级。

3）技术并购

着眼于技术的长期性，企业获取技术成果的手段一方面是自主研发，另一方面就是外部购买再开发。企业通过从外部企业购买技术资源，对其进行再创新融入已有的技术成果中，进而为自己的技术经营战略添砖加瓦，与此同时，还应加强自身的技术积累及高价值资源的储备。近年来，企业开始逐渐倾向于通过产学研联盟、并购等方式获取技术，企业内部的自主研发份额有所减少，并购在企业获取技术资源的过程中发挥了重要的作用。

当前，中国的企业多为中小型企业，总体来看，现有的经济效益规模不适合技术的进一步发展和产业的转型升级。在这种情况下，具有雄厚经济实力和强大技术优势的龙头企业可以对致力于某一专业领域发展的中小企业施行技术并购，使得企业在资金、产业资源、技术等方面实现优势互补，加大力度发掘新技术的市场发展前景，同时为被并购的中小企业提供支持，进而加快技术的创新研发。尤其是在技术、人才、实验设备等方面都拥有良好资源基础的高等院校或研发机构，由于受到诸多因素的影响，所产生的技术成果都没有获得良好的经济效益和社会价值。以技术并购的方式实现各主体之间的紧密合作，能够为科研成果显著但不占据市场优势的企业的技术提供良好的市场资源，同时使并购企业的技术水平得到提升，增强产学研合作的协同创新效应。

## 6.2.3 企业主导的产学研技术联盟的对接机制

企业主导的产学研联盟的技术对接应该以市场的创新需求为导向，以高校和科研院所为知识来源，以相关技术服务机构为纽带。在核心企业的主导下，充分发挥高校和科研机构知识源头的作用，为企业实现技术转移和模式创新提供支持，加快企业的产业链集成创新及创新集群的形成。相关的技术对接服务机构应积极探索提供新的适应发展需求的服务模式，为产业链上的各个环节的发展提供及时的服务，加强产学研合作各个主体之间的互动，实现优势互补，加快技术对接和技术产业化的实现。企业主导的产学研联盟技术对接机制可以分为技术合作机制和双向约束机制。

1. 技术合作机制

在企业主导的产学研技术联盟中，高校和科研机构在企业的主导下，与企业的技术部门、生产部门进行合作研发和创新。企业可以通过建立技术对接协调中心，对高校、科研机构、企业的技术部门和生产部门进行协调和管理。技术对接协调中心的人员应由高校、科研机构、企业技术部门和生产部门的人员共同构成；技术对接协调中心的物资主要由企业提供，尤其是高校、科研机构进行技术调试所需要的全部物资都由企业的生产部门负责，以便技术成果在技术对接协调中心进行试运行，最终能够在企业生产部门进行安全生产。企业技术对接协调中心的职能是领导、组织、控制和协调企业的生产部门和企业的技术部门与高校、科研机构之间的技术合作。企业技术对接的过程是，先由企业技术部门识别具有市场潜力且符合企业生产能力的高校、科研机构的科研成果，然后将此类科技成果移交到企业技术对接协调中心，由企业技术对接协调中心对技术成果进行试运行，如果技术试运行成功，企业技术对接协调中心则将技术成果移交给企业生产部门进行生产，如果技术试运行失败，企业技术对接协调中心则把失败原因反馈给企业技术部门，由企业技术部门和高校、科研机构的相关研发人员进行进一步研发和改进，再移交给企业生产部门进行生产实施，机制运行方式如图 6.5 所示。

2. 双向约束机制

约束机制是为了对合作成员行为进行规范，便于产学研技术联盟的有序运转，充分发挥产学研联盟的作用而经过法定程序制定和颁布执行的具有规范性要求、标准的规章制度的总称。博弈按照参与双方信息是否完全充分可划分为完全信息

第6章 产学研技术联盟的合作研发模式

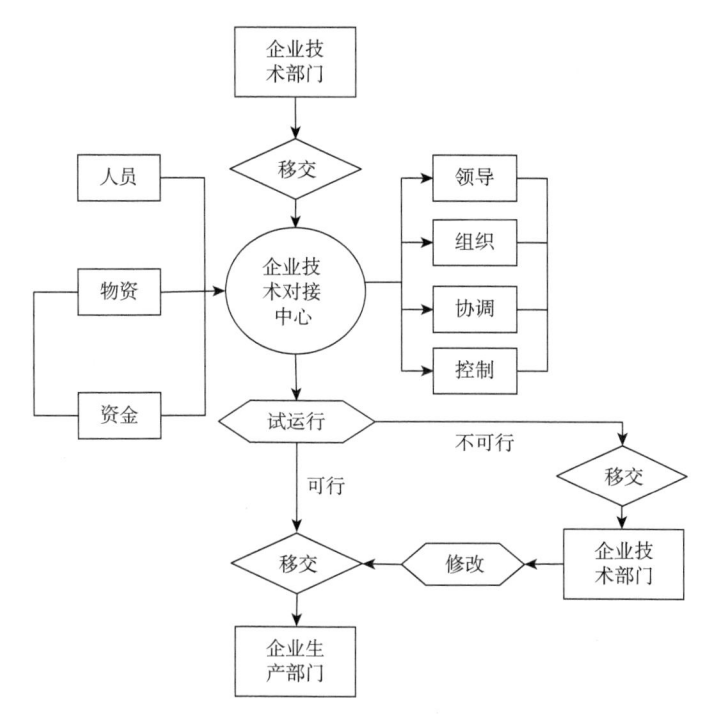

图 6.5 技术合作机制运行方式

博弈与不完全信息博弈。若起主导作用的企业对其他的参与企业了解不准确或者不全面，即为不完全信息博弈。由于各种因素合作方之间存在信息不对称、不公开等问题，双向约束机制是在产学研合作过程中合作双方用来规范彼此行为的管理机制。双向约束机制强调合作双方在签订合同时对共同的合作目标、财务指标、领导能力和行为规范等达成一致。

如由高校、科研机构专业人员和企业研发人员组成的技术研发部门和企业技术实施部门之间会相互约束，技术研发部门监督技术实施部门对技术进行实施，技术实施部门把技术实施过程中出现的问题反馈给技术研发部门，技术研发部门里的企业、高校和科研机构的专业研发人员共同对技术进行升级再创新，如图6.6所示。

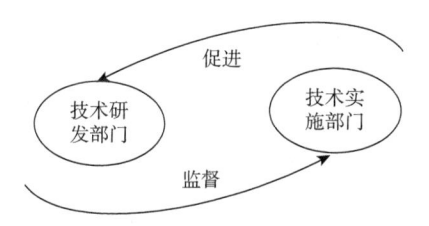

图 6.6 技术研发部门和技术实施部门的双向约束机制

## 6.3　高校、科研机构主导的产学研技术联盟

### 6.3.1　高校、科研机构主导的产学研技术联盟的特点

高校、科研机构主导的产学研合作模式是指在产学研技术联盟中,高校和科研机构的研究人员占据主导地位,决定着研究的方向和进度。各类产学研合作模式的本质在于,高校与科研机构根据自身的先进知识、优秀人才、尖端技术等,为企业核心技术的开发和升级提供支持,并且通过技术转让、专利出售及建立高新技术创业基地、技术孵化器和大学科技园等形式实现技术的对接和产业化。

在高校、科研机构主导的产学研技术联盟中,高校和科研机构发挥着主导作用,同时在协调和沟通中也处于主导地位,在合作创新的内容和目标、合作研发方式、利润分配模式等方面发挥主导作用[167]。值得注意的是,虽然高校和科研机构处于主导地位,但这和企业的技术创新的主导地位并不冲突,因为高校和科研机构所主导的各种决策是建立在对企业的需求和利益有充分考虑的基础之上的,产学研合作创新的根本目标在于获得高质量的创新成果以协助企业突破技术难题,或者是通过满足企业的技术需求进而实现技术成果的对接和产业化。图 6.7 展示了高校、科研机构主导的产学研技术联盟模式。

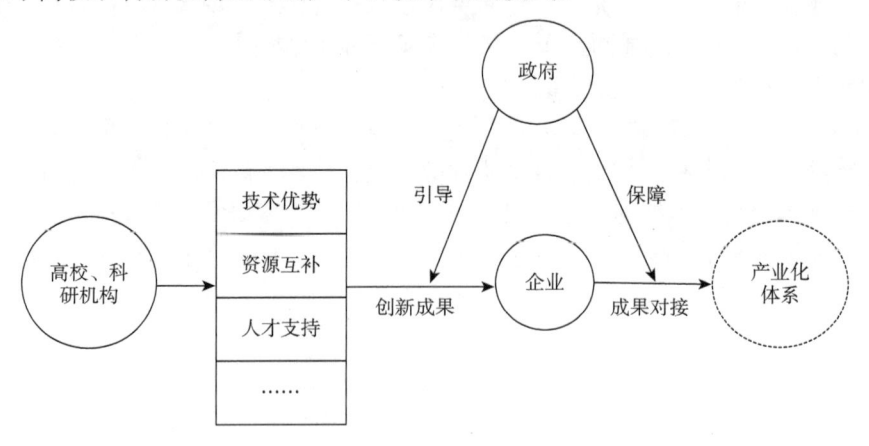

图 6.7　高校、科研机构主导的产学研技术联盟模式

高校、科研机构主导的产学研合作创新模式的特点主要有以下几方面。

第一，能够形成强有力的科技创新和产业研发实力。产学研合作主要是为了满足企业的重大技术需求，这对合作创新主体的研发能力提出了较高的要求。高校和科研机构作为学术资源的聚集地，拥有着前沿的科学知识、高素质的科研人才和先进的实验平台，具有强大的科研基础和科研实力，不仅如此，不同高校和科研机构之间还有频繁的学术联系和人才交流，使得高校和科研机构之间能够方便地实现知识、资源共享，这些都能为产学研合作打下基础。在高校和科研机构为主导的框架内，各创新主体从基础性研究入手，进一步延展至技术研发和产品创新过程，使得整个创新链条深度融合，这和协同创新的宗旨是一致的。同时，具有行业特色的、研究型的高校根据自身突出的优势性实验设备与创新平台，可针对特定的产品链条内的核心技术与环节开展深入的产学研合作创新，并且该类型的高校在学科广度和人才积累方面的优势也是其他机构和组织无法比拟的，且高校的公益性质能够使其在合作过程中淡化对经济效益的追求，而更重视获得关键技术的突破性成果。

第二，推动合作中人才的相互交流与流通。产学研合作开展的重点在于人才的流动与共享，而高校和科研机构不仅是人才的集聚地，还是人才培养和输出的地方，因此，在高校和科研机构主导的产学研技术联盟中，人才的互动和交流则更容易实现。首先，高校和科研机构本身就拥有高水平的学术研究和技术研发人才队伍，能够为产学研合作创新活动提供丰富的智力资本和人才支持。其次，高校每年培养并向社会输送大量有扎实的专业知识的毕业生，他们大多流往特定产业，而与其有密切合作研发关系的企业又是毕业生的主要去向，这就为长期的产学研合作积累了一定的人力资本，打下了重要的人际关系基础。最后，高校和科研机构的包容性和延伸性极广，为人才的交流搭建了合适的平台。

第三，加强知识供给的学研方对企业的支持力度。发挥高校和科研机构的人才和技术优势以帮助企业提高创新能力是产学研合作的重要目的之一。在高校和科研机构主导的产学研合作模式下，高校和科研机构通过主导创新的目标方向、资源配置和收益分配等能对企业的产品和市场需求有更深的了解，进而可以提供更专业和更精准的服务与支持：一方面是帮助企业进行科学决策，凭借在知识、人才、科技信息等方面得天独厚的优势，能够对前景目标和趋势发展做出精准判断，从而在战略转型升级、产品创新、工艺优化等方面为企业提供帮助和决策。另一方面，高校和科研机构主导的产学研合作模式能够推动企业技术创新。因为当高校和科研机构在产学研合作中起到主导作用后，高校和科研机构会有更强的动机向企业输出知识和技术，帮助企业解决人才问题和技术瓶颈。高校可以根据市场化需求优化对学生的培养方式，不断培养高素质的创新型人才，还能为企业提供技术培训和管理培训，从而成为企业的"人才储备中心"。高校通过面向市场的技术研发活动还能获得一定的科技创新成果,与其进行产学研合作的企业会得到这些成果的优先权,因此高校也就成为企业的"技术支持中心"。

## 6.3.2 高校、科研机构主导的产学研技术对接路径

1. 高校、科研机构在技术对接中的功能定位

首先是资源供给。高校和科研机构作为研发成果的直接供给者,不仅能够为产学研合作供给知识、科技、人力等资源,还能够为各主体提供平台以整合创新资源。在中国,大部分企业自主创新能力弱、研发实力薄弱,处于全球产业链合作低端,这多是源于其缺乏自主研发体系,而高校、科研机构可以发挥其自身优势,弥补企业现存的劣势。企业可以依靠高校、科研机构的技术转移补全自身的创新短板,实现生产技术的飞跃。高校和科研机构能够依靠特有的专业知识和创新能力优势,为地区经济提供源源不断的动力。

其次是资源整合。高校和科研机构同时为各方的资源整合提供了一个平台,相对于其他的技术创新的模式和对接方式,学研方主导的产学研协同创新有更完善的技术信息发布渠道和奖励激励机制,高校和科研机构作为产学研的主导角色,能够有效建立益于技术成果对接和转化的制度和平台,如国外的技术转移办公室、国内的科学技术成果办等;此外,一些高校为促进技术成果的对接与转化,创办了专门的奖励机制,如技术入股等。高校和科研机构为各方提供的这些平台,一方面简化了企业与创新供给方的联结渠道,有力推动高校、科研机构的人才输送,提升了科研成果成功对接转化效率和资源利用效率。

最后是基础研究与应用研究的主力军。从传统意义上讲,创新活动主要由基础研究、应用研究、技术开发三部分组成。基础研究作为整个环节的基础,是建立在研究领域的前沿和交叉学科新的生长点之上的,具有前瞻性;应用研究以基础研究为基点,在理论基础上,研究如何为新材料、新技术、新产品提供技术支持;技术开发则以前两者为出发点,在将两者结合的基础上,在实践中践行生产。具体过程可见图6.8。可见,如果基础研究和应用研究没有打下坚实基础和获得进展,技术开发就无从谈起。高校和科研机构以学术为本,其具有的知识资本处于绝对优势地位,因此理所应当地成为基础性和应用性研究的主力军。

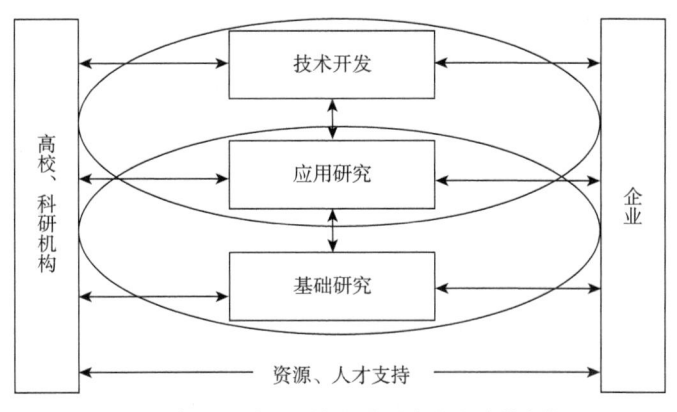

图 6.8　高校、科研机构主导的产学研合作创新链

**2. 高校、科研机构主导型产学研的技术对接路径分析**

高校、科研机构主导的产学研技术对接的实现路径主要有两条，一条是通过内部协同创新实现技术对接，另一条是通过外部协同创新实现。对于高校和科研机构来说，在内部协同创新中，高校和科研机构是主体，技术转移通过它们在知识、人才、学研等资源的互通中实现；外部协同创新则是将学研等机构与其他创新主体连接起来，如在学研机构上再加入政府、企业等主体，以实现创新。

1）内部协同创新实现路径

根据"2011计划"所提出的核心任务，人才、科研和学科是提高创新能力的关键内容，图6.9给出了内部协同创新的实现路径。

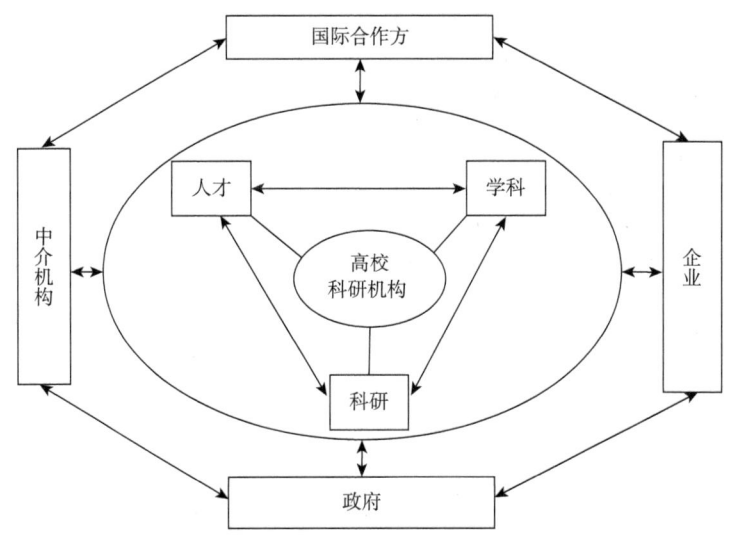

图 6.9　内部协同创新实现路径

（1）在协同创新中，高等专业技术人员是实现技术对接的关键。为此，建立以领军人才为核心的创新体系，是高校和科研机构实现对各类资源进行整合的关键一步。在创新团队的建立中，不仅要注重规章制度的合理性，还要规避以往人事管理中存在的弊端，健全创新人员评价考核机制，为创新团队的形成创造良好条件。此外，文化建设对于协同创新也至关重要，要在高校和科研机构中营造求实创新、包容开放、团结协作的氛围。

（2）学科是基础。以高校、科研机构为主导的产学研内部协同创新应以学科建设为基础。立足于国家需求，以国家重大科学问题为导向，学研方应发挥主导优势，推动协同创新中心的建立，培育自身的专业优势，实现学科前沿化、产业高级化。目前，众多领域的重大科技创新成果都是建立在不同学科的研究基础上的，且已有先进的高校、研究机构将学科交叉与融合作为获得竞争优势的重要利器。为此，中国也应当打破原有桎梏，充分发挥高校和科研机构的领头地位，促进资源的整合与共享，为学科交叉融合提供更加开放的平台。

（3）科研是支撑。科研工作在产学研合作中占据核心地位，是人才、学科和资源等要素的主导器，起到基础支撑作用。高校和科研机构要以国家需求为导向，以可持续发展为目标，以深度合作融合为方式，力求破除个人、单位和单一科研机构为模式的创新形式，构建紧密型的协同创新平台与体系，借由顶层设计，实现由单一学科分散研究向多学科联合攻关的转变，由力量分散的研究转向优势集群整合联动，逐步发展成具有国际影响力和产业共性技术的研发基地。

2）外部协同创新实现路径

高校、科研机构主导的产学研技术对接实现路径又分为校-校协同、校-政协同、校-企协同和校-所协同等四种。

（1）校-校协同。随着时代的发展，高校在经过历史沉淀后均形成了自身的优势和特色。然尺有所短，寸有所长，各高校只能在某些特定的领域具备先进的实力。在竞争不断加剧的现状下，高校之间开展合作已然成为趋势。但校-校协同与传统的校-校合作截然不同，它应该是"双方融合，互有你我"，资源互补，形成"1+1>2"的非线性效应的过程。在校-校协同中，高校要充分认清自身的优势与劣势，认真思考如何最大化自身的特长，并通过协同创新平台进一步扩大自身的优势，进而实现高校的校-校协同。

（2）校-政协同。从国家角度看，高等学校要发挥自身的责任意识，以国家需求为导向，积极寻求国家政策支持，踊跃申报国家级创新中心，创新实现具有领头作用的科技成果。高等学校要把深化教育改革作为己任，充分发挥自身特长，使学校真正成为知识创新策源地。从区域层面来看，随着经济发展需要和产业升级的压力增加，地方政府采取了诸多推进区域技术、文化建设等方面的政策以推进协同创新。高校应当乘此之势，积极争取政策优势，以发挥自身在产业技术升级中的主导作用。

（3）校-企协同。高校作为技术创新成果的直接供应者，应当构建相应的平台，实现产教融合、跨界创新，为要素流动与信息整合提供便利，实现校企双方互通有无、协同创新的新格局。高校作为协同创新的主导者，要将其效用最大化，明晰自身责任与义务，并积极主动实现与企业的互动，实现创新链上的完美衔接。高校应该充分发挥自己在知识创新上的长处，利用其在基础与应用研究上的优势为企业提供技术支持；企业应定位于创新链的下游，发挥其在市场信息和市场敏感性上的优势，与高校的知识创新无缝对接，形成知识创新和技术创新交相辉映的格局，共同实现技术的转移和转化。

（4）校-所协同。高校和科研机构作为创新体系中的两大主体，应调集各自优势强强联合，打造跨学科、跨领域的先进团队，协同创建科教融合的科研模式，以国家诉求和市场需求为导向，定向完成理论研究与应用创新。此外，高校和科研机构应相互协作，发挥各自优势共同实现外在引用技术内在化，服务地方经济和社会发展。

综上所述，高校、科研机构主导的产学研技术对接需要打破其内外的体制壁垒，促进人才、资源、信息和技术等要素的资源流动和有效聚集，实现高校、科研机构以科学研究、人才培养为导向向以市场需求为导向转变，提升创新的效率和技术对接的成功率。

## 6.3.3 高校、科研机构主导的产学研技术对接模式

1. 国外高校、科研机构主导的产学研技术对接典型模式

产学研技术对接是产学研合作过程中一个关键的环节，各国高校、科研机构主导的产学研技术对接在实践过程中都形成了自己的模式，这些模式各有差异和特点，并且引起了学者们的广泛关注。胡冬云和李林从大学技术转移与社会经济发展、大学技术转移的模式和其他国家与美国大学技术转移的比较等方面分析了高校主导的产学研协同创新如何进行技术对接和技术转移[168]；Walsh 和洪伟对美国高校主导型产学研技术转移体系做了一个比较系统的概述，还对某些特定机构在技术转移方面的具体运作和相关政策进行了研究[169]；曹受金等对比分析了美国、德国、英国、日本、韩国和印度等 6 个国家的产学研技术对接模式，发现不同国家的产学研合作模式既有相同点又有各自的差异性，比如美国和印度都有"孵化器"的技术对接模式，但两国的侧重点不同，美国模式侧重支持性服务，而印度模式侧重技术商业化活动等[170]。通过对相关文献的对比，得到如下国家高校、科研机构主导的产学研协同创新技术对接模式（表6.2）。

表6.2 国外高校、科研机构主导的产学研协同创新的技术对接模式

| 模式类型 | 主要特点 | 模式形式 | 典型案例 |
| --- | --- | --- | --- |
| 美国模式 | 合作紧密、内容广泛、稳定持久、经费有保障、应用性强等 | "企业孵化器";"高技术企业发展"模式;"科技工业园区" | 加州大学伯克利分校;哈佛大学;斯坦福大学 |
| 德国模式 | 目标稳定、过程持久、效率极大化、强务实性 | "双元制教育";"顾问合作制度";校企合作 | 德国意昂集团能源研究中心、马克斯·普朗克科学促进学会、知识交互中心 |
| 英国模式 | 创业型大学,同时追求学术卓越与"创收",将企业家思想融入办学理念 | 沃里克模式;教学公司模式 | 沃里克科学园区、牛津大学科技园 |
| 日本模式 | 强调政府行为,将产学研合作制度化和规范化 | 共同培养高级科技人才;高校组建科技园 | 筑波大学、东京大学 |
| 韩国模式 | 以共同研究为主,政府优先提供经费支持的"官产学研"模式 | 产学研共同研究体;产业技术研究组合;委托开发研究 | 釜山大学、首尔市立大学 |
| 印度模式 | 重视大学国家实验室、学术界与产业界形成了牢固关系 | 国家实验室;商业孵化器;学术咨询模式 | 印度理工大学 |

**2. 国内高校、科研机构主导的产学研技术对接典型模式**

对于国内高校、科研机构主导的产学研技术对接模式,不同学者从不同角度进行了总结和分析。在产学研合作创新中,各个高校、研究所立足实际,科学定位,敢于创新,涌现了一些特色鲜明的产学研合作技术对接模式,表6.3根据相关文献进行了总结。

表6.3 国内高校、科研机构主导的产学研协同创新技术对接模式

| 学校名称 | 产学研技术对接模式 | 模式特点 |
| --- | --- | --- |
| 清华大学 | 清华科技园;清华同方;清华紫光;国际技术转移中心 | 服务社会、推动区域自主创新,提供与国际化企业合作的窗口,以灵活多样的模式实现技术对接 |
| 南京大学 | 校办企业;南大-鼓楼高校国家大学科技园;技术转移中心 | 整合大学和社会的综合资源优势,提供科技咨询服务,为创业企业提供孵化平台 |
| 江苏大学 | "1863"合作模式 | 立足强势学科,发挥政府作用,联合地方企业,多方位、立体化的开展合作 |
| 西北农林科技大学 | 农业科技专家大院模式 | 以农业科技推广为纽带,积极与地方政府、涉农企业开展创新活动与技术对接 |
| 重庆医科大学 | "海扶"模式 | "医院临床—学校—公司—医院临床"的循环技术创新体系 |
| 中国石油大学 | 内部一体化合作模式;战略性全面合作模式 | 依托石油行业背景与石油企业开展技术对接工作 |

其中,姜丽君和李敏对研究型大学技术转移实践进行了系统分析和研究,概括和总结出研究型大学技术转移模式:成果转让、产学研结合、自办实体、委托开发等[171]。郭东妮系统整理了新中国成立以来的技术转移法律体系,以此为基础进一步分析了与高校紧密联系的四类技术转移模式,包括传统模式、技术孵化器

模式、技术创业模式等内容，并讨论了各种模式的优缺点、适用范畴，进而分析了当前法律体系的主要不足[64]。梅元红和孟宪飞研究分析了国家工程技术研究中心、大学与企业合作委员会等以高校为主导的产学研技术对接模式[172]。王伟以安徽省为例，总结分析了高校、科研机构主导的三种产学研技术对接模式，包括产学研供需对接会、专项科研项目委托研发和企业共建实体[173]。

## 6.4 产学研联盟在产业技术升级中的作用

### 6.4.1 中国产学研联盟的发展现状

1. 中国产学研合作的区域分布和地理集聚

自1990年以来，中国不断出台相关政策支持产学研联盟的发展，促使产学研在近几十年来的发展中取得了很多优秀成果，各个地区的产学研合作经费不断增加。

我们从历年的《中国科技统计年鉴》中，可以分别得到高校和科研机构从企业获得的研发资金，因此本书拟用高校和科研机构从企业获得的总研发资金来表示产学研联盟的合作经费，图6.10和表6.4分别表示了2002—2016年各地区产学研经费的变化情况和产学研经费的占比情况。

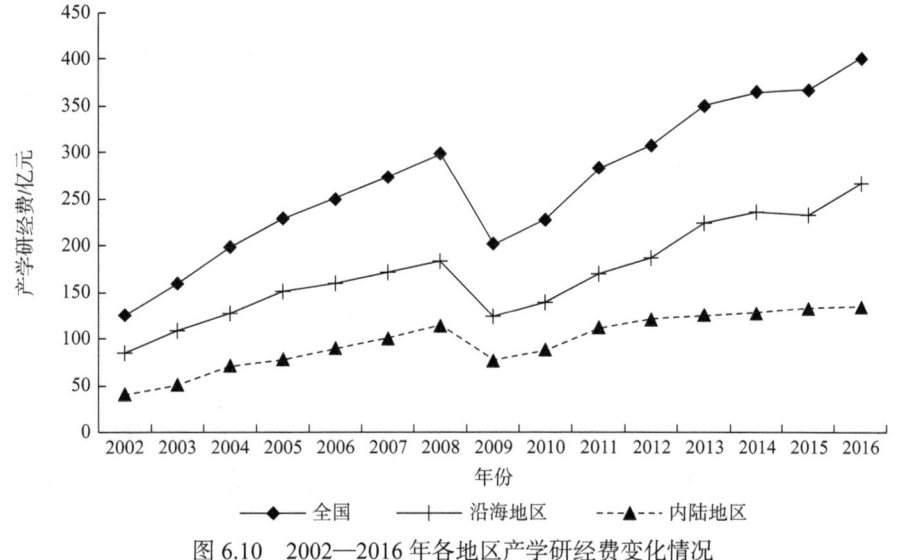

图6.10 2002—2016年各地区产学研经费变化情况
资料来源：根据《中国科技统计年鉴》（2003—2017）整理

表6.4 2002—2016年各地区产学研经费所占比例情况

| 年份 | 占全国产学研经费比例 ||| 占高校和科研机构总研发经费比例 |||
| --- | --- | --- | --- | --- | --- | --- |
|  | 沿海地区 | 内陆地区 | 全国 | 沿海地区 | 内陆地区 | 全国 |
| 2002 | 68.25 | 31.75 | 100 | 9.04 | 4.20 | 13.24 |
| 2003 | 68.67 | 31.33 | 100 | 10.36 | 4.73 | 15.09 |
| 2004 | 64.82 | 35.18 | 100 | 10.89 | 3.76 | 6.65 |
| 2005 | 66.23 | 33.77 | 100 | 10.75 | 5.48 | 16.23 |
| 2006 | 64.63 | 35.37 | 100 | 10.44 | 5.71 | 16.15 |
| 2007 | 63.80 | 36.20 | 100 | 9.29 | 5.27 | 14.56 |
| 2008 | 62.30 | 37.70 | 100 | 8.73 | 5.28 | 14.01 |
| 2009 | 62.55 | 37.45 | 100 | 8.61 | 5.15 | 13.76 |
| 2010 | 60.99 | 39.01 | 100 | 7.96 | 4.81 | 12.77 |
| 2011 | 61.25 | 38.75 | 100 | 8.68 | 5.49 | 14.17 |
| 2012 | 61.38 | 38.62 | 100 | 8.11 | 5.10 | 13.21 |
| 2013 | 64.72 | 35.28 | 100 | 8.59 | 4.68 | 13.27 |
| 2014 | 65.37 | 34.63 | 100 | 8.44 | 4.47 | 12.91 |
| 2015 | 64.08 | 35.92 | 100 | 7.50 | 4.20 | 11.70 |
| 2016 | 66.97 | 33.03 | 100 | 8.06 | 3.97 | 12.03 |

资料来源：根据《中国科技统计年鉴》(2003—2017)整理。

从全国来看，高校和科研机构所获得的产学研合作经费从2002年的125.8510亿元增加到2016年的400.9250亿元，增幅高达218.5712%；沿海地区的产学研合作经费从2002年的85.8913亿元增加到2016年的268.4896亿元，增幅高达212.5923%；内陆地区的产学研合作经费从2002年的39.9604亿元增加到2016年的132.4177亿元，增幅高达231.3723%。产学研合作经费整体在波动中呈现大幅上升趋势，且内陆地区的产学研合作经费的增速非常显著。

图6.10只能显示各个地区产学研合作经费的绝对数量的变化，为了进一步显示各地区产学研经费的相对情况，我们绘制了表6.4。表6.4展示了各个地区的产学研合作经费占全国总产学研合作经费的比例和产学研合作经费占高校和科研机构总研发经费的比例。从表中可以看出，产学研合作最活跃的区域还是集中在沿海地区，沿海地区的产学研合作经费占全国产学研经费比例从2002年到2016年维持在60%以上的占比，说明沿海地区的产学研合作始终维持着一定的规模和保持着相当的强度。从产学研合作经费占高校和科研机构中研发经费的比例来看，产学研合作并不是高校和科研机构进行研发的主要方式，产学研合作在高校和科研机构研发经费中的占比大部分年份都低于10%。分地区来看，沿海地区的产学研合作经费占高校和科研机构总研发经费比例在十五年间呈现一定的下降趋势；内陆地区的产学研合作经费占高校和科研机构总研发经费比例明显低于沿海地

区，占比均值为4.97%。这表明，沿海地区经济发达，整体研发实力强、水平高，研发设备先进，高校和科研机构具备独立研发的条件，也有更多参与跨国研发的机会，相比于内陆地区研发水平有限以及开发程度、市场化程度不高而言，其产学研经费比例也相对更高。

具体到每个省份来看，中国的产学研合作情况表现出明显的不均衡性，如图6.11所示。

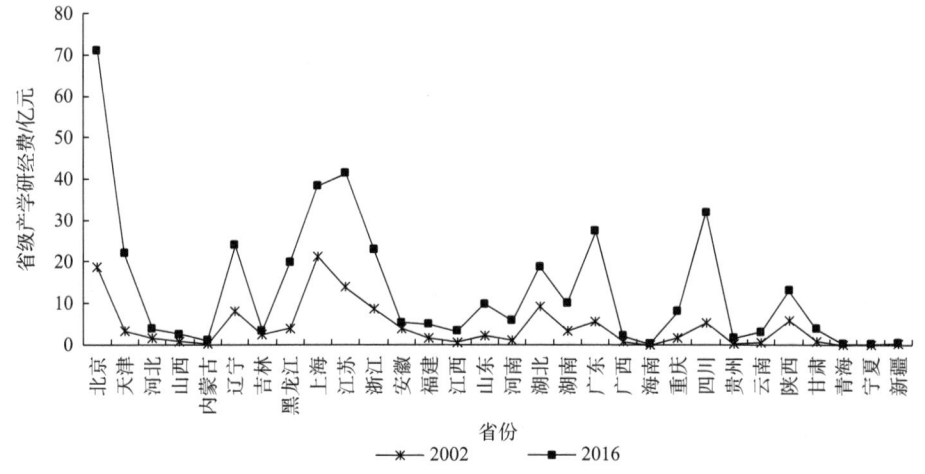

图6.11 2002年和2016年各省级产学研经费比较
资料来源：根据《中国科技统计年鉴（2003）》和《中国科技统计年鉴（2017）》绘制

十几年来，北京、辽宁、上海、江苏、广东和四川等地的产学研合作经费一直处于全国前列。2016年，北京和江苏的产学研合作经费分别高达71.2297亿元和41.3687亿元，分别占全国的17.7663%和10.3183%，其余各地均不超过10%。全国产学研合作经费的平均值为13.3636亿元，有20个省份处于全国平均水平之下。

从图6.11还能看出，2002年和2016年各个省份的产学研合作经费强度地区分布具有一定的相似性。但是从这些年的变化情况来看，部分省份还是发生了明显的变化。北京、辽宁、江苏和四川等地的产学研合作经费强度有明显的上升，如北京市的产学研合作经费由2002年的18.8236亿元增加到了2016年的71.2297亿元，增幅高达278.4064%；四川省的产学研合作经费由2002年的5.1190亿元增加到2016年的31.9699亿元，增幅高达524.5341%。

图6.10和图6.11对中国产学研合作的区域分布情况进行了一个比较直观的描述，下面我们将用集中率（$CR_n$）来对产学研合作的地理集聚进行分析。集中率（$CR_n$）表示排名前$n$名的省份的产学研经费占全国总的产学研经费的份额，集中率的值越大，说明集中度越高，越趋于垄断；集中率的值越小，说明集中度越

低，越趋于完全竞争。

表6.5 2002—2016年产学研合作经费的集中度（单位：%）

| CRn | 2002年 | 2004年 | 2006年 | 2008年 | 2010年 | 2011年 | 2012年 | 2013年 | 2014年 | 2015年 | 2016年 |
| --- | --- | --- | --- | --- | --- | --- | --- | --- | --- | --- | --- |
| CR3 | 42.97 | 34.65 | 40.93 | 38.26 | 36.08 | 35.94 | 33.79 | 35.63 | 36.15 | 36.21 | 37.63 |
| CR4 | 50.32 | 41.74 | 47.36 | 44.99 | 44.60 | 44.82 | 41.58 | 43.14 | 43.07 | 44.10 | 45.60 |
| CR8 | 72.82 | 67.15 | 69.24 | 69.60 | 65.96 | 66.83 | 65.19 | 67.37 | 67.45 | 67.55 | 69.67 |

资料来源：《中国科技统计年鉴》（2003—2017）

美国学者贝恩等和日本学者植草益分别将30%和40%作为CR4和CR8区分寡占型和竞争型的标准，高于标准的为寡占型，低于标准的为竞争型[174, 175]。表6.5显示，2002年到2016年的CR3均高于30%，且CR8高于40%，因此中国的产学研经费的区域分布集中度属于寡占型。

日本学者植草益进一步将寡占型分为极高寡占型和中高寡占型，分别指CR8＞70%和40%＜CR8≤70%两种情况。从表6.5可以看出，2002年的产学研合作经费集中率属于极高寡占型，其余年份则属于中高寡占型。总体来说，中国产学研经费的区域集中度在逐渐下降，说明近年来中国的产学研区域分布有扩散的趋势。

2. 产学研合作的成果及其流向领域

2016年，科学技术部对一系列产学研合作的相关项目形成的成果转化应用情况进行了调研，据调查，9302个课题产出形式丰富。以课题最多可填写3种核心成果形式为准统计，核心成果是有创新型的技术类成果的占68.2%，主要有新产品、新材料、新工艺等；课题核心成果包含专利的占49.6%（有专利申请的课题占总数的71.2%，其中有发明专利申请的占68.8%）；57.2%的课题核心成果包括知识性成果，主要是论文、著作、研究（咨询）报告等；22.6%的课题核心成果是建立示范工程、技术支撑平台（数据库、技术研发/推广平台）。

高等学校、科研院所、企业是上述国家科技计划的承担主体，牵头承担的课题分别占44.6%、26.2%、25.8%。从课题承担单位看，企业牵头的课题以技术类为主，近90%的科研成果为新产品、新工艺等。高校和科研机构牵头的课题的主要成果类型相似，主要包括论文著作、研究报告、技术类成果、专利等（图6.12）。这说明，不同的产学研合作主体所侧重的成果类型不同，企业也在积极寻找适应发展的方式，围绕国家的相关政策支持，重点解决自身所存在的技术难题，针对技术、工艺、产品、管理模式等各重要环节的创新，在高校及科研院所的支持下逐渐靠近行业发展的技术前沿，力求不断取得技术上的创新与突破，跨出产业升级的一大步。

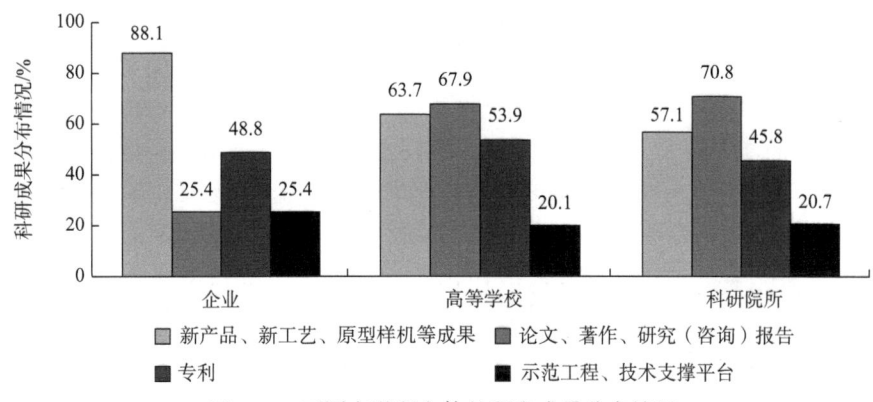

## 第 6 章 产学研技术联盟的合作研发模式

图 6.12 不同产学研主体的研发成果分布情况

资料来源：根据《2016 年科技统计报告》绘制

从产学研合作项目的成果流向来看，科研成果主要涉及环保、能源、卫生、社会发展和社会服务等四个领域。此外，973 计划和重大科学研究计划最主要的目标领域是非定向研究，863 计划和科技支撑计划课题分别在工商业发展、农林牧渔业发展领域占有较高比例。重大专项的目标领域主要是卫生、农林牧渔业、社会发展和社会服务、生态环境及污染防治、工商业发展，如图 6.13 所示。产学研合作的成果主要包括两类：一类是开发行业内的前沿科学技术，力求取得新技术、新材料、新工艺、新设备、新产品等，该类技术成果将对行业原有的技术、工艺、材料、生产方式等做出很大的改变，进而提高产品的性能和经济效益等以促进产业的转型升级；另一类是将各个行业或学科的相关技术进行融合，例如，发展迅速的计算机信息技术与传统的企业经营管理体制相互融合，更新升级原有的落后管理体系，对各领域的先进成果进行整合提升，对传统产业的改良也意义巨大。

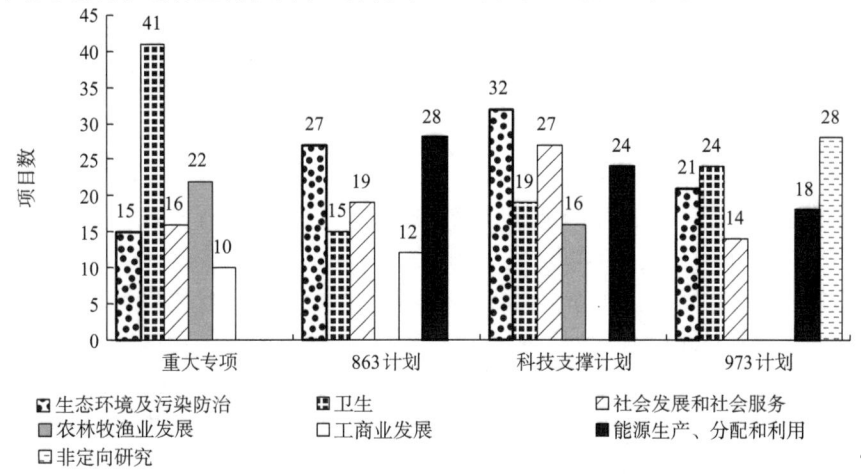

图 6.13 各类产学研项目成果的主要领域

资料来源：根据《2016 年科技统计报告》绘制

3. 产学研联盟促进产业升级的问题分析

从现状来看,产学研联盟促进产业升级还存在着几点突出问题。

第一,资金不足带来的科研困境。产业技术升级离不开高新科学技术的支持,但是高新科学技术的研究与发展必须要以充分的科研资金为基础。虽然目前政府对高校的科研成果的研究发展设立有相关的支持政策和财政补贴,然而,目前的资金支持依然有限,政府所提供的资金并不能完全满足企业进行技术创新的需要。同时,一些想要进行技术创新的中小型企业经济实力单薄,很难实现融资,更不能对高校或科研机构对企业核心技术的研究开发提供资金上的补贴,另外产学研联盟及相关的技术创新活动也面临着复杂的挑战,这无疑加大了产学研联盟面临的资金困境。

第二,高校内部的评价和激励机制问题。首先,在高校中,教师的科研成果数量仍然是对教师进行评价的主要参考,在教师的考核和激励机制中,并没有包含科研成果投入生产后的效益和对技术升级发挥的作用大小。高校教师和科研人员过多考虑科研成果带来的荣誉,更加看重自身的学术成果和自我价值的提升,所以他们在科研工作中更加重视论文和专著等成果,忽略了科研成果投入使用后的价值。其次,在对教师或科研人员进行职称评定的过程中对科研成果的应用情况重视不足,使得他们缺乏将科研成果促进技术升级作为科研目标的动力。

第三,政府的干预机制不完善。在相关法律法规的制定和实施的过程中,政府一方面保护市场经济,另一方面支持科学技术创新。从目前中国的市场经济环境来看,和产学研协同创新相关的法律、政策等外部环境是产学研联盟是否能良好发展的重要影响因素。但是,目前各级政府主管部门更加注重自身基层单位的利益情况,各主管部门与高校或科研机构之间缺乏交流合作,没有形成统一的协调管理机制。

## 6.4.2 产学研联盟对产业技术升级的影响机理

产学研联盟指的是,为了进行前沿的科学技术创新,企业、知识生产机构和中介机构等主体进行整合优化的创新组织模式[176]。各微观创新主体之间共同交流,合作实现技术升级。在产学研的合作模式下,企业与高校或科研机构之间互相交流所需的资源、技术和信息等,借助区域内特有的优势和自身的特点,以核心技术的创新升级和新技术的研发为目标,致力于促进技术的升级与深度发展,进而提高企业的竞争地位,并在区域内进行技术的扩散和转移,带动其他的企业共同实现创新与进步,促使技术的模仿和扩散及再创新,同时通过区域间的共同创新网络加强交流与技术的互补,以实现区域内技术水平、生产率、产业发展的进一步提升。区域内相关创新主体的协同创新促进技术升级的方式主要有如下几种。

第一，全面整合相关的研发资源。对于单个企业而言，缺乏特定的知识或资源往往制约了企业的技术发展，而协同创新中其他合作伙伴则为其缺乏的资源、知识、新技术和人才获取提供了渠道和外部支援[177]。协同创新为参与各方提供了一个资源共享的创新平台，企业可以更加便利地获取所需的资源、技术或前沿的技术创新情况、市场信息等，也促使创新主体提高了在原有技术和资源水平的基础上整合外部知识和技术等实现再创新的能力，进而全面系统地提高企业自身的技术创新能力。

第二，技术溢出效应。创新外溢提高了生产率、实现了报酬递增的同时，促进了经济的持续增长[178]，尽管外溢的知识具有部分公共产权的特性，但各国创新的实践表明，"个体理性与集体非理性"的矛盾而导致的创新"锁定效应"并没有出现，溢出效应仍然会显著促进技术进步和技术创新[179]。协同创新外溢程度最强，这种协同创新外溢效应显著存在于高校、科研机构和企业之间及企业与企业之间[180,181]。随着空间经济学的发展，学者们发现协同创新还能产生空间外溢效应，该效应可以引发创新要素的动态集聚，加强区域创新资源整合，降低创新生产平均成本，产生规模经济效应，提高生产效率[182,183]。

第三，人才培养和人力资本积累效应。根据 Benhabib 和 Spiegel 的观点，人力资本一方面能够决定技术创新的能力，另一方面能够对一国技术追赶与技术扩散的速度造成影响，进而影响全要素生产率[184]。协同创新除高校、科研机构和产业部门外，还集成了人才培养、科学研究和产业发展三个方面[185]。与纯粹的知识学习不同，协同创新能够为科研人员提供跨专业学习的对接平台，使科研人员在理论联系实际的过程中了解市场需求、积累相关经验、技能和知识，为产业技术升级提供人才储备。因此，协同创新对于技术升级有着重要的作用。为更直观地辨析产学研促进产业技术升级的机理，延续 Coleman[186]思路，构建了"浴缸"式的理论框架，如图 6.14 所示。

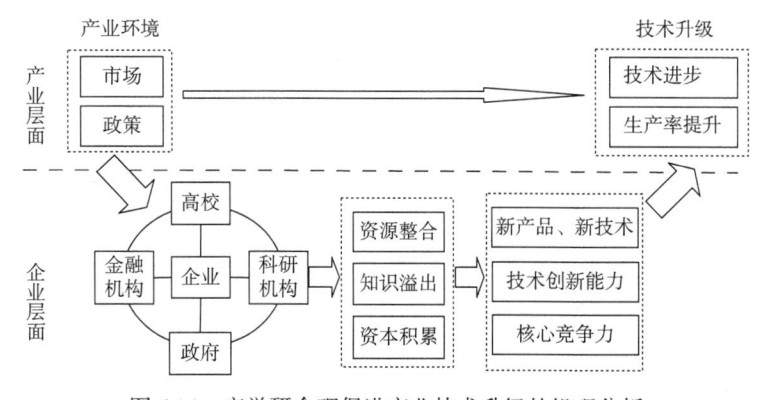

图 6.14 产学研合理促进产业技术升级的机理分析

### 6.4.3 产学研联盟的技术升级效应检验

本部分将运用实证研究对产学研联盟对产业技术升级的推动作用进行检验，为之前的理论分析提供支持。

1. 研究设计

1) 变量选择与测量

被解释变量：产业技术升级。生产率的提高是技术升级的最直接的结果，而学术界对生产率的测算普遍采用全要素生产率（total factor productivity，TFP）。全要素生产率主要反映了生产函数中除去资本、劳动等要素投入外由技术进步、效率提升以及管理等因素的变化带来的生产水平的提升，因此，这里对于产业技术升级的衡量采用各地区产业的全要素生产率。

根据 Färe 等[187]和 Caves 等[188]的方法，Malmquist 生产率指数可表示为

$$M_i^t = \frac{D_i^t(x^t, y^t)}{D_i^t(x^{t+1}, y^{t+1})} \quad (6.1)$$

$D_0$ 是产出的距离函数，表示从 $t$ 到 $t+1$ 时期的技术效率变化。类似地，对于在时间 $t+1$ 的技术条件下，从 $t$ 时期到 $t+1$ 时期的技术效率变化可以表示为

$$M_i^{t+1} = \frac{D_i^{t+1}(x^t, y^t)}{D_i^{t+1}(x^{t+1}, y^{t+1})} \quad (6.2)$$

为了避免式（6.1）和式（6.2）可能造成的使用上的混乱，以 Malmquist 生产率指数的几何平均值测算生产率变化，如果该指数大于 1，说明从时期 $t$ 到 $t+1$ 时期的全要素生产率是增长的，即

$$\begin{aligned} M_0(x^{t+1}, y^{t+1}; x^t, y^t) &= \left[\frac{D_0^t(x^{t+1}, y^{t+1})}{D_0^t(x^t, y^t)} \times \frac{D_0^{t+1}(x^{t+1}, y^{t+1})}{D_0^{t+1}(x^t, y^t)}\right]^{\frac{1}{2}} \\ &= \frac{D_0^{t+1}(x^{t+1}, y^{t+1})}{D_0^t(x^t, y^t)} \left[\frac{D_0^t(x^{t+1}, y^{t+1})}{D_0^{t+1}(x^{t+1}, y^{t+1})} \times \frac{D_0^t(x^t, y^t)}{D_0^{t+1}(x^t, y^t)}\right]^{\frac{1}{2}} \quad (6.3) \\ &= \text{EF}(x^{t+1}, y^{t+1}; x^t, y^t) \cdot \text{TC}(x^{t+1}, y^{t+1}; x^t, y^t) \end{aligned}$$

Malmquist 生产率指数可以分解为技术效率指数 EF 和技术进步指数 TC，其中，技术效率指数 EF 需要满足规模报酬不变且要素自由处置，表示从时期 $t$ 到时期 $t+1$ 每个观察对象到最佳实践边界的追赶程度；技术进步指数 TC 又可以分解为规模效率变化指数和纯技术效率变化指数，表示从时期 $t$ 到时期 $t+1$ 的技术边界移动。判断 $t$ 到 $t+1$ 时期全要素生产率的变化关键是比较 Malmquist 生产率指数与 1 的大小关系。

测算 Malmquist 生产率指数需要投入与产出的相关数据,这里我们以各省的地区生产总值表示产出变量并以 2001 年为基期进行平减消除价格因素,以各省年末就业人员数表示劳动力投入,而资本存量采用永续盘存法进行估计。将张军等[189]研究中得出的各省 2000 年固定资产存量折算为 2001 年为基期的资本存量(折旧设为 9.6%),之后再算出其他各年各省的资本存量。

解释变量:产学研联盟的情况(collab)。产学研联盟的情况我们采用企业资金占高校和科研机构研发资金的比值来表示。

控制变量:本书相关的控制变量有研发资本投入(rdinput)、人力资本(human)、经济规模(gdp)和开放程度(import)。

研发资本投入:企业的 R&D 活动不仅会影响当前的知识生产,其知识积累还会对未来的知识生产产生作用,因此研发资本具有积累效应,所以,本书采用永续盘存法对研发资本投入进行测算。具体的计算方法为:$RD_{it} = (1-\delta)RD_{i(t-1)} + E_{it}$,其中 $RD_{it}$ 和 $RD_{i(t-1)}$ 分别表示各省 $t$ 时期和 $t-1$ 时期的 R&D 资本存量,$\delta$ 为折旧率,其值参考吴延兵的研究,为 15%[190];$E_{it}$ 为各省研发经费内部支出,通过研发价格指数对 R&D 经费支出进行平减得到。初始资本存量的计算公式为:$RD_{i0} = E_{i0}/(g+\delta)$,$RD_{i0}$ 表示初期的研发资本存量,$E_{i0}$ 表示初期的 R&D 经费支出,$g$ 表示年平均增长率。

人力资本:目前学术界对于人力资本的衡量主要有三种,一是用公共教育开支表示,二是用各省的平均教育年限来衡量,三是用各省的文盲率来表示。Mulligan 和 Sale-I-Martin 首次将教育和劳动力收入相结合对人力资本进行衡量,此后国内在相关研究中多用受教育年限法对人力资本进行衡量,考虑到数据的可获取性,本书也采用受教育年限法对各省的人力资本水平进行衡量,该方法的计算公式为:$labor_i = p_{i1} \times 6 + p_{i2} \times 9 + p_{i3} \times 12 + p_{i4} \times 16$。其中,$p_{i1}$、$p_{i2}$、$p_{i3}$ 和 $p_{i4}$ 分别对应着 $i$ 省份受教育程度为小学、初中、高中、大专及以上的就业人口比重,权重[191]用各阶段总的受教育年限表示。

经济规模:由于不同地区的经济规模不同,为了考察不同的经济规模对产业技术升级带来的影响,本书用各省的人均地区生产总值来衡量各省的经济规模。具体地,利用消费价格指数且以 2001 年为基期平减为可比价格。

开放程度:开放程度可以用各省的进出口水平来衡量,具体可以采用各省生产总值中进出口总量占比表示。

2)模型的设定

为了检验协同创新对产业技术升级的影响,本书的计量模型构建如下:

$\ln y_{it} = \alpha + \beta_1 collab_{it} + \beta_j \ln rdinput_{it} + \ln human_{it} + \ln gdp_{it} + import_{it} + u_{it} + \varepsilon_{it}$

其中,$y_{it}$ 为地区 $i$ 在第 $t$ 年产业技术升级的情况;$collab_{it}$ 为主要解释变量,表示

地区 $i$ 在第 $t$ 年的协同创新水平；而 $rdinput_{it}$、$human_{it}$、$gdp_{it}$ 和 $import_{it}$ 为相关控制变量；$u_{it}$ 为不可观测的地区异质效应；$\varepsilon_{it}$ 为随机扰动项。

3）数据来源

本书选取 2001 至 2012 年中国 29 个省份的面板数据，数据源于《中国统计年鉴》和《中国科技统计年鉴》，其中将重庆与四川省的相关数据合并进行分析，西藏地区由于数据缺失较多予以剔除。相关变量的描述性统计结果由表 6.6 列出。

表6.6　相关变量的描述性统计

| 变量 | 观测数 | 均值 | 标准差 | 最小值 | 最大值 |
| --- | --- | --- | --- | --- | --- |
| Y | 348 | 7 774.22 | 7 253.99 | 300.14 | 42 503.22 |
| labor | 348 | 2 434.679 | 1 704.883 | 240.333 8 | 7 197.198 |
| capital | 348 | 18 196.45 | 17 238 | 854.145 9 | 99 461.39 |
| collab | 319 | 0.154 | 0.091 | 0.003 | 0.420 |
| lnrdinput | 319 | 14.438 | 1.479 | 10.780 | 17.317 |
| lnhuman | 319 | 2.185 | 0.141 | 1.831 | 2.599 |
| lngdp | 319 | 9.775 | 0.653 | 8.084 | 11.194 |
| import | 319 | 0.357 | 0.438 | 0.046 | 1.732 |

2. 实证结果分析

由于产业技术升级与创新之间可能存在相互影响[192]，若采用静态面板估计模型，无论是固定效应模型还是随机效应模型都无法解决内生性的问题，这样估计结果将产生偏差，不具有可靠性。因此，本书根据 Arellano 和 Bover 的方法，运用系统广义矩估计（general method of moments，GMM）和差分 GMM 进行分析以解决内生性的问题[193]。

本书使用 Stata 12.0 软件对模型进行估计，表 6.7 列出了估计结果。从表 6.7 的结果可以看出，产业技术升级会受到之前技术水平的影响，AR（2）检验结果表明未通过显著性检验，即两个模型均不存在序列相关问题。Sargan 检验表明工具变量不存在过度识别的情况，因此模型是合理的。根据回归结果，证明了前文的理论分析，即产学研联盟促进了企业与学研方之间的资源有效整合，也进一步提高了技术创新在市场中的实用性情况，最终促进了技术升级。

表6.7　产学研联盟对技术升级影响的回归结果

| 变量 | 模型一 差分 GMM | 模型二 系统 GMM |
| --- | --- | --- |
| TFP（-1） | 0.993***（0.038） | 1.199***（0.043） |
| collab | 0.041***（0.016） | 0.035**（0.018） |
| lnrdinput | -0.059***（0.013） | -0.052***（0.006） |

续表

| 变量 | 模型一 差分 GMM | 模型二 系统 GMM |
| --- | --- | --- |
| lnhuman | −0.027（0.035） | −0.015（0.023） |
| lngdp | 0.043**（0.022） | 0.061***（0.008） |
| import | 0.036***（0.009） | 0.087***（0.006） |
| 常数 | 0.434***（0.065） | 0.121***（0.036） |
| AR（2）$P$ 值 | 0.352 | 0.593 |
| Sargan 检验 $P$ 值 | 0.978 | 0.998 |

注：括号中的数值为 $t$ 统计量

***表示 1%的显著性水平，**表示 5%的显著性水平

# 第7章 基于科技中介平台的合作研发机制

## 7.1 科技中介平台的主要类型和构成

### 7.1.1 生产力促进中心

生产力促进中心是科技中介服务体系的核心。在政府的鼓励支持下，其为众多中小型企业提供全面系统的配套服务，辅助企业建立健全完善的技术创新机制，增强企业技术创新能力和在市场中的竞争优势，作为政府与企业、企业与企业间的中介平台，可以有效地实现科技成果的对接，使其最大限度地转化为现实生产力，从而提高全社会的生产力水平，实现产业技术升级。

1992年中国成立第一家生产力促进中心，经过多年的探索和实践，中国31个省、自治区、直辖市（不含港澳台）已经建立了相对完整的生产力促进中心体系，为科技中介平台服务体系的发展积累了经验和有效模式。

生产力促进中心数量整体呈增长趋势（图7.1），但近年来增速平缓，与2013年相比2014年增速仅为0.3%，与2015年相比，2016年则下降了2.9%。就区域而言，东部地区生产力促进中心所占比例最高，为610家，约占全国的32%，包含10个省市自治区，平均每省61家，东北三省生产力促进中心为187家，约占全国总量的10%，平均每省约62家（图7.2）。东部沿海地区对中小企业扶持力度较大，但东北地区由于人才流失、产业转型遭遇"瓶颈"等，近年来经济发展增速并不理想。

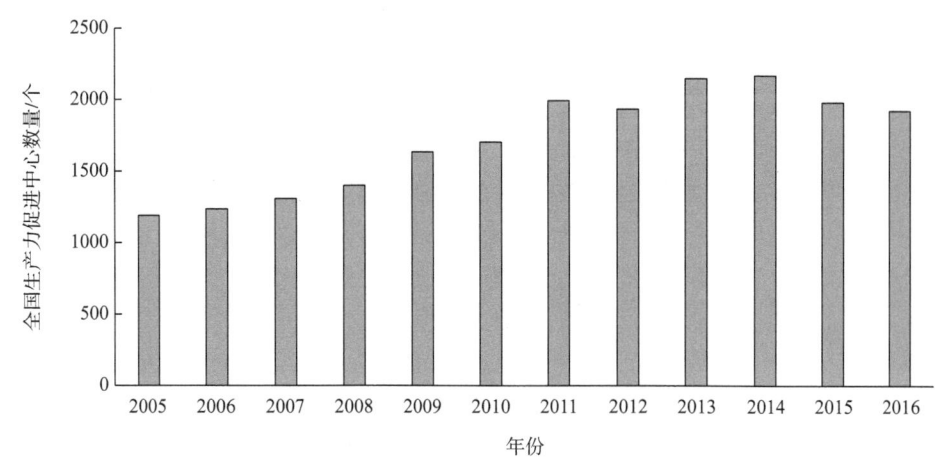

图 7.1　2005—2016 年全国生产力促进中心数量情况

资料来源：根据《中国火炬统计年鉴（2017）》绘制

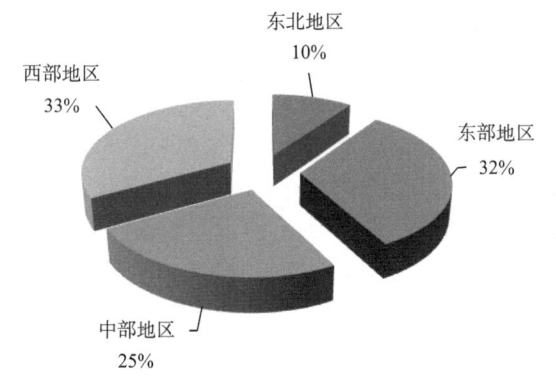

图 7.2　2016 年全国生产力促进中心区域分布图

资料来源：根据《中国火炬统计年鉴（2017）》绘制

中国生产力促进中心定位于深化经济、科技体制改革，是不以营利为目的的新型技术创新与服务机构，大致可分为区域性生产力促进中心、国家部委下的研究院生产力促进中心、行业生产力促进中心和国有特大型企业生产力促进中心等。

生产力促进中心的职能包括：①政府相关职能的延伸。在市场经济体制确立后，政府的作用由直接调控参与转为间接管理的宏观调控。在技术成果转化方面，生产力促进中心承担起了政府的部分职能。②为中小型企业的技术创新和发展提供有力的支持。当地的生产力促进中心联结科技界与企业界，集科技资源、信息平台于一体，为中小型企业的发展和技术孵化提供有力支撑，功不可没。③助力科技成果转化，发挥推进器的功效。通过对社会资源的整合，向中小企业提供技术信息、咨询、转让等咨询服务，亦可提供人才培养，在上述服务中，提升中小企业的技术能力和市场竞争力，为产业升级助力。

## 7.1.2 企业孵化器

依靠技术进步和技术创新，促进产业技术升级和经济增长方式转变是中国参与国际竞争、建设创新型国家与和谐社会的战略选择。"发展高技术、实现产业化"是实施这一战略的重要手段[194]。近年来实践表明，企业孵化器是提升科技能力和实现技术升级的重要环节，在推动中国产业升级与可持续发展、完善国家和区域创新体系、繁荣经济等方面发挥着重要作用。

企业孵化器又称创业服务中心，是为企业提供全方位的科技研发、生产经营空间、办公网络等共享设备、培训、融资、宣传推广等服务支持的中心机构。企业孵化器旨在辅助创业企业在发展的过程中减少成本消耗、降低运营风险，提高企业的创业成功率。企业孵化器以加快科技成果转化为现实生产力、培养高新技术企业和企业家、引领特定区域的产业发展为目标，对提高国家和地区创新体系，实现产业技术升级具有举足轻重的作用[195]。

从1987年中国第一家企业孵化器宣告成立以来，中国科技企业孵化器取得长足快速的发展。经过20多年的发展，政策环境有所改善，企业孵化器规模与数量都显著增加。截至2016年，全国科技企业孵化器已达到3200余家（其中国家级859家），服务和管理人员达212.1万人，孵化面积10 732余万平方米。即使在金融危机的冲击下，孵化器数量和孵化面积仍呈增长趋势，带动中国科技创业活动蓬勃发展（图7.3）。

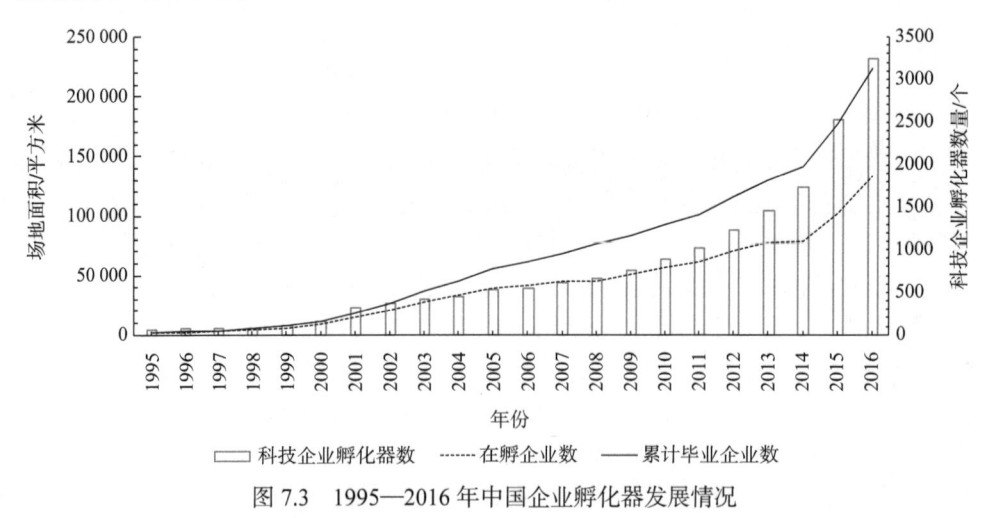

图7.3 1995—2016年中国企业孵化器发展情况

资料来源：根据《中国火炬统计年鉴（1996—2017）》

企业孵化器在将科技资源迅速高效转化为社会生产力、培育有自主知识产权的科技型中小企业和企业家、优化产业结构、推进产业技术升级步伐等方面做出了积极贡献，取得了辉煌成就。但与此同时，伴随着中国科技企业孵化器的迅猛发展，其在运行过程中逐渐出现一些问题，如孵化服务不够专业、整合资源能力较弱，收入渠道单一、承担较多政府服务、入孵标准和毕业标准较多、仅限于提供物业和科技政策咨询服务、孵化融资服务成果较差等[196]。因此，为了引导和规范企业孵化器的发展，对各省市和区域孵化器的运营水平进行评价显得尤为重要，可在评价的基础上提出各地区企业孵化器的发展和改进措施。

下面以 2013—2016 年各区域科技企业孵化器的运营效率为例进行评价和分析，并提出有利于企业孵化器发展和运营的相应政策建议。科技企业孵化器通过人力、财力、物力三类资源投入实现运营。根据上述特征建立科技孵化器运行效率指标体系，如表 7.1 所示。

表7.1 科技企业孵化器的投入与产出指标体系

| 准则层 | 因素层 | 指标层 |
| --- | --- | --- |
| 投入指标 | 人力投入 | 从业人数 $X_1$/人 |
|  |  | 创业导师数 $X_2$/人 |
|  | 财力投入 | 累计公共技术服务平台投资额 $X_3$/千元 |
|  |  | 孵化器的孵化基金总额 $X_4$/千元 |
|  | 物力投入 | 场地面积 $X_5$/米$^2$ |
| 产出指标 | 孵化效率 | 累计毕业企业数 $Y_1$/个 |
|  | 经济成果 | 孵化器总收入 $Y_2$/千元 |
|  | 社会成果 | 新增就业岗位 $Y_3$（孵化器人数+在孵企业人数）/个 |
|  | 创新成果 | 获批知识产权数 $Y_4$/项 |

在对各省区市企业孵化器的效率评价中，由于企业孵化器运行机制相对复杂，无法准确描述生产函数。为解决上述问题，使用数据包络分析（data envelopment analysis，DEA）模型中基于投入导向型的 BCC 模型评价其运营绩效，中国 29 个省区市[①]的企业孵化器运行效果如表 7.2 所示。

为分析中国各省区市科技企业孵化器运行效率的情况，本书对各地企业孵化器的综合效率、纯技术效率和规模效率进行了比较，结果如图 7.4 和表 7.2 所示。总体而言，全国国家级科技企业孵化器综合效率均值为 0.971，纯技术效率均值为 0.994，规模效率均值为 0.976。其中，达到 DEA 有效的省区市达 20 个，占总数的 68.96%。说明全国国家级孵化器的运作效率整体水平较高，大多数科技企业孵化器的资源投入与产出匹配。分地区而言，东北地区的企业孵化器效率相对较低，

---

① 由于海南和西藏两地的数据不全，本书测算企业孵化器运行结果时剔除了海南和西藏。

辽宁和吉林均处于规模报酬递减状态，综合效率均值仅为 0.932，纯技术效率均值为 0.957，规模效率为 0.973，均低于全国平均水平。企业孵化器的运行效率低主要原因在于管理、技术没有发挥到最佳水平，纯技术效率较低，部分投入未达到最适产出量，资源未有效利用。

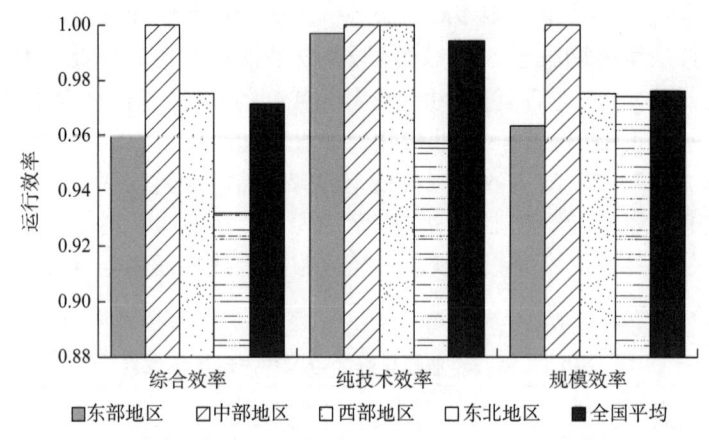

图 7.4 各区域科技企业孵化器运行效率比较图

表7.2 各省市科技孵化器运行效率综合评价

| 地区 | 综合效率 | 纯技术效率 | 规模效率 | 规模报酬 |
| --- | --- | --- | --- | --- |
| 北京 | 1.000 | 1.000 | 1.000 | crs |
| 天津 | 0.984 | 1.000 | 0.984 | drs |
| 河北 | 0.927 | 0.969 | 0.957 | drs |
| 山西 | 1.000 | 1.000 | 1.000 | crs |
| 内蒙古 | 1.000 | 1.000 | 1.000 | crs |
| 辽宁 | 0.951 | 1.000 | 0.951 | drs |
| 吉林 | 0.844 | 0.870 | 0.970 | drs |
| 黑龙江 | 1.000 | 1.000 | 1.000 | crs |
| 上海 | 1.000 | 1.000 | 1.000 | crs |
| 江苏 | 1.000 | 1.000 | 1.000 | crs |
| 浙江 | 0.959 | 1.000 | 0.959 | drs |
| 安徽 | 1.000 | 1.000 | 1.000 | crs |
| 福建 | 1.000 | 1.000 | 1.000 | crs |
| 江西 | 1.000 | 1.000 | 1.000 | crs |
| 山东 | 0.767 | 1.000 | 0.767 | drs |
| 河南 | 1.000 | 1.000 | 1.000 | crs |
| 湖北 | 1.000 | 1.000 | 1.000 | crs |
| 湖南 | 1.000 | 1.000 | 1.000 | crs |
| 广东 | 1.000 | 1.000 | 1.000 | crs |
| 广西 | 1.000 | 1.000 | 1.000 | crs |

续表

| 地区 | 综合效率 | 纯技术效率 | 规模效率 | 规模报酬 |
| --- | --- | --- | --- | --- |
| 重庆 | 1.000 | 1.000 | 1.000 | crs |
| 四川 | 1.000 | 1.000 | 1.000 | crs |
| 贵州 | 0.854 | 1.000 | 0.854 | irs |
| 云南 | 1.000 | 1.000 | 1.000 | crs |
| 陕西 | 1.000 | 1.000 | 1.000 | crs |
| 甘肃 | 0.955 | 1.000 | 0.955 | irs |
| 青海 | 1.000 | 1.000 | 1.000 | crs |
| 宁夏 | 1.000 | 1.000 | 1.000 | crs |
| 新疆 | 0.916 | 1.000 | 0.916 | irs |

资料来源：《中国火炬统计年鉴（2014—2017）》，由 DEAP 2.1 计算，课题组整理所得

注：crs 表示规模效率不变，drs 表示规模效率递减，irs 表示规模效率递增

换言之，该结果也表明较低的纯技术效率是导致东北地区企业孵化器综合效率偏低的关键原因。东部地区科技企业孵化器水平基本与全国水平持平，达到 DEA 有效的为 5 个省市，其余未达到 DEA 有效，主要原因为规模无效和部分投入未达到最适产出量，改革重点在于如何更有效发挥规模效益，扶持中小企业创新创业，促进行业蓬勃发展，进而实现产业技术升级。以山东省为例，其规模效率仅为 0.767，远低于全国平均水平，意味着有 0.233 的投入存在规模不经济的现象。

上述分析说明中国国家级企业孵化器总体效率水平较高，但部分地区尤其是东北地区由于技术水平较低，对中小企业扶持力度不够等，未达到 DEA 有效，在保持产出不变的情况下，需要对投入做出相应调整。为了实现企业孵化器的有效运营，提高科技成果向生产力的转化，实现技术进步与升级，对孵化器的运行主要提出以下几点建议。

（1）促进孵化器的精细发展，提升产业技术升级效率。中国科技企业孵化器的总体发展情况态势较好，中部和西部地区在政府政策支持和引导下，运行效率相对较好，而东北地区企业孵化器运行效率不高，主要是由管理、技术水平偏低和规模低效等问题导致的。在科技政策相继出台和资源相继投入的背景下，企业孵化器的数量与规模不断扩充，管理能力、技术水平与产出等虽有所提升但较为低效，使得运行效率不足，不利于对中小企业的孵化及对技术升级的促进。因此，未来企业孵化器的发展方向应转向精细模式，借助孵化平台、资源优化、内外资源技术整合来缓解资源浪费等问题。管理者与创业导师应以中小企业的技术需求为导向，提供专业化、针对性的孵化服务，以期提升技术创新能力，缩短孵化周期。

（2）对效率较低孵化器的投入资源进行调整，以期提升运行效率和孵化水平，进而实现技术创新和产业升级。不同地域不同类别的孵化器调整方式应有所区

别。对规模报酬递减的孵化器需适当减少人、财、物等的投入，提高孵化器的管理和技术水平，通过技术水平的提升，逐步实现 DEA 有效；对于技术效率有效、规模报酬递增的企业，需要适当增加人、财、物的投入和各项孵化产出，以发挥其规模效率；对于已经实现 DEA 有效的孵化器应进一步进行超效率分析（表 7.3），以评价其优势程度，增强对有效性科技企业孵化器的资源的有效利用。

表7.3　DEA有效孵化器的超效率

| 科技企业孵化器（省域） | 超效率值 | 排名 |
| --- | --- | --- |
| 上海 | 4.685 | 1 |
| 青海 | 3.772 | 2 |
| 福建 | 1.775 | 3 |
| 青海 | 1.648 | 4 |
| 黑龙江 | 1.624 | 5 |
| 河南 | 1.485 | 6 |
| 安徽 | 1.415 | 7 |
| 北京 | 1.403 | 8 |
| 江西 | 1.139 | 9 |
| 云南 | 1.383 | 10 |
| 湖北 | 1.363 | 11 |
| 广东 | 1.249 | 12 |
| 重庆 | 1.196 | 13 |
| 江苏 | 1.151 | 14 |
| 四川 | 1.121 | 15 |
| 广西 | 1.103 | 16 |
| 山西 | 1.107 | 17 |
| 湖南 | 1.102 | 18 |
| 内蒙古 | 1.019 | 19 |
| 山西 | 1.001 | 20 |

资料来源：《中国火炬统计年鉴（2014—2017）》，采用 EMS1.3 软件计算所得

## 7.1.3　技术交易市场

技术交易市场也叫技术交易所，是指以信息服务、对接服务、中介服务为主要内容的平台机构，其目的是实现技术转移，包括技术开发、应用、转化、产业化及流通的整个过程。技术交易市场作为促进技术交易的特殊中介组织，通过降低技术交易中的信息不对称、不完全而解决技术市场固有的缺陷（如交易费用、逆向选择、合约失灵等）[197]，提高技术商品交易效率，并通过螺旋机制提高相应

行业的技术水平。技术交易市场作为技术资源配置的平台，是实现科技创新、成果转化及产业化的重要一步，有利于促进产业技术升级的实现。

截至 2016 年底，国家技术转移示范机构达 453 家，促成技术转移项目 13 万余项，促成技术交易额达 2625 亿元。在各类示范机构中，高校、科研院所技术转移机构超过五成，如图 7.5 所示。2016 年中国技术市场成交额达 11 407 亿元，较 2001 年增长了 13 倍多，占 GDP 的比重也由 2001 年的 0.7%增长至 2016 年的 1.53%（图 7.6）。

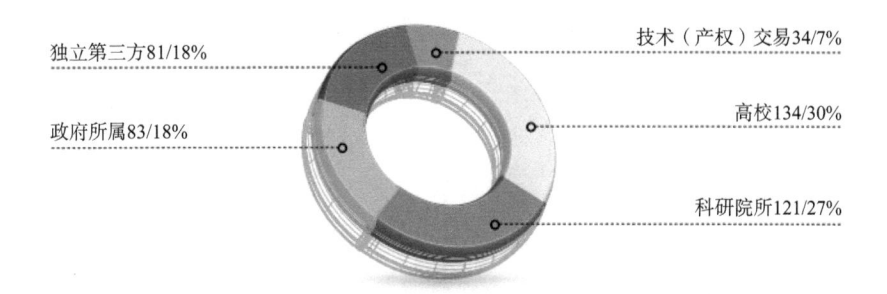

图 7.5　2016 年国家技术转移示范机构按机构类型划分

资料来源：根据《2017 年全国技术市场统计年度报告》绘制

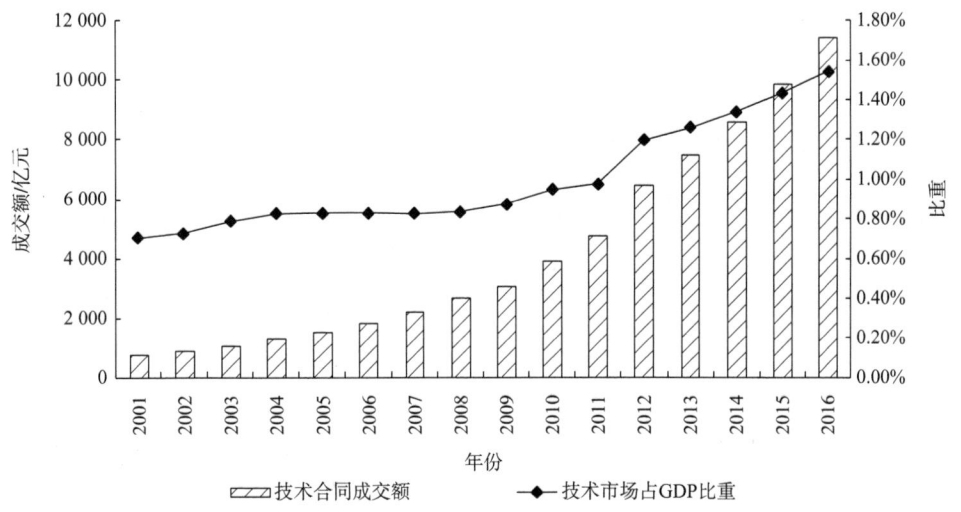

图 7.6　2001—2016 年中国技术市场成交额及占 GDP 比重

资料来源：《2017 年全国技术市场统计年度报告》

考虑技术市场的空间布局，其省域布局上存在严重的不均衡，东部地区（尤其是长江流域）技术市场发展水平最高，具体而言，东部地区 11 个省区市中有 10 个技术市场成交额超过百亿，占全国成交额的 70%以上。而中部和西部地区的技术成交额仅占 12.55%和 15.00%（表 7.4）。该结果说明，东部沿海地区的技术水平和经济发展水平较高，而中西部地区技术水平有待提升，要实现产业升级，亟须提升中西部地区的技术和经济发展水平。

表7.4　2016年中国三大地区技术市场成交额比较

| 区域 | 成交额超百亿省区市 | 占全国比重/% | 区域 | 成交额超百亿省区市 | 占全国比重/% |
| --- | --- | --- | --- | --- | --- |
| 东部地区 | 北京 | 34.55 | 中部地区 | 安徽 | 1.91 |
| | 天津 | 5.28 | | 湖北 | 8.13 |
| | 辽宁 | 2.99 | | 湖南 | 0.92 |
| | 吉林 | 1.01 | | 中部地区（总计） | 12.55 |
| | 黑龙江 | 1.16 | 西部地区 | 重庆 | 2.26 |
| | 上海 | 7.21 | | 四川 | 2.67 |
| | 江苏 | 6.39 | | 甘肃 | 1.33 |
| | 浙江 | 1.77 | | 陕西 | 7.04 |
| | 山东 | 3.68 | | 西部地区（总计） | 15.00 |
| | 广东 | 6.92 | | | |
| | 东部地区（总计） | 72.45 | | | |

资料来源：《中国火炬统计年鉴（2017）》，其中西藏的数据缺失，西部地区仅包括11个省市自治区

技术交易市场作为科技中介平台的重要组成部分，其功能服务主要包括四个部分。

（1）展示功能。技术交易的实质是技术信息的交易。技术交易市场展示的技术信息具有综合性等特点，便于客户进行筛选和比较。所展示的信息主要是技术供需方信息，包括技术交易市场搜集整理的大量的技术成果及技术需求信息。通过建立网站、实行会员制形式、发行杂志、建立投资信息库和技术专家库等形式实现技术对接和转移，促进科技成果向生产力的转化，逐步实现产业技术升级。

（2）交易功能。技术交易市场提供洽谈和中介服务，为技术交易提供良好环境。很多技术交易市场能够利用自己的信息优势与会计事务所联合开展资产评估服务，利用专家库与技术专家联合开展技术项目咨询论证，利用与政府的关系开展技术基金申报服务和其他市场调查、企业管理咨询等交易类服务。

（3）组织和辐射功能。技术交易市场具有组织和寻求技术商品货源、组织举办技术交易活动、人员培训、上门服务、难题招标和二次开发等业务。同时，技术交易市场也是一个技术信息网络的工作站，具有集中、综合、高效、可靠等优越性，成为某一地区的技术交易活动中心与辐射中心。

（4）代行使政府职能。中国实行技术合同认定等级管理办法，所有技术合同必须进行等级划分，且大部分技术交易市场由政府投资，这就使一些技术交易市场代替政府行使技术合同等级管理职能，如北方技术交易市场等。

### 7.1.4 大学科技园

在当今知识经济时代，大学作为知识生产的主要平台，其知识成果对社会经济增长产生了巨大的推动作用。20 世纪 50 年代，斯坦福大学创建了世界第一个大学科技园并取得了重大的发展，也因此全国各地大学纷纷效仿，以期科技园的建立能为社会带来全新的创新动力。实际上，大学科技园的建立不但为技术创新营造了环境，还加速了技术成果的转化[198]。

目前学术界关于大学科技园的定义主要是指在政府的指引与支持下，依托于研究型大学群体，通过充分发挥大学资源优势，如人才、技术、信息、试验设备、文化氛围等，依靠多元投资渠道在大学附近建立技术创新及企业孵化的高科技园。大学科技园的主要功能有三方面，包括核心功能、基本功能和综合服务功能三大类，具体如图 7.7 所示。

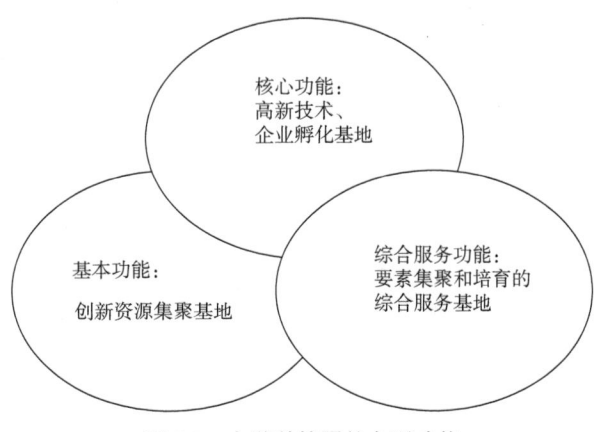

图 7.7 大学科技园的主要功能

中国大学科技园是大学与社会联系的桥梁，对国家技术创新和产业技术升级具有重要的推动作用。目前，中国大学科技园取得了一定的发展，大学科技园由 2004 年的 42 家增加至 2016 年的 115 家，数量增加了近两倍，截至 2016 年，共有在孵企业 9861 家，累计毕业企业 9189 家，孵化企业总收入达 289.5 亿元，如图 7.8 所示。

研究大学科技园与技术升级和区域创新间关系的文献相对较少，将现有文献加以整合，其主要可分为三种观点："载体"说、"主体"说、"环境"说。

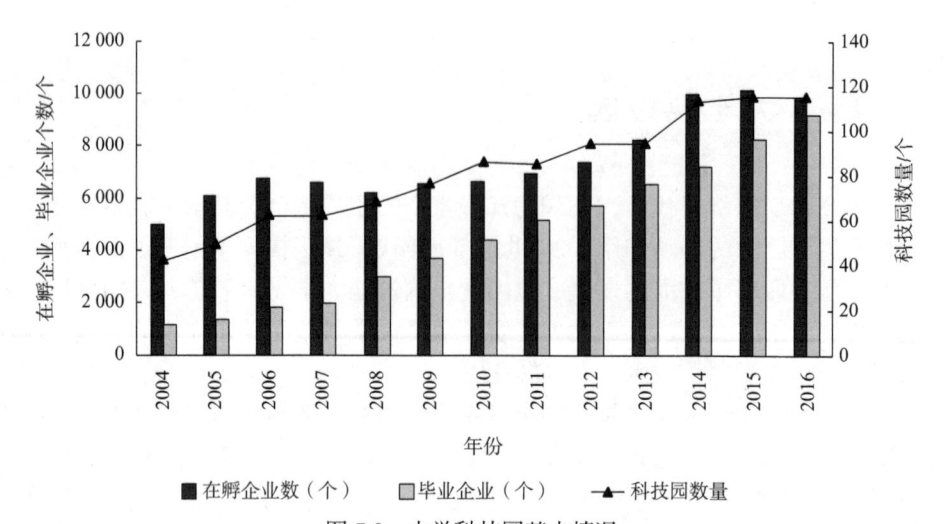

图 7.8　大学科技园基本情况

资料来源：根据《中国火炬统计年鉴（2017）》绘制

"载体"说将大学科技园视为区域创新系统中知识创新与应用的载体，大学科技园可集聚资源、为创新提供服务平台、联结企业，进而推动供需平衡，为构建区域创新网络和实现产业技术升级提供动力与支持。"主体"说认为大学科技园是区域创新系统的重要组成部分，且承担科技转化职能。大学科技园是创新的源头，其技术孵化功能较强，通常是原始创新的源头，将大学研究所等的创新成果实现产业化转换，并实现生产力的提高，能够通过极化效应、扩散效应、网络效应等"辐射"周围经济并提升区域技术水平，进而实现整体产业的技术升级。"环境"说认为大学科技园通过园内企业的技术创新活动，实现集聚与协同效应。以大学为核心的创新网络的构建，为产业技术升级提供了适宜的环境支持，成为孕育技术创新的沃土。

除了上述介绍外，基于合作研发的科技中介平台还包括科技评估机构和农村科技中介机构等，各类科技中介机构均在促进中国创新和技术升级中发挥着重要作用。

科技评估机构是指按照委托方所指出的目的，设定一系列原则、标准和程序，使用科学的方法对相关科技计划、发展领域、科技项目、科技成果等与科技活动有关的行为进行专业化资源评判的组织，遵循独立、客观、公正和科学的原则。中国的科技评估机构相对于其他中介服务机构而言发展较晚，专业性的评估机构数量较少。

农业科技中介机构在提高农业产量和效率，提升农民生活水平方面发挥了重要的作用，主要形式包括事业型农业科技推广机构、自主型农村专业技术协会、现场型科技服务形式和示范型农业科技园等。

## 7.2 科技中介平台在产业技术升级中的作用

### 7.2.1 实现创新价值导向的技术信息流循环流动

科技中介平台是国家创新体系的重要组成部分，在中国当前的经济体制下，科技中介平台将各类创新主体和要素市场紧密连接，为创新活动提供重要的支撑性服务，在降低创新风险、加速创新成果产业化进程中发挥着不可替代的作用，对提高国家创新能力、加速培育高新技术产业发展、推动中国产业升级和实现经济的持续健康发展，具有十分重要的战略意义。科技中介平台联结各类创新主体，将技术供给方与需求方紧密结合在一起，因此在促进价值流动和技术流动循环方面具有重要的作用，有利于加速价值和信息流动，进而实现创新活动和产业升级。科技中介平台促进价值流与技术流循环的路径如图7.9所示。

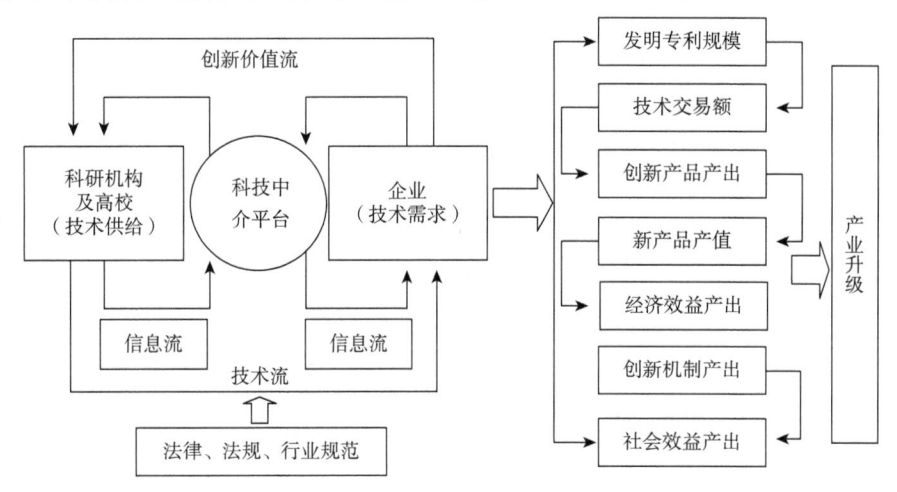

图7.9 科技中介平台促进价值流与技术流循环的路径分析

第一，基于合作研发的科技中介平台通过连接技术的需求方与供给方，促进技术信息的循环流动。一方面，基于合作研发的科技中介平台作为创新系统中各主体的联结纽带，将企业、高校和科研机构等通过互联网络和关系网络紧密地联系在一起。技术供需双方可以很容易地收集到关于人才培养、技术创新及政府优惠政策（如税收）等信息，降低信息传递中的不完全和信息不对称情况。随着"互联网+"时代的来临,通过借助强大的网络平台,科技中介平台组织能够快速为企业提供专业化服务,如提供技术开发、转让或咨询。另一方面,大学与科研院所作为科技供给方是技术创新的重要来源,其技术输出依赖外部渠道,即本章所考虑的——基于合作研发的科技中介平台组织。科技中介平台组织有能力将相关信息共享给技术的需求端,使得技术供需双方完成对接,加速科技成果的转化与使用。当然,科技中介平台的存在也一定程度上解决了技术供需双方在技术对接和交易时面临的信息不对称问题,降低了技术交易中的"逆向选择"现象。

第二,基于合作研发的科技中介平台可以有效传播创新知识,实现创新的价值。一方面,科技中介平台组织的存在加速了新技术和新知识的传播速度,通过科技中介平台组织解决了企业的技术需求问题。另一方面,通过实现技术对接与交易,能够提高科研机构等创新主体的创新收益,因此,在一定程度上,它激励了大学与相关科研机构的创新动力与活力,进一步使得技术创新与供给得到了稳定的增长。同时,科技中介平台机构通过为技术供给双方提供洽谈、评估等服务,促使技术交易的实现,有利于创新主体收益的实现,激励了科研机构等参与创新活动的动力。技术需求方由于获得了良好的技术,提高了技术水平,进而促进所在行业的产品规模扩张和技术升级,在有效制度的约束和保护下,技术市场运行形成良性循环。

第三,在科技中介平台组织的作用下,实现整体技术水平的提升和产出的提高。技术商品的有效流通提高了企业作为技术需求方的生产效率,提高了企业在市场中的竞争优势,从而获得了更多的经济效益,这种技术的提升将在行业中扩散,进而实现全社会经济运行活力的不断增加。全社会经济运行活力的增加也会增强技术供给方(大学和科研机构等)研发和创新的动力,提高发明专利和新产品的创新质量和水平,进而实现技术交易市场的良性循环、技术水平的不断提升与产出水平的稳步上升。

## 7.2.2 面向产业技术升级的技术转移与扩散

科技中介平台不同于一般的社会中介服务组织,其服务对象主要为各类创新主体,包括大学、科研机构和企业等,在它们之间构建了一道桥梁,通过桥梁的"居间"作用,实现并推动技术供需方间的技术创新、转移和扩散,以企业孵化器为例,其技术转移和扩散过程参见图 7.10。

第7章 基于科技中介平台的合作研发机制

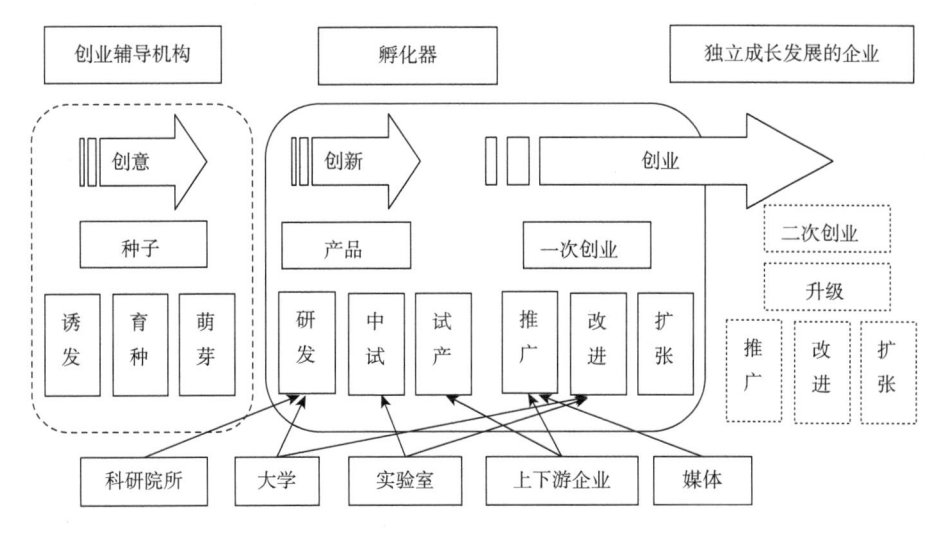

图 7.10 企业孵化器的技术转移和扩散过程

首先，科技中介平台位于创新系统中信息传递的核心位置，是知识传递的枢纽。发散的、多领域的知识在各种媒体中转移和扩散可能存在失真的情况，而在科技中介平台的作用下，运用现有的网络工具，在现有资料的帮助下可以实现对杂乱的知识的整理、评估和论证，并由此将部分隐性知识变成技术产品，促使隐性知识的显性化，形成能够在经济生活中发挥作用的知识载体。该过程形成的技术产品，将通过科技中介平台（如技术交易市场）进行交易为技术需求方所拥有，通过技术创新过程，将技术产品转化为技术商品，实现更广范围内的使用价值。在这一过程中，科技中介平台实现了科技企业的孵化和技术等在相关主体间的转移。以企业孵化器的技术转移和扩散为例，技术形成初期创意存在于发散的、多领域的知识中，在创业辅导机构等科技中介平台的诱导和培育下，通过网络系统，对相关信息和资源进行整理和升华，由此转变为创新的产出——技术产品，在企业孵化器的作用下，通过研发、中试和试产等过程，逐渐将技术产品转化为技术商品，推广至市场，实现一次创业和科技企业的成功孵化，在此基础上进行改进和扩张，使技术商品扩展至整个行业，进而实现产业升级。

其次，科技中介平台一方面与大学及科研机构等技术供给方进行沟通，另一方面也会积极与企业等技术需求方进行沟通，通过收集企业对于技术的需求与反馈可以进一步有针对性地与技术供给方进行交流，以加强技术开发的适用性与实用性，使得开发出来的技术更加符合市场需求。同时，大学与科研机构等技术供给方可以将研发出来的创新技术利用自身网络传递出去以实现新技术的扩散与应用。此外，向科研院所等提供的新技术和技术发展方向等信息也能够促使其不断提升自身的技术水平，向社会提供更高水平的技术产品，循环往复，促使该产业的技术得以升级进步。

最后，科技中介平台不仅能够为技术供需双方提供科学准确的创新扩散信息，还可以直接促成创新技术的扩散。创新技术的扩散以技术供需双方在法律上达成协议为标志。在达成协议、签订合同前，双方需要在技术和商务方面进行大量的协商和博弈，对技术的可行性、经济的合理性等做出评判，该过程复杂且耗时耗力。科技中介平台作为服务机构，在此方面具有专业特长，凭借自身网络平台和资源能够同时为供需双方提供技术评价、经济评价等方面的服务。例如，软件技术市场主要是为了提供与4G（技术转移、技术咨询、技术服务与技术开发）相关的软件支持，通过信息收集与反馈、资格辨认、交易担保等，促进技术的转移和流通[199]。

### 7.2.3 创新资源的优化配置

科技中介平台的另一重要职能是实现创新资源的匹配和配置过程，创新资源的有效配置能够使创新资源的使用达到最优效率，进而促进产业升级的步伐。而创新资源作为一种特殊的资源，其特征与一般商品不一样，很难对其价值进行估计，还存在逆向选择等问题。在配置过程中可能存在缺口问题，这种资源配置的失灵包括政府和市场两个层面的问题。

一方面，政府层面对创新资源的配置主要通过国家政策、法规、管理条例等进行组织、协调和开发利用，进一步通过地区政府根据区域内资源禀赋、经济发展需求等制定具体法规政策，实现创新资源的配置。在这个过程中，信息不对称会导致供需错位，这会出现创新资源配置的缺口，这种缺口源于政府配置的失灵。

另一方面，在市场层面上，创新资源在技术市场上进行自由流通和交易。信息不对称会导致市场失灵，技术市场也同样如此，信息不对称将会带来逆向选择和合约失灵等问题[200]。比如，高校和科研机构作为技术供给方不希望透露关于技术的相关信息，尤其是关键信息，这是出于其技术成果的保密需要以防技术被盗取。但是这一行为对于技术需求方来说无疑是造成了需求方对技术信息了解不全面，从而产生信息不对称问题，技术需求方只能基于现有的信息基础对技术进行估价，使得技术市场价格低于其真实价格，进一步会造成高技术的逆向选择问题，这对高技术的研发与扩散造成了阻碍，对企业、社会都是不利的。

创新资源需要实现配置的动态化，面对政府和市场"双重失灵"的情况，科技中介平台依托自身的网络属性和丰富资源，能够快速实现创新资源动态配置，依据创新主体的需求不断对创新要素供给予以调整，对因损耗而产生的资源损失进行弥补，优化资源配置效率。具体而言，科技中介平台实现资源优化配置主要有以下几方面。

（1）降低信息不对称，为技术交易双方提供充分的信息。技术科技中介平台的产生可以在技术供需双方之间建立一架桥梁，为双方提供公平、公正、客观的信息，且在中介平台的担保下，企业有理由相信高技术的实际价格，这样一来有利于减轻技术市场产品的信息不对称程度，促成技术交易，实现新技术的有效扩散，使社会资源得以充分利用。具体而言，科技中介平台机构通过自身网络搜集中小企业在技术创新中的信息，更加了解企业的运行情况、技术供给和需求状况；同时，更了解大学和科研院所的技术创新和供给情况，以及技术对接的可能性。因此，科技中介平台更了解中小企业的技术诉求，也有资格代表大学等与企业进行技术接洽活动，并提供具有前瞻性的研究信息，使技术创新更有针对性。

（2）整合创新资源，避免出现创新的"孤岛效应"，打破专业障碍。在区域创新系统中，创新资源较为分散且从属于不同主体，相互独立，新技术与新知识的产生主要依赖于高校与科研机构，而技术的商业化主要是依靠企业得以实现，这些过程包括技术开发、商业化等，其所需要的资金、法规、管理都是需要政府与中介机构协调。若各主体间没有形成良性合作，将很难提升社会的技术水平。这就是说，管理上的不足会导致资源配置失效进而影响社会生产效率。因此，要加强各主体之间的信息交流与沟通，避免相互割裂的情况。技术科技中介平台的存在，有利于打破这种"孤岛效应"，实现各创新主体资源的整合与优化配置。

随着科技的进步与发展，技术发展呈现出专业化分工越来越细的趋势，各学科也不再是相互独立的，呈现出交叉融合的态势。因此，这些变化对技术创新提出了更高的要求。技术科技中介平台，依托其自身的网络与人才资源，能够对创新资源进行整合，突破专业的"鸿沟"，建立完备的创新团队，团队内不同专业人才的组合尤为重要，只有合理的分工才能实现新技术的创新，完成"知识生产—知识扩散—应用研究—技术开发—商业化应用"过程。

## 7.3 科技中介平台的内部运行与协调机制

### 7.3.1 科技中介平台促进产业技术升级的现实基点

在构建创新型国家、实现产业升级与提升中国在全球价值链位势的进程中，科技中介平台发挥着巨大的作用,生产力促进中心、技术交易市场、创业服务中心等科技中介在促进经济主体进行革新、知识流动、技术转移和成果转化中起着"催化剂"的作用[201]。下面将重点就科技中介平台的现实基点进行说明,并指出科技中介平台在运行中存在的问题,以期为科技中介平台更好地发挥作用提供帮助。

1. 科技中介平台实现产业技术升级的动力源泉与实现途径

科技中介平台实现产业升级与构建创新型国家的动力源泉主要源于内部和外部因素的共同作用,当二者协调作用时,有利于科技中介平台发挥效果。内部动力源泉主要来源于科技中介平台内部各组织间的合作与协同发展。随着国家创新系统中企业创新能力的不断提升,其对科技中介平台的需求逐渐增多,科技中介平台面临的环境也越来越复杂,单个科技中介平台无法满足中小科技企业孵化和技术交易的全过程中的需求,需要通过构建科技中介平台网络,整合科技中介平台的内部资源,弥补单个科技中介平台的不足,才能更好地发挥科技中介平台的技术转移与扩散作用,实现中小企业的创新活动,进而促进整个产业的转型升级。外部动力源于市场需求、政府政策鞭策、法律制度保障与其他不确定性因素等方面(图7.11)。随着社会分工的细化,对科技中介职能的分工与需求也趋于细化,对科技中介平台的需求是其发展与进步的主要推动力,满足市场需求,提供企业所需的创新资源,提供合适的专业化服务,是科技中介平台存在与健康发展的基本力量;新凯恩斯主义认为政府面对市场失灵时可以通过有选择的干预来解决市场失灵问题,比如通过完善相关的法律法规来维护创新主体的利益,激励创新主体开展创新活动,构建科技中介平台发展所需的外部保护与约束环境,法律法规与政府政策也具有类似作用。

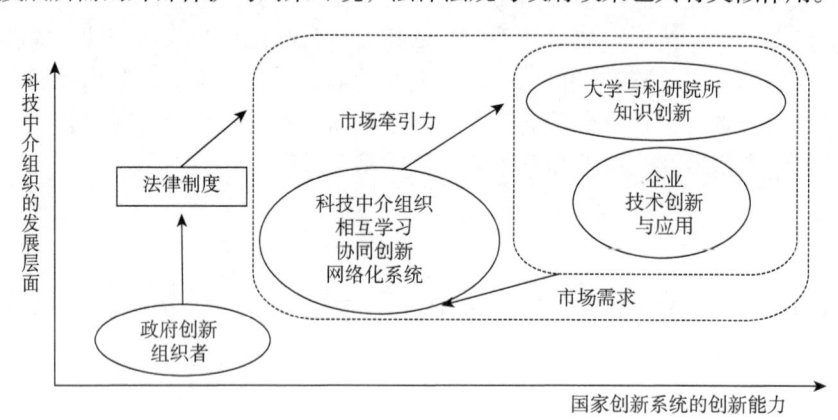

图 7.11 科技中介平台的创新动力来源

2. 联结创新主体与外层资源的桥梁效应

科技中介平台的运行主要是联系技术创新市场上的各大主体,实现各主体之间的有效交流与互动,最终实现创新活动的传递与应用。创新主体的内在活动主要是各中小科技企业间的互动与协作,中小企业的资金、人才与创新资源均存在着不足和短缺的情况,科技中介平台的存在能够实现中小科技企业的孵化与企业间协作,从而提高技术的创新效率。

同时,能够实现科技企业与外层组织间的联系,包括科技企业与政府、大学、科研机构和金融机构等的联系。科技中介平台能够弥补政府与科技企业间信息不对称的问题,将政府的创新政策、法规与创新扶持信息提供给企业,同时将企业的诉求与禀赋传递给政府进行识别,有利于企业积极参与政府主导的科研计划与项目。加强科技企业与大学和科研院所等的沟通,弥补企业研发能力弱市场运作能力强、科研院所研发能力强转化能力不够的短板,实现信息流动与优势互补,推动产学研合作创新,促进产业升级。加强金融机构与科技企业的联系,可以一定程度上解决中小科技企业融资难的问题,解决企业在项目研发上遭遇的资金瓶颈问题,通过提供中小企业融资信用担保,健全金融服务与信用担保体系。

## 7.3.2 科技中介平台促进产业技术升级的实证研究

上文对科技中介平台的作用机理与运行机制进行了梳理,下面将就中国区域创新系统中科技中介平台的作用效果进行比较分析。为了对科技中介平台发展水平做出评价和界定,首先需要明确科技中介平台对不同主体的作用机理,具体如表 7.5 所示。

表7.5 科技中介平台的作用机理

| 相关机构 | 主体 | 要素流动 | 科技中介平台组织 | 作用机理 |
| --- | --- | --- | --- | --- |
| 企业 | 科研机构 | 知识<br>技术<br>人才 | 产学研合作机构,如联合研究中心、大学科技园、大学企业中心等<br>科技企业孵化器;二级学院、联合培养机构;人才市场;联合技术攻关项目 | 科研成果转化<br>技术服务<br>人才输出<br>人才培养 |
| 金融机构 | 企业<br>科研机构 | 资金 | 技术风险投资市场<br>科技风险投资信用测评和担保服务<br>科技资产交易市场 | 政府、企业资金,风险投资,应用研究,中间试验等 |
| 政府 | 企业<br>科研机构<br>金融机构 | 制度政策 | 技术成果鉴定机构<br>技术成果奖励基金<br>技术产权转化机构<br>科技资金对接会<br>科技会展 | 利用政治、经济、法律等手段进行宏观调控,激励、引导,推动和保护城市科技创新 |

可以从知识与人才流动、资金流动、政策流动等三个维度来分析科技中介平台对区域创新系统的影响，如表7.6所示。

表7.6 区域创新系统中科技中介平台作用机理的评价范围和内容界定

| 作用机理 | 评价范围 | 评价内容 |
| --- | --- | --- |
| 科技创新知识与人才流动辅助 | 技术合作<br>人才交流 | 技术合同成交额占地区生产总值比重<br>研究开发活动人员数 |
| 科技创新资金流动辅助 | 资金投入<br>R&D 支出<br>政府投资 | 科技活动资金占地区生产总值比重<br>R&D 经费支出占地区生产总值比重<br>政府科技支出占政府财政支出比重 |
| 科技创新政策流动辅助 | 相关法规完善程度 | 加快高新技术成果转化的法规政策完善程度<br>加快知识产权保护的法规政策完善程度<br>促进科技中小企业发展的法规政策完善程度<br>加快高新技术产业发展的法规政策完善程度 |

本节主要选取东北三省（辽宁、黑龙江、吉林）和长三角地区上海、浙江与江苏三地科技中介平台运行情况进行比较分析。长三角地区经济和科技发展水平较快，科技中介平台服务职能完善高效，而东北三省近年来经济增长缓慢，2016年上半年三省增速分别为-1%、5.7%和6.7%，在全国排位中靠后，辽宁上半年为负增长。以长三角地区为"标杆"，寻求东北三省在科技中介发展上的差异，为东三省科技未来发展提供相应建议与优化措施。

由于数据的可得性，本书从科技中介平台对科技创新知识与人才流动辅助和科技创新资金流动辅助两个视角对其运行效果进行测度，结果如表 7.7 所示。在科技中介平台促进知识与人才流动方面，东北三省的科技活动人员较少，平均为 6.37 万人，与长三角地区的 36.80 万人相差较远。而技术合作方面，东三省同样呈现出明显的弱势情况，技术合同的平均成交额为 196.07 亿元，仅为长三角地区的 1/3，剔除地区生产总值基础的影响后，东三省的技术合同成交额占地区生产总值比重均值为 1.06，较之前略有好转。科技中介平台在促进资金流动方面而言，主要从资金投入、R&D 投入和政府投资三个角度进行衡量。东北三省这三项指标也均低于长三角地区，其中东北三省 R&D 投入加总为 453.99 亿元，低于上海市当年的 R&D 投入，不足江苏省研发投入的 1/2，说明东北三省的研发投入力度不足，有待加强。在科技经费筹措和地方政府财政支持上也较长三角地区存在较大差距，有待提高。说明东北三省在技术合作、后期资金投入、研发投入和政府支持上存在缺口，有待加强。

表7.7 科技与人才流动比较分析（2016年）

| 作用机制 | 评价范畴 | 评价内容 | 辽宁 | 吉林 | 黑龙江 | 东三省平均 | 上海 | 江苏 | 浙江 | 长三角平均 |
|---|---|---|---|---|---|---|---|---|---|---|
| 科技创新知识与人才流动辅助 | 技术合作 | 技术合同成交额/亿元 | 340.8 | 115.4 | 132.0 | 196.07 | 822.9 | 729.3 | 201.8 | 584.67 |
| | | 技术合同成交额/地区生产总值/% | 1.53 | 0.78 | 0.86 | 1.06 | 2.92 | 0.94 | 0.43 | 1.43 |
| | 人才交流 | 科技活动人员/万人 | 8.78 | 4.83 | 5.49 | 6.37 | 18.39 | 54.34 | 37.66 | 36.80 |
| 科技创新资金流动辅助 | 资金投入 | 科技经费筹集额/亿元 | 242.06 | 90.86 | 8849 | 140.47 | 490.08 | 1 657.54 | 935.79 | 1 027.8 |
| | | 科技经费筹集额/地区生产总值/% | 1.09 | 0.61 | 0.58 | 0.76 | 1.74 | 2.14 | 1.98 | 1.95 |
| | R&D投入 | R&D经费/亿元 | 256.57 | 98.95 | 98.47 | 151.33 | 540.52 | 1 712.95 | 971.30 | 1 074.92 |
| | | R&D经费/地区生产总值/% | 1.15 | 0.67 | 0.64 | 0.82 | 1.92 | 2.21 | 2.06 | 2.06 |
| | 政府投资 | 政府科技财政拨款/亿元 | 22.09 | 2.11 | 17.48 | 13.89 | 30.17 | 25.53 | 12.49 | 22.73 |
| | | 政府科技财政拨款/政府财政支出/% | 0.48 | 0.06 | 0.41 | 0.32 | 0.44 | 0.26 | 0.18 | 0.29 |
| 各省年度地区生产总值/亿元 | | | 22 246.90 | 14 776.80 | 15 386.09 | 17 469.93 | 28 178.65 | 77 388.28 | 47 251.36 | 50 939.43 |

资料来源：根据《中国统计年鉴（2017）》《中国科技统计年鉴（2017）》整理

## 7.3.3 酝酿与产业技术升级相协调的改革措施

1. 中国科技中介平台在运行中存在的问题

上述介绍了科技中介平台的作用机理与实现途径，近年来中国科技中介在数量和质量上都有所提升，但随着科技中介的不断发展，其运行中的问题也逐渐突显出来，亟待解决。从根本上而言，科技与经济结合的问题仍未完全解决，中国科技中介平台在运行中存在如下问题。

1）科技中介组织运行模式不规范，存在职能缺位和角色重叠的问题，对政府依赖性较强，未能形成独立的经济实体

政府、大学、科研院所、企业和基于合作研发的科技中介平台组织间结成的分工明确、协作密切的系统是国家创新系统高效运作的前提，但在中国，中

介组织环节薄弱，存在发展缓慢、职能缺位及对政府依赖性较强等问题。中国的科技中介组织是由计划经济向市场经济转轨的过程中发展起来的，具有显著的"官办""半官办"色彩[202]。例如，技术市场往往是当地科学技术委员会的下属事业单位，科技咨询往往是某些科研机构或大学成立的，孵化器是政府或高校成立的等。这种依附性强、独立性较差的中介组织很难适应市场经济发展的要求。

同时，职能缺位与角色重叠的问题也妨碍着科技中介组织的发展，这一问题主要是因为目前还没有完善的相关法律对科技中介责任、权利予以明确规定，也未对其市场化运作进行规范。科技中介平台提供的服务主要在于传递和提供信息，缺乏对技术转移的支持功能。同时，不同科技中介组织在功能上存在重叠情况，也将一定程度上降低某些专业能力与资源的使用效率。以生产力促进中心和技术交易市场为例，其主要职能和服务内容存在一定的重叠现象，两者的主要职能均为技术服务（占50%左右），但对技术服务的深度和服务程度并未体现出明显区分，一定程度上降低了资源的使用效率（图7.12）。

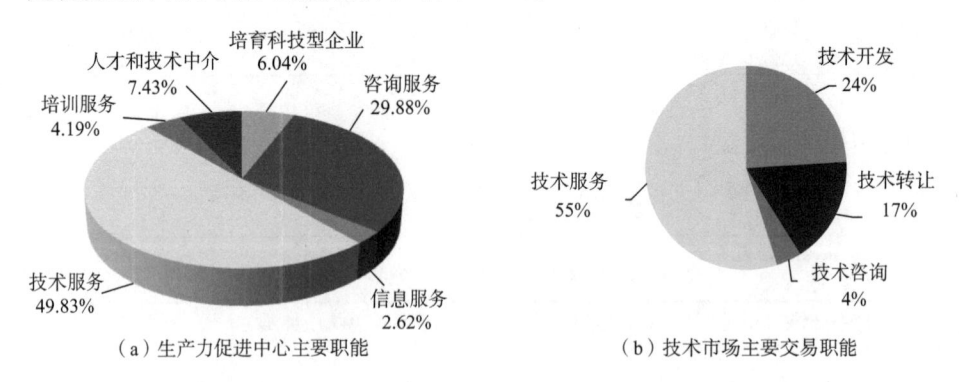

图7.12 生产力促进中心与技术市场主要交易职能比较

资料来源：根据《2015年全国生产力促进中心统计分析报告》和《2017年全国技术市场统计年度报告》绘制
由于四舍五入，数据加总后可能不是100%

2）人员结构不合理，整体从业人员水平较低

技术是一种商品，在研发、传递和扩散上存在一定风险，因此科技成果的转化效率很大程度上取决于科技中介平台人员的素质与水平。目前，中国从事科技中介服务的人员虽然学历、技术职称层次较高，但在具体从事技术服务和咨询等业务时，缺少专业的咨询知识、经验、技能和创造性等，在上岗许可上无统一的政策规定，因此导致整体队伍良莠不齐，总体服务水平不高。以技术交易市场中从业人员为例，中国国家技术转移示范机构从业人员4万余人，但取得技术经纪人资格的仅有4123人，约占总比例的10.29%，且各地区技术经纪人的分布存在差异性（图7.13）。

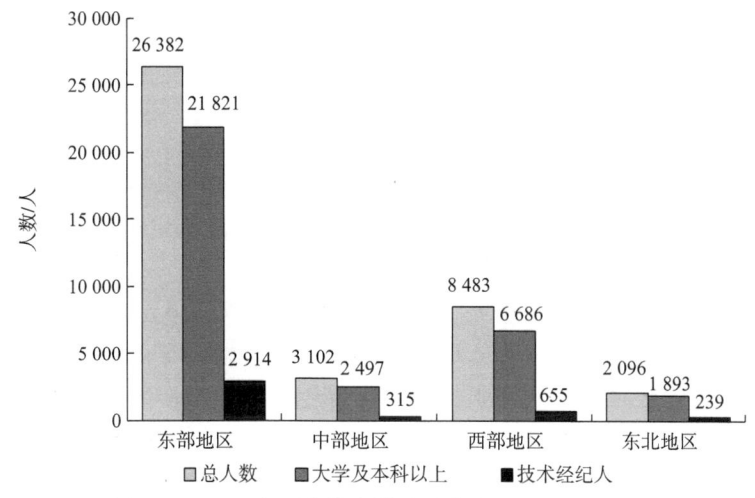

图 7.13　2016 年国家技术转移示范中心人员构成情况

资料来源：根据《中国火炬统计年鉴（2017）》绘制

3）市场秩序不规范，缺乏市场竞争意识

目前中国科技中介存在着市场秩序不规范、竞争意识较差等问题。市场秩序不规范导致中国科技成果转化效率较低，据统计中国科技成果的转化率不足 20%，而欧美发达国家则超过 80%。这说明虽然近年来中国科技中介组织取得一定发展，但在科技成果转化与市场秩序规范等方面仍存在短板。市场秩序不规范、竞争意识较差主要是由于中国科技中介机构多背靠政府。政府的支持在早期科技中介发展中起着最直接的推动作用，但随着科技中介规模和实力的逐渐扩大，政府主办的弊端也日益体现。微观层面上，政府主办或半主办导致运行机制缺乏灵活性，市场中各主体的需求很难在这种情况下得到满足。此外，这样的运行机制不能做到科学的内部管理与决策，缺乏信息反馈机制，整个组织内利益机制设计还未达到合理状态，在运行过程中由于不健全的激励机制导致组织运营缺乏效率；宏观层面上政府主导将破坏市场竞争、科技中介主体的市场地位得不到有效发挥、机构服务偏离市场需求、定位模糊等。

4）相关法律与政策环境不完善

法律与政策环境的构建是科技中介体系健康良好发展的坚实保障。然而，目前中国现有的法律体系还不能满足科技中介组织发展的需求。尽管中国相继制定实施了《中华人民共和国专利法》、《中华人民共和国科学技术进步法》、《中华人民共和国促进科技成果转化法》和《中华人民共和国合同法》等，但科技中介组织的专门法律法规仍存在很大空白，大多数科技中介组织的法律地位、经济地位、运行机制等尚未明确，法律体系远未达到中介组织正常运行的需要。在缺乏法律法规的情况下，科技中介在提供科技创新与服务的过程中，会出现利益损害而无处投诉的情况，这将导致科技中介组织的服务停滞不前，甚至放弃某些科技服务与项目，严重妨碍中国创新活动的实施与转化。

2. 优化和改革的措施

由上述分析可知，中国科技中介组织在运行和协调中存在种种问题，因此我们需要进一步明确科技中介组织的功能职责。为使其能尽快实现良性发展、推动产业技术升级，我们提出以下几点优化和改革的措施。

1）打造高水平的科技中介人才队伍，尤其是技术经纪人队伍

科技中介组织要对从业人员开展有组织、有计划、有目标的系统性培训，提升其技术水平与理论水平、职业道德与孵化的实际操作能力，积极吸纳高校与科研机构等领域的优秀人才，建立并充实专家库，以更好地提供技术服务和咨询业务。

同时，进一步加强技术经纪人、高技术专利代理人等队伍的建设，开展注册咨询师资格证与管理工作。技术经纪人主要从事中介工作，促进技术交易的完成，因此是重要的主体，其身份可以是自然人、法人等。经济人队伍是技术创新产品的流通过程中不可或缺的。目前，中国技术经纪人队伍的数量虽有所增加，但总体比例仍较低。

2）中介组织服务行为规范化、利益机制完善化

一方面，科技中介平台本身是市场的产物，因此关于其提供的服务的市场定价问题必须得到解决。但是，目前法律法规并未对科技中介服务行为进行明确的规定，技术服务的定价问题也就一直得不到解决，因此目前科技服务的定价主要还是依靠双方的谈判解决。由于技术商品的特殊性，技术服务难以衡量，供需方较难达成一致，加大了中介组织运行的成本与困难性。因而，需要对中介服务定价进行标准化与规范化，完善利益机制，降低中介市场的恶性竞争。

另一方面，中国科技中介组织缺乏合适的运营环境与严格的管理机制，在法律法规方面还未对其进行明确规定，这也就导致各中介主体行为的偏差，无法实现对其行为的有效制约，所以中介组织的权益难以保障，中介组织的利益也难以得到保障，这降低了中介组织提供技术服务的积极性，我们可以通过完善中国中介组织的法律法规及行业标准，建立刚性的制度结构进行信用风险防范。

3）构建科技中介的网络体系，推动服务的专业化和规模化

在技术创新成果转化及产业化的过程中，存在技术外溢效应，进而导致高新技术产业更倾向于集聚。在集聚情况下，不同主体间频繁地进行交流与沟通，在同一价值链上对知识、信息、技术等进行共享，可以诱发创新的进一步实现。作为创新活动重要支撑和传递知识与技术的科技中介为迎合创新的集聚行为，需要加快构建科技中介服务网络系统，并加快其对全行业的覆盖，使信息流动不同于以往的单向

形式,而是趋于多项甚至网状流通模式,缩短信息传递的时空距离,降低流通成本,加速创新的扩散行为。例如,美国在扶持中小企业发展上建立的小企业发展中心构建了全国性网络,有57个州中心和950个分中心,形成了为中小企业发展提供支持的网络化系统,成为促进美国科技中介产业化发展的重要力量。

4）增强造血机制,正确发挥政府的支持作用,提高科技中介的竞争能力

目前中国科技中介组织仍处于发展的初期阶段,需要通过政府制定法律法规完善行业规范,为科技中介服务体系提供政策引导和服务。在制定政策时,不仅要注重产业化发展中的生产扩大、市场进入、创新成果转化等诱导措施,还需要关注在市场机制下如何通过竞争机制引导科技中介组织的健康发展,降低运行成本、提高运作效率,优化资源配置,进一步增强科技中介组织的生命力与竞争能力,实现持续造血的目的。通过加强科技中介组织体制与制度的创新,促使原有的背靠政府的事业型中介机构进行改革,推动产学研合作创新模式的实施,进一步下放政府职能。同时,加强政府的投资和补贴优惠力度,加强对科技计划的财政投入力度,使得科技计划得以有效实施。

## 7.4 科技中介平台的创新及其实现机制

### 7.4.1 借鉴成功经验,推动大学科技园区转型升级

经过30多年的发展,中国科技园区已成为中国国民经济稳定持续发展的重要支柱,通过技术创新可以推动产业升级,同时在转变中国传统经济发展模式、完善经济结构等方面都具有重要的促进作用[203]。20世纪八九十年代,北京中关村、上海张江、浙江宁波等国家科技园区纷纷建立,这意味着科技园区对打破中国产业发展困境、推动产业转型升级已成为必然趋势。中国建立的科技园区正逐渐实现发挥本国科技人员、海外留学人员和其他科技力量的创造力,把高技术成果转化为现实生产力,通过极化效应、扩散效应、网络效应等"辐射"周围经济并提升区域技术水平[204]。

当前,中国正处于经济转型升级的攻坚时期,国际产业竞争日趋激烈、核心竞争力不足、资源环境约束加剧、要素成本上升、人口红利消失等问题日益突出。科技园区作为国家、地方政府推动技术产业发展,承载区域创新、经济发展、社会功能的重要载体,应该抓住这一机遇,跟上全球科技园区向"创新驱动"转变

的发展模式,推动中国产业升级的步伐[205]。其次,随着创新型城市建设的推进和政策红利时代等的终结,科技园区发展面临新的机遇和挑战。另外,在构建创新型国家的进程中,位于世界前列的创新型国家均重视科技园区的构建,例如美国硅谷、法国索菲亚科技园区、瑞典麦德维科技园等,它们在成长中逐渐实现由"追赶"向"引领"、由"外部引导"向"自主创新"的转型发展。而中国在2016年创新型国家中仅排至21名(表7.8),专利排名第六,拥有高技术公司数排名第三,但制造业附加值和生产力水平却分别列居15名和40名,说明中国知识成果转化、专利向应用转化率较低,需要加强科技成果转化效率。因此,通过不断完善科技中介等手段来推动科技园区的转型升级已成为必然趋势。

表7.8　2016年创新型国家排名前10位及中国

| 排名/国家 | 总得分 | 研发强度 | 制造业附加值 | 生产力 | 高技术公司 | 高等教育程度 | 研究人员 | 专利 |
| --- | --- | --- | --- | --- | --- | --- | --- | --- |
| 1 韩国 | 91.31 | 2 | 1 | 39 | 2 | 1 | 6 | 2 |
| 2 德国 | 85.54 | 8 | 3 | 32 | 5 | 17 | 14 | 3 |
| 3 瑞典 | 85.21 | 5 | 16 | 16 | 9 | 16 | 5 | 8 |
| 4 日本 | 85.07 | 3 | 13 | 29 | 5 | 34 | 9 | 1 |
| 5 瑞士 | 84.96 | 7 | 8 | 3 | 10 | 25 | 13 | 5 |
| 6 新加坡 | 84.54 | 17 | 5 | 5 | 13 | 2 | 7 | 24 |
| 7 芬兰 | 83.80 | 4 | 18 | 26 | 23 | 4 | 3 | 7 |
| 8 美国 | 82.84 | 10 | 26 | 8 | 1 | 37 | 21 | 4 |
| 9 丹麦 | 81.40 | 6 | 22 | 13 | 21 | 18 | 2 | 10 |
| 10 法国 | 80.39 | 15 | 39 | 15 | 4 | 12 | 18 | 11 |
| 21 中国 | 72.12 | 16 | 15 | 40 | 3 | 50 | 46 | 6 |

资料来源:根据2016年彭博创新指数(Bloomberg innovation index)整理

为顺应中国多样性的市场需求,中国大部分科技园区的发展模式也逐渐发生转变,从传统的"产业主导""要素驱动""试点试验"向"创新突破""创新驱动""引领示范"等方面转变,实现以创新为主导的发展模式。相比于发达国家,中国园区多属于"追赶型",处于"转型升级"的关键阶段。在实现由"外引主导"向"自主创新"转变的过程中,通过对国外先进成熟科技园区的思考和探索,为中国科技园区发展提出以下建议。

1. 实现大学科技园与高新技术园区的有机结合,突出大学作为创新源的地位

在中国,大学科技园和高新技术园区都是高技术产业孵化与技术升级创新的平台,就其功能而言,大学科技园是创新的源头,技术孵化功能更强,而高新技术园区具有为平台提供优势外部环境的特征,利用自身有利的创新环境和优惠政策等来实现产业孵化。而中国在高新技术园区与大学科技园的发展中存在发展规模与增长

势头不均衡的情况，高新技术园区发展主要依靠引进技术与政策优惠等，自主创新能力较弱，创业成功的企业依然面临技术"外援化"和"空心化"的困境[206]，在新一轮的产业调整和技术升级中面临"二次创业"的问题。因此，必须发挥大学科技园自主创新的核心能力，通过技术引进或技术模仿来实现对现有技术的吸收和更新，并在此基础上进行创新，实现向自主创新阶段的过渡，此外，大学科技园还发挥着企业孵化器[207]，尤其是产业型技术孵化器的作用，即能够通过研发政策等的合理利用来对现有有潜力的产业科技成果进行识别和进一步的研究开发。

通过大学科技园与高新技术园区之间的相互结合与功能优势互补，来实现二者之间的协同发展，从而实现科技园的转型升级。大学科技园与高新技术园区在孵化器与产业化、区位发展和技术创新等方面存在互补性。以"斯坦福+硅谷"发展模式为例，其为大学科技园和工业科技园（中国称为高新区）的有机结合，硅谷科技园的发展依托斯坦福大学，而斯坦福大学作为一个创业型大学，能够以市场需求为导向，充分利用市场资源来实现与现有产业的交流结合及技术与知识的积累，从而通过自身理论研究与产业化发展之间的互动结合来推动其进一步的发展[208]。通过与硅谷科技园的良性互动与技术孵化，"斯坦福+硅谷"模式的实现，带动了硅谷产业的发展与升级，尤其是推动了硅谷高新产业的发展，根据《2016年硅谷竞争力和创新项目》统计数据可知，高新产业的产出在2004年至2014年的十年间增长174%，且2010至2014年间持续增长，增长率超过10%。

2. 加强科技园区的分工化，促进综合功能性科技园与单一功能科技园区并存发展，多种模式科技园区共同发展，促进科技园的转型升级

根据科技园区的功能类型和在产业链的功能区位，可以将科技园区分为综合功能型科技园、基础研究型科技园、技术研发型科技园、高技术产品加工区和孵化器五类[209]。不同类型的科技园区在发展中侧重于不同功能：综合功能型科技园为进驻企业提供更为成熟配套的产业链和研发资金支持，满足企业对外部范围经济的追求；基础研究型科技园为进驻企业提供智力支持，建立企业、高校和研究院所的研发创新网络；技术研发型科技园为企业提供技术研发相关的政策和资金支持；高技术产品加工区和孵化器为企业提供规模经济和产业政策支持等。在构建区域科技园区时，要结合区域的经济、资源和技术特征有针对性地构建不同类型的科技园区，发挥地区资源政策优势。例如，台湾新竹科技园是典型的高技术产品加工区，以电子信息制造业为主要发展方向，依托低成本生产、便利交通和政策支持等，提供着全球80%的电脑主板和图形芯片、70%的笔记本电脑和65%的微芯片。台湾新竹科技园所构建的高技术产品加工园区将产学研巧妙结合，较好地解决了高校科技成果推广转化与产业化问题，推动了民间资本的快速提升，促使中小企业逐渐出现，也推动园区由"外引主导"向"自主创新"转变。

3. 探索新型服务型科技园区治理模式，充分体现政府资源在科技园区升级发展中的引领地位

在中国科技园的创建与发展历程中，政府一直处于支持和引领地位，在科技园区升级过程中也发挥着重要的作用。尤其是科技园区处于向"转型升级"和"自主创新"过渡的重要阶段，政府对于科技园区发展模式的转变具有重要的作用。同时，为顺应全球市场需求的转变，传统的政府治理模式已逐渐被服务型政府这一新概念所代替，这与服务型经济在中国国民经济中的地位具有密切的关系。构建服务型政府，要求改进对科技园区的传统管理模式，政府功能定位需要根据现实情况进行调整，根据科技园区的发展需求不断地更新现有服务型园区的治理模式，从而更好地发挥政府治理在科技园区升级中的作用。例如，法国索菲亚科技园的设立源于政府的主导意识，政府对园区的发展给予资金、政策等方面的支持，并对园区的发展提供推广和宣传等；瑞典麦德维科技园发展初衷之一是为设立技术公司的创业者建立商业园，瑞典公共部门为科技园发展提供相关建设资金[210]。

4. 发挥高等院校在科技园发展中的作用，围绕大学优势学科，形成专业集聚效应

结合英国剑桥科技园和荷兰特文特大学科技园的发展经验，大学在科技创业活动和科技园的发展中起着十分重要的作用，所以积极鼓励在大学中所举办的创新创业活动对于科技园的发展与转型升级具有十分重要的意义。例如，剑桥大学凭借其在物理、计算机、一级生物科学等领域的专业优势，已成为很多科技园区搞技术产业发展的创新动力，在此基础上来推动自身园区的升级发展[211]。与产业界保持联系，科技园内企业可使用大学数据库，大学可以通过科研成果入股方式为成果转化筹集更多资金等。

## 7.4.2 "互联网+"与传统科技中介平台再造

互联网具有巨大威力，对一国经济、企业经营和个人生活方式均产生了重大影响，互联网就像阳光、空气一样，渗透到社会生活的方方面面，无时不在。目前中国依托"互联网+"来推动传统科技中介平台再造已成为必然趋势。国务院于2015年7月发布了《关于积极推进"互联网+"行动的指导意见》，强调在各个领域实施"互联网+"的重要性，同时积极鼓励各主体利用"互联网+"来实现现有资源的共享和交流，从而满足市场需求，推动自身技术水平和创新能力的提升。"互联网+"一定程度上推动了科技中介平台产业的改造，培育科技中介平台创新点，加速了技术产品生产、流通与传递的变革，推进了科技中介平台的运行模式

的革新，推动了传统产业的整体升级和改造。

"互联网+"是指以互联网为主的一整套信息技术（像移动互联网、大数据技术等）以及互联网思维在企业发展的各个环节中的融合、渗透、延伸、演进。其中，"互联网+"的基础设施为云网端[212]，生产要素为大数据，体系支撑为社会化协同的分工体系，其具有紧密联系用户及平台经济等特征。从本质上来说，"互联网+"紧密结合了实体经济与虚拟经济的特点，实现了对现阶段传统产业和市场的"创造性破坏"[213]，实现了原有产业的变革与升级。互联网具有开放、平等、协作和共享等特点，能够将虚拟实体打通。例如，将产品服务线上与线下打通的O2O（online to offline，线上到线下）模式；打破时空的束缚，移动互联网的使用能够使终端移动化，用户之间通过网络社区、即时通信、电子邮件等多个平台进行交流，及时发布疑问和进行回复；将产品极致化，改变原有以供给为导向的经营模式，以需求为导向创造价值，提升产品的设计理念、营销理念和消费理念；将产品生产模块化，精细分工类别，将分工产生的效益和整合产生的效益融为一体，进行大规模协同整合，优化配置，实现成本最低和利润最大化[214]。

近年来，中国科技中介平台取得了较好发展，科技中介平台的数量和质量都有所提升，但其在发展进程中，仍存在若干问题。除上文中提到的对政府部门依赖性高、市场化程度低、提供服务的功能单一且存在重叠外，各地区间的机构主体发展存在不平衡和网络化程度低等问题，各科技中介平台间未形成完善的信息渠道，行业内资源共享和整合方面存在较大缺陷。因此，在中国未来科技中介平台的发展中，应运用和依托"互联网+"行动模式，以虚拟联盟的构建为突破口，在贯彻创新思想的前提下，将分散的科技中介平台依托"互联网+"进行网络化建设，以整体化原则、极致性原则、对接性原则和共享与互动原则为切入点，实现科技中介平台的创新与发展。依托"互联网+"实现传统科技中介平台的再造和升级，通过移动互联网和其他网络终端实现技术或其他项目、供需信息的发布和征集，实现虚拟空间中不同信息和资源的高效对接[215]，改善科技中介平台面临的信息不畅和资源浪费的情况，使上游积累的大量科研成果顺利进入下游，改善下游企业的技术水平和竞争力，同时增进下游有效需求信息的反馈机制，从而实现良性互动的发展模式。

现阶段，中国房地产、制造业等传统产业处于转型升级的关键阶段，实现以"创新驱动"为主导是改变传统技术创新模式、推动产业转型升级与提高经济发展水平的重要原动力。不断推进"互联网+"与传统科技中介平台的融合，对于推动信息化发展，实现经济转型升级具有重要意义。依托"互联网+"实现传统科技中介平台的升级具有如下优势。

（1）"互联网+"通过利用大数据、云计算和物联网等手段，实现信息的获取和全球化整合，有利于传统科技中介平台的改造，继而实现传统产业的结构调整与转型升级。

一方面，基于云计算、社会计算、大数据分析、智能终端等新一代信息技术，增强科技中介平台信息获取和整合的能力。根据互联网经济特征对原有资源基础、技术成果及转化利用方式进行再思考，培育新的科技中介技术转化能力，并依托价值链和互联网产业链关键环节的整合形成全新的价值创造方式，实现原有科技中介平台的再造升级。"互联网+"带来的信息流动和对信息的分析，打破了信息不对称的壁垒，使原本的价值链上下游关系发生变化[216]。以技术交易市场为例，"互联网+"的推进，使得技术供需双方对需求和供给信息更加明确，实现技术供需双方的信息有效沟通与合作甄选，尤其是技术需求方，降低了因不了解技术供给方核心技术而带来的逆向选择问题。

另一方面，将"互联网+"运用于科技中介平台的再造，能够实现信息和资源的全球化整合、资金全球众筹等。实现思想全球众智，即拓展新的科技中介服务平台，将企业在研发、制造和运营等过程中遇到的技术性或管理性难题放到网络平台上，委托全世界不同领域和时区的人们共同提供解决方案。例如美国的"创新中心"网站，有波音、宝洁等全球500强企业，将内部人员解决不了的科学、技术难题放到"创新中心"的网页上，由全球科学人员共同解决和攻克。

（2）"互联网+"有利于对现有技术研发、制造、流通等环节进行变革，使更新后的技术及服务更有利于满足用户需求。

"互联网+"相比于传统的科技中介平台，显著特征就是贴近用户，以用户为中心并不断地满足用户需求，已成为推动现有技术转变的关键。在技术研发环节，转变原有技术需求方被动接受高校、科研机构等研发的行为，让技术需求方主动参与，将下游技术需求者的需求信息有效地传递给技术供给方，实现用户本位的转变和产品由同质化向定制化的转变。实现需求的长尾理论，即通过互联网工具，使得实体与实体打通、虚拟与虚拟打通、虚拟与实体打通，并通过降低搜寻成本、信任成本等来减少交易成本，从而实现整个环节的顺利进行。中国正在积极推进"互联网+"与科技中介平台的融合，如依托国家科技支撑计划项目建设的"技E网"，设立全国交易网络，已在20多个省区市70多个地方设立专业频道，作为全国技术交易服务网络平台，提供跨地区的技术交易与科技交流合作服务，实现需求的长尾效应。

（3）借由"互联网+"能够实现资源多业界整合。

近20年，"互联网+"催生出了一批电子商务平台、众筹平台和线上教育，如目前中国科技中介平台逐渐推出网上企业创新服务，包括知识产权运营咨询、科研项目指定开发、技术转移培训，在科技资金的众筹方面，还成功推出了"科创E贷"和"科展E贷"两款P2P（peer to peer，点对点）融资产品，并提供知识产权质押贷款服务。除此之外，"互联网+"带动的科技中介平台的再造和升级还具有"脱媒"

功能，使得技术供需双方直接互动产生市场感知能力，通过对移动互联网超大量数据的处理与运算产生预测能力，预测技术市场的未来需求和走向，即"大数据+大计算=大商机"[217]；推动去中心化（decentralization），改变信息传递的途径，在对技术交易的搜寻上不仅可以通过传统模式，还可以通过微信、人人、微博等大众参与的服务平台。

### 7.4.3 从独立经营到协同发展的创新模式

在经济全球化和科技高速发展的背景下，中国经济正逐渐由资源耗能为特征的传统经济模式向以信息和技术为导向的知识经济模式转变，科技型中小企业逐渐成为经济发展和转型的重要力量[218]。与此同时，科技型中小企业对科技服务的需求力度加大，科技中介平台面临的问题和挑战日益增加，为了加强中小科技企业的孵化与发展，促进科技中介机构的体制改革，以协同创新的方式实现科技中介平台的发展成为实现科技中介平台创新与发展的重要方式，对于整合科技中介服务资源、促进科技创新具有重要意义。

以协同创新的方式实现科技中介平台的发展与升级，是指通过各类中介机构的"收敛式"发展来促进彼此之间的互动创新，进而实现对科技型中小企业的孵化与扶持。科技中介平台的协同创新网络具有以下特征：①推动科技水平的进步，进一步实现创新成果转化；②通过科技中介平台实现各科技要素的协同发展，进而提升科技中介平台原有的服务创新能力，有效实现科技要素间的互动创新进程；③以需求为动力拉动技术研发与成果转化；④协同网络的可持续发展与该区域和国家的科技服务协同机制相适应，合理的机制设计是科技中介平台协同创新的重要依据；⑤人才、资金和政策等要素是该协同网络实现的重要保障。

构建协同创新网络能够加强各科技中介平台间的合作与交流，形成互补合作机制，使得区域内科技中介平台通过合作网络实现资源共享、创新互动和协同发展；同时，科技中介平台要时刻以市场需求为导向，及时地了解企业发展需求，并与大学和科研机构间保持紧密联系，进而通过企业、大学和科研机构及时的信息反馈来修正自身存在的不足；此外科技中介平台以政府政策为指引，还需做到与政府政策动态的协同；最后，构建科技中介平台的主要目的是实现企业各生产环节的优化，包括工艺创新、产品创新及销售等，实现区域经济系统效益最大化，因此需要与产品创新链需求保持协同，通过对现有产品创新链存在的不足进行修正来进一步实现融合与延伸。

实现科技中介平台的协同创新可以通过以下途径实现。

## 1. 打造服务联盟,促进协同互动

积极鼓励科技中介平台构建"产学研技术联盟"体系是实现协同创新的重要过程,尤其是以区域内国家级孵化器、生产力促进中心和大学科技园等为代表的科技中介平台。通过区域内各高校和科研机构的知识创造与创新互动来不断地转变原有科技服务体系格局,实现最终创新成果的产业化。

以日本首都圈为例,为全面推动区域创新工作,提高科技中介的执行力,日本先后建立包括新潟协同创新服务中心、静冈茨城协同服务创新中心等在内的多个协同创新中心,设立专门科学技术联络员,收集区域内大学研发成果和企业需求信息,将产学双方的供需相联结,增强区域创新能力[219]。

## 2. 构建中介机构服务网络和创新驿站,形成系统效应,促进技术升级

通过构建全面的信息资源服务平台对于提高各领域间的创新互动,促进技术升级具有重要作用。尤其是构建包括研究型大学、技术中介机构、中小企业及政府的"四位一体"的区域协同创新体系,对于打破区域内原有的信息资源封闭、垄断等局势,实现知识积累和信息共享具有重要的现实意义。

以欧盟创新驿站为例,源于欧盟的"创新和中小企业计划",通过互联网实现资源共享,旨在帮助中小科技企业开展跨国技术合作与转移,这一为中小企业提供科技和商业支持的中介服务模式取得了较好成效,其主要根据不同的中小企业市场需求来提供技术服务和商业支持等[220]。我们可以借鉴欧盟创新驿站的发展模式,在技术中介机构的基础上建立创新驿站,发挥信息辐射、技术转移和加强国际合作等作用。目前,中国在创新驿站上进行了一些实践,如青岛技术产权交易所创立的青岛创新驿站和清华大学国际技术转移中心等。创新驿站的运作步骤和模式如图 7.14 所示。

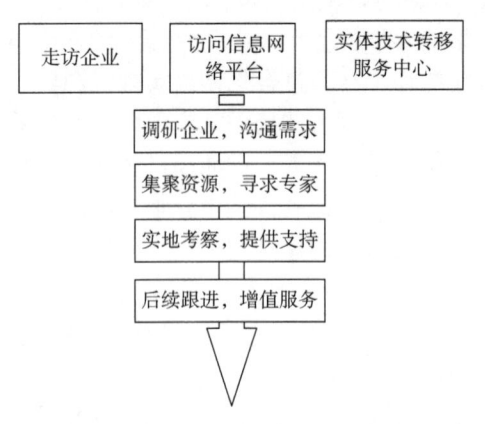

图 7.14 国内创新驿站的运作步骤与主要模式

### 3. 建立人才交流协作平台，为科技中介创新提供人力资本

中国科技中介平台创新一直以来面临着专业人才欠缺的困境，需要通过与人才市场等服务机构形成紧密的合作关系来健全现有的人才交流协作平台，从而为科技中介平台和科技中小企业提供其所需要的技术创新人才；通过与高校协作，帮助中小企业吸引高校毕业生中的优秀人才进入企业；同时提供管理人员、专业人员和操作人员三个层次的培训机制，有利于企业人员的进步。以科技中介从业人员为例，其提供的服务具有知识密集的特征，从业人员需要有深厚的科技背景、广阔的视野，同时需要涉猎管理、经济、金融和法律等多方面的学科知识。因而，更应加强对科技中介从业人员的教育与培训，提高其整体素质[221]。此外，还可以通过鼓励高校、科研院所中有能力的人员从事中介服务，加强对海外留学人员的吸引，通过人才协同机制，更好地为中国中小企业技术创新、中介服务业提供人才支持。

### 4. 推动本土科技中介机构与国内外知名机构的合作创新

为顺应国际与国内市场的需求，进一步推动本土科技中介机构与国内外知名机构的协作创新对于提升现有科技中介机构水平具有重要的意义，可以通过以下几个方面开展实施：①组织本土各类科技中介平台机构采取"走出去，引进来"的模式，通过到国外先进中介服务平台的考察、培训和学习等，学习其先进的中介服务经验，提高服务质量与水平，促进技术成果产业化与技术创新效率的提升；②吸引国外知名科技中介机构入驻国内，开展国际化技术转移业务。欧洲和美国技术转移已经在日本、以色列、俄罗斯等地形成丰富经验，将其转移至中国十分必要，将"引资"转化为"引智"，将优秀的团队、人才和科技引入中国。

# 第8章 政府引导下的合作研发与产业升级

## 8.1 政府在产业技术联盟组建和运行中的作用

### 8.1.1 政府的引导作用

1. 对产业技术联盟的布局和组建的引导

政府在产业技术联盟中最开始的作用是引导联盟的布局与组建。合理的布局直接影响到联盟的发展，所以政府从产业结构、空间布局、社会发展需要等角度，考量选择合适的、科学的联盟领域，空间位置，规模等进行联盟布局与组建。

第一，产业选择要以国家总体发展规划为根本，以经济发展为目标，以支柱产业和新兴产业为重点对象。第二，科学的布局要求政府把握好产业的特点、优势、资源分布、发展现状及前景等，在做好科学准备的情况下进行高水平建设。第三，整合产业内和空间区域内的资源，确保联盟内的资源优质性。第四，政府合理引领产业技术联盟的组建，保证产业间技术联盟的顺利进行与环境稳定。第五，虽然政府引导了整个产业技术联盟的布局与组建，但是仍需要抓住重点进行大力支持，合适的着力点能够减少不必要的支出。综上，政府主要通过图 8.1 的过程引导产业技术联盟的布局与组建。

产业选择 ⇒ 科学布局 ⇒ 资源整合 ⇒ 组建联盟 ⇒ 重点支持

图 8.1 政府引导产业技术联盟布局与组建的框架

## 2. 试点联盟带动产业联盟发展

政府在产业技术联盟中的引导作用还体现在以试点联盟带动产业联盟发展上。政府选择有利于推动经济发展的支柱产业和战略新兴产业，围绕共性技术问题设立联盟试点，能够充分发挥试点联盟在产业创新中的引领与示范作用，进而形成良性循环。

如图 8.2 所示，政府在联盟中寻找具有较高成长性、符合国家发展方向、对经济有推动作用的联盟作为试点联盟，重点扶持联盟的发展并总结联盟中的经验和教训，找出存在的问题和不足之处加以改正，这无形之中扩大了联盟的影响，将带动不成熟联盟的发展甚至形成新的联盟，而政府可以再从联盟中进行筛选，选择新一批的试点联盟发展，以此形成良性循环。在整个过程中，政府并没有参与到联盟的运行中，只是引导了试点联盟进而带动了产业发展，由此可见政府的引导作用非常强大。

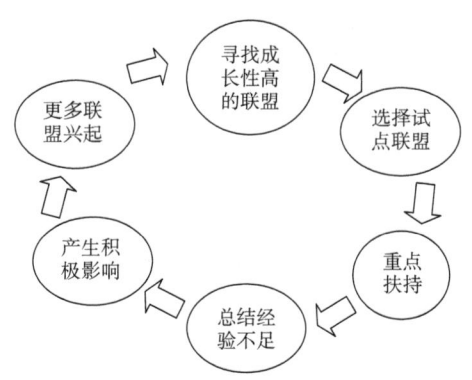

图 8.2　政府设立试点联盟带动联盟良性循环发展

科学技术部已分批设立了基于不同领域的国家产业技术创新战略试点联盟。首先，在 2010 年分批设立了以 WAPI 产业联盟为代表的信息产业技术创新试点联盟，承担起探索国家重大技术创新的组织模式和运行机制的任务；其次，在 2012 年设立了以抗体药物产业联盟为代表的产业技术创新战略联盟试点，围绕培育发展战略性新兴产业和改造提升传统产业为主，并不断完善产业技术创新链；2013 年设立了以日用及建筑陶瓷产业技术创新联盟为代表的节能减排标准化产业技术创新战略试点联盟，旨在围绕国家战略目标和产业转型升级，不断探索完善市场经济条件下联合开发、优势互补、利益共享、风险共担的产学研用长效合作机制，加强产业共性技术研发和成果转化扩散，大力提升产业核心竞争力。另外，科学技术部针对各重点培育联盟提出要求，强调产业联盟进程要不断地探索和明确技术创新的方向与目标，进一步加强联盟相关机制的建设及资源共享，从而更有助于通过联盟合作来提高产业间的技术创新能力与竞争优势[222]。

## 8.1.2 政府的支持作用

政府支持产业技术联盟主要是促进技术的发展、加速产业竞争力的提升，其支持的途径主要体现在资金支持和支持产业共性技术的研发和扩散上。

1. 资金支持

政府对产业技术联盟的支持主要体现在资金支持上，因此中央和地方政府为支持产业联盟的发展提出了一系列的规章制度。为进一步促进北京中关村园区的发展，相关政府部门对其采取先行先试办法，即通过降低融资约束、提高资金补贴及增加资金配套服务等多种形式来促进中关村园区各类产业联盟的发展。而针对具有集中性优势产业的山东、黑龙江等地区强调通过建立优势联盟来推动发展。湖南省为加快产业联盟的发展，合理利用省级科技计划和产学研结合专项来大力支持开展技术创新产业联盟，强调不同机构之间的互动创新与资源共享。因此，资金支持是重要内容，可以为产业联盟的发展提供一个稳定健康的外部环境[223]。

美国的产业技术联盟起步较早、发展完善，其政府对产业技术联盟的支持也主要体现在资金方面。胡冬云在研究中指出，美国 SEMATECH 作为政府和企业合作产业技术创新联盟的成功范例，其中，政府通过法案授权国防部部长来代表其参与产业联盟，以国防部为中介对产业联盟提供资金支持，每年 1 亿美元，达到整个产业联盟研发投入的一半[224]。

2. 支持产业共性技术的研发和扩散

产业技术联盟是基于共性技术的研发、合作创新与技术扩散的组织。共性技术是企业进行技术知识学习及专有技术研发的主要基础，为企业创新能力提供了重要支撑。一直以来，行业科研院所是中国共性技术研发和扩散的主要主体，但近年来随着科研院所的逐渐转制导致原有的资助体系弱化，而产业共性技术需要长期的研发投入同时具有一定的风险性，并不利于中国现有产业共性技术的发展。所以，产业技术联盟作为推动中国技术进步的中介组织，对于改变传统产业共性技术发展体系，推动产业共性技术研发与扩散具有重要的现实意义[225]。而政府在这一过程中起到促进产业共性技术研发和扩散，提高资源整合效率的作用。由于联盟内部成员的差异性及信息不对称，共性技术的研发和扩散将会受阻，尤其是扩散环节。因此，政府在扩散过程中应给予支持帮助，制定合理的规划和目标，发挥政府的职能，推进共性技术的整合和学习，提高资源效率，助力产业技术升级。

### 8.1.3 政府的协调作用

在产业技术创新联盟中,政府和联盟内的各成员目标不完全一致,政府以公共目标为导向,成员则是以利益为首要目标,并且成员之间的目标也不尽相同,因此就需要政府进行协调。政府的协调不仅可以维持联盟的稳定,还可以降低联盟成本,改善市场机制的效率。

1. 维持联盟稳定性

政府的协调作用体现在维持联盟的稳定性上,它体现在如下三方面:一是利益分配。利益分配不仅体现在资产上,若是资产上的利益纠纷还比较好协调,但是在产业技术联盟中的利益分配纠纷通常体现在知识产权上。联盟成员之间的知识产权被侵犯或者联盟共性技术被侵犯都会造成巨大的利益损失,政府可以通过完善知识产权保护的法律法规来制约知识被侵犯的行为。二是成员间的信任。由于联盟内的成员多是以利益为首要目标的企业,联盟成员会较为自私地诸事以自身利益为出发点,缺少对其他成员的信任。但是技术联盟是一个团体,信任的缺失很容易造成联盟的不稳定。而政府作为无利益关系的第三方角色,其中一个作用就是协调成员之间的信任关系。三是信息不对称。信息不对称也是联盟不稳定的因素之一,它可能造成技术交易风险,提高成本,也可能减慢技术研发的速度。政府可通过技术指导、搭建中介平台等方法进行协调,减少信息不对称的障碍。

2. 降低联盟成本

目前,大量成本问题已成为制约产业技术联盟发展的重要因素。产业联盟为内部成员提供了一个资源共享、信息交流及互动创新的平台。但是,联盟的运转需要消耗大量的成本。第一,联盟的合作研发是多主体的合作,在产业技术联盟中的行为,较之于单个主体的研发活动会产生多余的协调成本。第二,联盟规模越庞大就越难以控制每个成员对联盟的贡献,很容易存在"搭便车"的情况,这也增加了成本。第三,联盟成员之间的知识传递、技术溢出会由于互相之间交替传递产生错误,一旦发生错误,增加的成本不可估量。第四,联盟成员之间并不是同等水平的,规模、结构、资本等方面的差异都会使成员之间的沟通成本加大。因此,政府降低联盟成本的作用就凸显出来。政府的协调之所以能够降低联盟成本是因为如下几个原因:首先,政府虽然为联盟提供支持但并非联盟内部的企业成员,分析问题比企业更客观,可以以第三方的角度对企业之间增加成本的行为进行协调;其次,政府虽不是产业技术联盟的主导,但是是具有话语权的,例如,"搭便车"行为若由成员之间解决则很容易引起冲突,但是若是政府进行协调,不仅可以有效解决"搭便车"行为,还能进一步从协调作用转换到监管作用,使得联盟体系内部更高效。

3. 产学研合作助力联盟发展

产学研合作在中国发展十分缓慢,中国产学研合作缺乏有效的机制和组织形式,产业技术联盟为产学研结合开辟了新的途径。从国外的经验来看,政府支持产业技术联盟的发展与产学研合作紧密相关。

在产业技术联盟共性技术研发过程中,产学研合作作为其中重要的组织形式之一,能够通过提高自身发展水平来带动产业技术联盟的研发能力与技术水平的提高,进而推动共性技术在产业内的扩散与传递。政府通过整合内外部资源协调产学研发展,进而达到联盟乃至全行业竞争力提升的作用。

## 8.1.4 政府的服务作用

1. 提供良好的外部环境

陈宝明指出良好的外部环境是联盟发展的必要条件和重要保障[225]。李伟等[226]、邸晓燕和张赤东[227]也持相同观点,认为政府应为推动联盟的有效运转提供良好的外部环境。外部环境无疑是产业技术联盟的保障,本小节将从政策环境、社会文化环境、基础设施环境三部分分析外部环境。

政府在产业技术联盟中最重要的作用就是营造良好的政策环境,因为这是只有政府能够完成的不可替代的任务。表 8.1 为国家有关部门关于产业技术联盟的政策文件,可见中国政府为技术联盟提供的政策环境还算可观。

表8.1 国家有关部门关于产业技术联盟的政策文件

| 时间 | 机构 | 名称 |
| --- | --- | --- |
| 2008 年 6 月 | 科学技术部 | 《国家科技计划支持产业技术创新战略联盟暂行规定》 |
| 2008 年 12 月 | 科学技术部等 6 部门 | 《关于推动产业技术创新战略联盟构建的指导意见》 |
| 2009 年 1 月 | 科学技术部 | 《产业技术创新战略联盟盟内审核工作程序》 |
| 2009 年 6 月 | 科学技术部等 6 部门 | 《国家技术创新工程总体实施方案》 |
| 2009 年 12 月 | 科学技术部 | 《关于推动产业技术创新战略联盟构建与发展的实施办法(试行)》 |

然而社会文化环境作为软环境也时时刻刻对产业技术联盟产生影响,联盟的发展环境不仅依靠政策,还依赖于社会的技术创新文化环境,包括价值观、创新精神与动力、对技术的尊重等。这样的背景文化建设是一个庞大的工程,是历史积淀下来的产物,必须由政府主导来营造积极的科技文化创新氛围,在联盟内外

形成鼓励技术创新的进取机制，营造全社会的和谐氛围。

政府的服务作用除了体现在软环境外还体现在硬环境，加强对技术联盟基础设施的支持，为联盟内科研成员提供良好的居住和工作环境能够提高联盟的工作效率。具体可以通过土地和基本建设优惠政策来实行。

2. 保护知识产权

在产业技术联盟运行过程中，联盟成员、高校和科研机构主要围绕技术创新开展活动，因此涉及知识产权的情况就比较多。知识产权可以帮助界定联盟成员在相互合作研发中产生的创新成果的产权归属，维护联盟成员的合法利益。2006年科学技术部和国家知识产权局出台了《关于提高知识产权信息利用和服务能力 推进知识产权信息服务平台建设的若干意见》，指出要认识并提高利用知识产权的能力，加强知识产权信息服务队伍的建设，推动平台构建，并提出政府部门应加强对知识产权信息利用与服务工作的领导和协调。

政府服务各成员，积极解决各成员的知识产权问题是联盟长期发展的条件之一。为促进产业技术联盟的发展，提高产业联盟研发创新的积极性，需要有相关技术创新和创新产权保护法律相匹配，以保证产业技术创新联盟外部环境的稳定性。所以，政府需要大力采取相关政策来保证产业联盟内部企业、高校和科研机构等的知识产权并提高相应的专利意识，来推动产业联盟技术创新活动的顺利展开。因此，政府应从培育标准知识产权、保护权利人利益、防止联盟知识产权滥用等角度出发，制定与联盟内部组织相匹配的知识产权保护政策，保证产业联盟战略与政策的有效整合[125]。目前中国知识产权体系较为完善，但是由于产业技术联盟的特殊性，在联盟中产生的知识产权纠纷是否完全按照知识产权要求执行还是值得考量的。

3. 发展科技中介服务机构

政府通过建立科技中介服务平台或机构服务于产业技术联盟。首先，产业技术联盟本身就是一个技术平台，它连接了各个联盟成员、政府和高校，联盟就是为共性技术的研发、技术转移和知识交流提供一个稳定的高效的交流渠道。但是在实际情况中，由于联盟成员的差异性及信息不对称等问题的制约，联盟内部的沟通并不是十分顺畅。因此，科技中介平台（机构）的意义就凸显出来。科技中介服务机构不仅作用于产业技术联盟，更对产业升级具有积极的意义。

科技中介服务机构主要功能是在企业与企业、政府、科研机构、教育机构及金融机构等之间建立稳定的中介平台，并通过平台上的资源共享与互动创新为企业提供包括技术信息、咨询、转让、成果转化在内的服务，促进企业技术升级[228]。目前许多科技服务机构缺少服务意识和服务能力，没有以市场为导向在企业和高校科研院所之间进行及时的信息反馈,也不具备提供高质量服务的能力。但是这一体系的建设是循序渐进的,在政府和全民的积极努力下,科技中介服务平台终将发挥其应有的作用。

4. 监管资金

政府对产业技术联盟的资金支持是配套使用、专项对口的,但在实际操作中,这些资金的使用缺少相应的监管。这主要是由产业技术联盟监管机制缺失造成的。为确保资金的使用效益,政府应建立专门的联盟管理机构,协调各成员之间的利益分配。

## 8.2 产业技术联盟面临的挑战

### 8.2.1 产业技术联盟运行机制方面的挑战

产业技术联盟的运行过程主要分为初期、中期、成熟期,联盟的运行涉及多种机制,运行初期包括动力机制、选择机制;运行中期包括分工机制、管理机制、激励机制、信任机制;运行成熟期包括利益分配机制。本节将从运行机制入手,分析产业技术联盟面临的挑战。

1. 缺乏信任机制

产业技术竞争已由传统的企业间竞争向产业联盟间竞争转变。具体表现为,以产业为中心形成一个个竞争模块,模块之间再进行竞争,模块内存在合作和竞争关系,以实现最终共同利益为目的。这就对模块内部的信任机制具有较高要求,成员之间缺乏信任、缺乏信息沟通平台、信息不对称等极大程度上不利于产业联盟内部成员间的互动创新。

信任机制是指产业技术联盟内部成员之间形成的相互信任并持续信任的制度,影响成员之间信任的影响因素包括:①联盟成员的声誉和合作经历;②联盟成员是否就联盟的目标、愿景、价值观等达成共识;③联盟成员的承诺和担保。另外,产业技术联盟是个体与个体的联盟,归根到底是人的合作,因此个体的实力、承担的任务等也都会对联盟的信任程度产生影响。除此之外,信息不对称、缺乏沟通交流也是影响信任的因素。

联盟中信任危机主要是由一个或多个企业只追求自身利益或只追求即期利益

无视联盟整体效益造成的，此时联盟信任崩塌并很难再次形成稳定的联盟。为避免这种情况的发生，联盟必须提高某一合作方背弃联盟产生投机行为的成本，并且加强联盟成员之间的利益关系，从而加强信任。另外，利益分配也将影响成员间信任，如何处理好利益分配问题也是联盟的重点。

2. 利益分配机制不健全

产业技术联盟成员是以利益为主要目标的企业，因此利益分配的合理性是产业技术联盟的重中之重，构建合理的利益保障机制是产业技术联盟得以成功的关键。联盟内出现利益分配问题的主要原因是联盟中成员获得的回报与其投入不对等，没有得到其应有的权利或利益，这会造成联盟内的冲突，进而影响到联盟的稳定性和持续发展。

如表 8.2 所示，联盟的利益不仅体现在利润上，还有很多无形利益，这就使得利益分配更加困难。因此，联盟的利益分配需要遵循一般性原则和应用性原则，一般性原则包括平等原则、互惠互利原则、公平兼顾效率原则、协商原则。应用性原则包括投入与收益一致原则、风险承担与收益一致原则、综合优化与配比原则。依据上述原则构建良好的产业联盟利益保障机制是推动产业联盟稳定健康发展的关键。

表8.2 产业技术联盟主要利益分类

| 有形利益 | 无形利益 |
| --- | --- |
| 利润 | 技术专利 |
|  | 非专利技术 |
| 产品和服务收益 | 管理经验 |
|  | 市场占有率 |
| 技术转让收益 | 品牌商标和商誉 |
|  | 社会形象 |

合理的利益共享机制主要体现在联盟的协议上，联盟应提前对利益分配进行明确的规定，具体根据联盟内部成员在技术研发投入及保护知识产权等方面的贡献度进行衡量分配。合理的利益分配机制能够保证联盟内部成员参与的平等性，有利于产业联盟的健康发展。当联盟成员通过自身贡献度获取相应收益后，会提高自身对联盟的忠诚度，进而有意愿在联盟中持续合作。由此可见，在联盟的角度，投资与收益的对等、权利和义务的对等是联盟维持稳定的条件。

在实际情况中，产业联盟利益分配问题主要体现在专利上，产业技术联盟一般以联盟内企业成员的专利构成专利池的形式管理经营相关专利。此时产业技术联盟依据联盟成员对专利池贡献专利的数量和质量等构建利益分配机制，而企业的收益则体现在授权上。例如，半导体照明产业技术创新战略联盟通过建立专利池工作组并制定《专利池管理办法》来对已有的专利进行管理，保护内部成员知识产权管理与运行的稳定。中国集成电路封测产业链技术创新联盟也部署了一系列规章来保证合理的利益分配，主要包括《集成电路封测产业链技术创新联盟知识产权管理办法》《封测专利池管理实施方案》等，并取得了显著成效[229]。

综上所述，产业技术联盟的合作方都是以自身利益为目标的，只有合理的利益分配机制才能够保证各方的持续合作、加强联盟的信任并且达到联盟利益最大化。

3. 联盟管理、监督松散

由于联盟是自发组织的不具有法人效力的合作组织，难免面临组织形式松散，管理困难的情况。但是产业技术联盟能否高效地运行，能否产生战略性的科技突破和经济效益在很大程度上取决于管理的好坏。因此，应严格管理好联盟的人员、资金的使用与调配、科技成果的转化等，制定管理章程，积极发挥协调管理功能。

除了信任、利益、管理机制之外，监督机制也是维护联盟良性发展的机制之一，主要有成员间互相监督和第三方监督两种方式。成员间的监督可以采用不定期参观考察等形式，第三方监督则是委托专业的管理咨询公司对联盟进行专业的监督，并且设立与监督相对应的惩罚措施，以承担经济损失、承担责任、剥夺权利等对成员进行约束。

## 8.2.2 产业技术联盟政府支持方面的挑战

1. 政府引导作用发挥不充分

政府的支持引导作用在"三螺旋理论"中有所涉及，该理论阐释了高校、企业和政府作为创新活动的三个主要参与者如何互相支持、推进国家或区域创新能力螺旋式上升的新机制。政府是制度创新的主要承担者，依托特殊地位与资源优势，通过行政、法律等调控方式，引导支持企业与学研机构的创新互动，是产学研合作开展的保障[230]。另外，产业领域的战略性、公共性、风险性、创新性等都决定了政府参与和支持产业技术联盟的重要性。

产业技术联盟的发起有多种情况，包括政府牵头或发起、企业在政府的倡议下共同发起、企业在政策引导下发起、由某一企业发起、由科研机构或行业协会发起等。政府部门牵头成立的联盟多为科技服务类和以新能源、新材料、新医药为代表的战略性信息产业类[231]。由于发起情况众多，依据技术创新活动主导力量，产业技术联盟主要分为政府主导型、学研驱动型和市场导向型。这三种类型的联盟，都离不开政府的参与和支持。

政府主导型产业技术联盟是政府为实现产业技术创新、产业升级或战略性发展等目标而主导设立的联盟,其中政府的作用毋庸置疑,联盟多集中在高科技战略性产业领域,能够体现政府的意志,政府主导型联盟主要依赖于政府的财政和资源等。学研驱动型产业技术联盟大多是基于技术研发需要,政府在这类联盟中的作用主要是经费补贴、提供信息、降低风险等。市场导向型产业技术联盟是大多数产业技术联盟的选择,这是符合市场规律的,也是我们所提倡的。政府在这类联盟中不应过多干预,而是以服务和引导为宗旨支持联盟的创新发展。

虽然一直倡导以市场为导向建立技术联盟,可实际中并没有普遍形成政府以服务和引导作用为主,企业依据市场导向而进行创新活动的联盟,政府参与联盟的弊端也日益凸显。因此,政府减少主导作用,极大地发挥引导作用是一大挑战。政府如何正确支持和激励产业技术联盟的健康高效发展也是亟待解决的关键问题。当前的现实情况是政府的引导能力不足,政府对联盟的支持还具有"包办"的形式。因此,一方面,政府要进一步完善科研制度,包括对不同科研项目的分类管理、由企业或产业联盟对应用性产品进行技术创新;另一方面,对于基础性、公益性及某些重点行业的关键性项目,应该由政府主导。政府应根据产业联盟的内部组织特征而发挥不同的作用,保证产业联盟内部成员健康稳定的互动升级[232]。应将政府的引导作用最大化,进而促进联盟的和谐持久发展。

当前,政府对产业技术发展和协调方面的引导还不够完善,推动产业技术升级的作用还不凸显。政府亟须探索具有中国特色的产业技术引导方式,具有针对性地将政府的引导作用最大化,以促进产业技术升级。

## 2. 联盟的法律地位不明确

明确法律身份是大多联盟普遍关注和迫切需要解决的问题,联盟自身法律地位的确定直接关系着联盟各方的规范运行,然而当前研究大多是从联盟的管理、经济等视角展开,忽略了基础的法学视角。

政府在联盟相关政策方面有明确的文件,2006 年,为积极领会党的十六届五中全会和全国科学技术大会精神,推动企业由技术引进、模仿创新向自主创新过渡,进一步加快产学研技术创新体系的建设,科学技术部、国务院国有资产监督管理委员会、中华全国总工会根据中国企业技术创新能力不足等问题,制定实施"技术创新引导工程"的战略,激发企业技术创新的自发性,其重点内容第二条就是引导和支持若干重点领域形成产学研战略联盟[233]。2008 发布《关于推动产业技术创新战略联盟构建的指导意见》(国科发政〔2008〕770 号)(以下简称《意见》)。《意见》对产业技术联盟的定位、产业技术联盟构建的重要意义、基本原则、主要思想及任务和条件等方面提出了明确的要求,并积极鼓励开展产业技术创新战略联盟的试点工作[234]。但是《意见》只是指导性的政策文件,并没有明确联盟的法律地位。

产学研合作组织形式如图 8.3 所示,产业技术联盟是以契约为基础性法律保障的,它可以划分至半实体模式中。但联盟缺乏法人或非法人的主体地位,导致联盟中的重要文件无法得到公权力的支撑,即等同于普通民事契约。因此,联盟主要的法律保障机制依赖于联盟成员共同约定的违约责任。但中国不健全的社会信用体系导致较低的违约成本所引致的违约现象较多,因此产业技术联盟的稳定性、连续性和长期性面临较大的风险[235]。

图 8.3　以合作关系的法律基础为分类标准的合作组织形式

随着联盟发展的日趋成熟,联盟的法律地位问题将会日益凸显,联盟的主体形态还是依赖于政府法制的制定[236]。除了主体形态之外,联盟的法律形态还会直接影响联盟的运行机制和稳定性,因此对联盟法律身份的确定对产业技术联盟规范和持续发展具有重大意义。

3. 相关制度和法规不完善

2008 发布《关于推动产业技术创新战略联盟构建的指导意见》之后,各部门与地方政府响应国家指导意见,也相继出台政策,但效果并不明显,中国缺少系统的制度和立法。尤其是产业技术联盟中最容易出现争议的专利问题,专利是对知识产权保护的重要措施,目标是保护新技术开发的最终成果,加强对企业开展创新研究的支持与鼓励。中国从 1985 年开始实施专利制度,随着中国综合国力的提升和创新能力的增强,专利数量已经大有提高。但是中国专利制度进步的速度并没跟上技术创新发展的速度。中国企业的专利意识虽然有所提升但依旧不够强,从国家整体上来看专利结构不合理,转化率较低。这些问题都对国家的政策法规提出了较高的要求。虽然中国已有关于知识产权保护的相关法律,但不具有全面性。尤其是缺乏对技术创新、产学研合作、技术联盟等的相关法律界定和制度体系。所以,政府需根据现阶段产业技术联盟存在的不足及时地制定技术创新制度,来保证产业技术联盟的健康发展。政府不仅要采取相应的有效措施来推动产业联盟技术创新,对联盟合作研发的项目给予特殊政策优惠，同时要制定具有针对性的联盟专利法律文件来保护联盟及内部企业的利益，提高研发的积极性与创造性。

## 8.2.3 产业技术联盟的其他挑战

1. 风险性

高技术领域中的研发项目普遍具有复杂性和风险性，由于研发力量薄弱，企业独立进行研发是很不明智的，经济效益也不高，并且由于领域本身的特点，企业进行单独研发时不能有效地获取科学技术、行业动态等信息，对现有技术成果的利用能力也不足，而产业技术联盟有利于企业之间协同发展，加快企业对现有技术的更新及技术成果的转化。同时，产业联盟能够有效降低企业在技术创新过程中可能遭受的风险，并且还能够节约资源、整合资源，从而提升产业整体的技术水平和研发效率。

虽然产业技术联盟在一定程度上降低了企业独立进行技术创新和研发的风险，但联盟需要长期的研发投入，因此对企业来说仍具有一定的风险性，这与企业自身所追求的短期收益相违背。我们可以将产业技术联盟看成一个大的技术创新项目，因此项目中存在的风险在联盟中同样会存在，其中包括管理风险、技术创新风险和道德风险，比较突出的是技术创新风险。

技术创新风险主要是由技术创新本身的难度加之各种不确定性因素导致技术创新失败或者未达到预期而造成损失的可能。技术创新是在开辟新的道路，因此从研发至成功获利的过程中的任何一个小环节都存在不确定性，研发项目的走向不可控，这也就是为什么其风险性较高。并且，当创新程度越高时，其不确定性越大，风险也就越大，但是产业技术联盟的意义就是在于技术创新，因此高风险是难免的。产业技术联盟的主要导向是满足国家重点领域和战略新兴产业的技术创新需求，通过对产业共性技术、已有关键技术等的联合开发与互动创新，来转变企业传统的技术创新模式并提高技术创新水平。所以，产业技术联盟所面临的风险性和技术难度更大。

2. 持续创新能力不足

高校和科研机构是技术创新力量的主力军，企业的技术创新能力相对薄弱，由于目前中国产学研合作的效率不高，稳定性差，战略层次合作较少，点对点的短期项目合作居多，联盟中高校与科研机构的比例也较低，难以形成产业技术创新链所需的长期持续的合作关系，即使形成合作其组织形式和运行机制也不健全，这直接影响了联盟的创新能力，不利于产业发展和研发成果的转化应用，联盟普遍呈现出持续创新能力不足的现象。

技术创新能力是当下能够创造出价值的能力，然而持续创新能力确实比创新能力更重要，一个联盟建立后经过发展很有可能具有较强的创新能力，但是如果持续创新能力较弱就极易衰败。因此，本小节从生命周期角度对持续创新能力进行分析，如图 8.4 所示，产业技术联盟的生命周期包括组建、成长、成熟、衰退或再成长。一个具有生命力的产业技术联盟与其他联盟的区别就在于成熟期后联盟是衰退还是再成长。

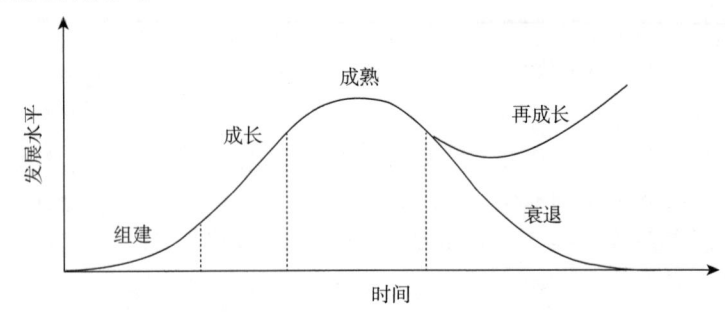

图 8.4　产业技术联盟生命周期

现阶段联盟由于利益分配、监督管理不当、成员信任程度较差等因素很容易进入到衰退阶段，出现联盟成员数量减少、合作松散、创新动力不足、创新水平下降等现象。联盟的衰退受众多因素共同影响且再成长难度较大，联盟想要实现再成长不仅需要持续的创新能力，还需要规避风险、抓住机遇、协同创新、提高联盟内部稳定性。而政府在这一过程中可以起到很大的积极作用，政府在联盟成熟阶段应促进科技成果的转化，加强对联盟的激励与引导，充分发挥政府的引导作用。原因是联盟在成熟期时较多的专利成果转化既能够得到利益又能够激励联盟成员，很大程度上可以避免联盟衰落初期资本和成员减少等现象。当联盟即将进入或已经进入衰退期时，政府应及时分辨有再造价值的联盟制定再造项目，引导联盟科学地再成长，能够减少资源浪费，提高资源效率，原因是有价值的联盟再成长所需要的成本是低于一个新生联盟的。

总的来看，持续创新能力会直接影响联盟的再成长或是衰退，而政府在这一过程中应充分发挥其引导作用，引导联盟再成长。

3. 资源利用率

理论上联盟可以提高资源利用率，减少重复的基础研究成本，使企业减少研发投入或者把节省的研究成本用于更能创造价值的研究上，然而由于联盟的法律身份、管理监督、企业的利益私心等因素，联盟是否真的能够提高资源利用率、减少重复性的研究成本是不得而知的，更是无法考量的。

政府支持和引导下的联盟是否真正带动了联盟内企业参与技术创新的积极性？由于企业追求既得利益，企业依赖政府资助但目标却与政府不一致，联盟成员以申请政府项目为统一目标，但是拿到钱后各奔前程，并不将政府的补助实际用于科学技术研发，资金实际利用率较低。除了以上情况，还存在联盟成员的"搭便车"行为、信息不对称、沟通不及时等降低联盟资源利用率的情况，因此提高联盟的资源利用率是亟须解决的问题。

## 8.3 产业技术联盟与产业升级

### 8.3.1 产业技术联盟与产业升级的国际经验

1. 法律保障

法律是任何事项开展的基础，也是产业发展的有效保障。通过法律制定能够对产业技术联盟的行为进行规范，有利于产业技术联盟内部合理性的实现，达到产业升级的最终目的。从产业技术联盟的国际经验看，当前西方发达国家在此方面的监管和法律规范较为健全，也更为科学。通过法律对产业技术联盟进行保护和行为规范，能够极大地促进产业的发展。以美国为例，美国有关部门早在19世纪后期就通过《联合研究开发法》，该法制定的根本目的就在于希望通过法律制定对垄断行为进行惩处，以保障产业的合理发展[237]。通过制定《联合研究开发法》，美国国内成立了众多研究团体，并形成了一些州级联盟，甚至全国性的联盟。无独有偶，几乎在同一时期，法国也出台并颁布了《研究与技术开发纲要指导法》，该法指出，企业与研究机构应当开展多方合作，实现集群利益，通过企业和机构间信息、资源利用为产业技术联盟提供发展支持。通过立法能够有效保障产业技术联盟的权利和义务，推动其合理发展。

2. 制度保障

在产业技术联盟与产业升级上主要以日本为例进行研究。作为亚洲唯一发达国家，日本对产业联盟建立和产业技术升级的重视度极高，并在美国产业技术联盟相关法律法规已成熟的基础上，在20世纪初期制定了关于产业技术联盟的合作制度，并在发展中期时形成了一定的规模。在发展过程中日本政府看到产业技术联盟发展迅猛和对产业技术升级的重要性，因此，日本政府加强了各创新主体间的合作,并以制度方式进行明确,希望通过企业、高校和科研机构三者间经济、资源、技术的合作推动产业技术升级。具体在制度颁布上,主要有《促进研究交流法》《创造性科学技术推进制度》等。

3. 机构保障

机构支持是产业技术联盟合作顺利的关键,产业技术机构往往拥有最为先进的科技成果,且与高校间一定会有合作联系,因此,提升机构方面对产业技术联盟和产业升级的保障,则能很大程度上保障技术科学性。

4. 国家政策引导

政府作为产业技术联盟合作的主要推动者,其对机构的支持对不同产业技术开展有极为重要的作用。为保障产业技术联盟的科学性,日本、韩国等国家先后要求跨国企业在本国发展时应当在一定范围内保证拥有与本国相关的产业内容,进而保证本国相关产业的创新。同时,坚持跨国企业需要在当地找到产业相符的企业开展合作,通过共同合作方法达到产业升级的目标。在产业升级的技术标准上也要有明确的规定,企业都需要遵守,防止出现技术过低的产业。国家政策引导是政府通过财政方式对产业技术联盟进行的一种政府型行为,通过财政投入,以经济方式对组织进行补贴,以推动企业、高校和科研机构开展合作,构建良好合作关系。以英国的科技联合开发组织为例,其制定了科技联合发展计划,不仅对相关人员进行奖励,活动还可以率先享有政府资助,在产业技术联盟发展和产业技术升级方面发挥了重要作用。

## 8.3.2 产业技术联盟推动产业升级的着力点

1. 大力开展规模化的产业集群区

产业集群发展及产业集中地的选择均需要以产业升级发展为标准。也就是说,如果一个地域内主要以能源为经济发展支撑点,且所处地域能源资源和区域环境条件较差,造成企业分布不均,这个时候如进行产业集群,就容易造成"企业分吃一块肉"的尴尬境地,不利于产业技术联盟的发展和产业升级。所以,大力开展规模化的产业集群区对于产业升级具有重要意义。首先,产业技术联盟不仅可以实现资源共享与互动创新,而且能够减少区域内的固定资产使用,有效降低资源成本。其次,产业集群能够通过集群效应来引进更多的专业人才和优势资源,从而进一步扩大现有产业技术联盟的规模和融资渠道,保证内部成员的稳定发展。同时,产业技术联盟的建立对于提高内部企业的形象和影响力,拉动区域性就业水平具有重要的现实意义。

2. 选聘并培养优秀的产业技术人员和管理人员

尽管产业技术联盟中已经包括企业、高校和科研机构的优秀人才，但因涉及的产业众多、规模大，人才的需求空缺依然很大。产业技术升级需要大量稳定的优秀技术人员和管理人才，以保障产业技术联盟中优秀团队的建立。首先，应当选聘优秀的产业技术人员和管理人才[238]。产业技术人员选聘方面需要以经验足、拥有相关产业的项目技术经验，能够为产业技术联盟提供专业意见为标准。产业技术管理人员则主要负责外部联系工作，以及各个机构的联系工作，通过管理人员的管理知识，强化产业技术联盟内部管理结构，更好地开展相关机构的合作。其次，培养优秀的产业技术人员和管理人员。进入工作环境后，任何人都会面临家庭、工作、社会关系的处理，必然会在一定程度上影响工作，即便是工作老练的技术人员和管理人员依然需要在日后的工作中不断完善专业知识和技术，以保障随着时代发展自身能力不会有所下降。因此，建议已经成立的技术联盟可以建立培训机制，定期对内部技术人员和管理人员进行产业升级的相关知识培训，保障内部人员的专业性，以更好开展产业技术升级工作[239]。

3. 制订企业、高校与科研机构的合作方案

企业、高校与科研机构合作方案的制订能够有效保障产业升级的稳定性。从目前发展看，地方政府、科研机构和企业是产业技术联盟的主要参与者。为进一步推动产业技术联盟的发展，企业需要与高校、科研机构及地方政府之间形成稳定紧密的合作关系，这样不仅有利于提高企业自身的技术创新水平和竞争优势，也有利于高校、科研机构等部门在协同发展过程中获得相应的经济与资源收益，从而有利于实现协同创新和进步。

政府调整和控制的是产业技术联盟内存在的不合理的规则，这是保证产业技术联盟健康发展的重要支撑。相比于其他国家比较健全的产业技术联盟，虽然短期内以市场需求为导向能够有效推动企业自身发展与产业技术联盟的整体发展。但从长期来看，中国市场仍存在一定的自发性和盲目性，导致市场一旦出现不稳定的波动时，产业技术联盟的整体经济水平将呈现显著的下降趋势，这与产业技术联盟自身风险性较大具有紧密的联系。所以，政府作为产业面临市场变化的重要调解者，为保证产业技术联盟的稳定发展，政府的调整和控制也是必不可少的。尤其是现阶段中国市场经济体系不健全，实现以政府为调解者、以市场需求为导向的发展管理是保证产业技术联盟良好发展的重点。因此，为了制订合理的合作

方案，政府可以率先出面加强同企业、高校、科研机构之间的联系，促进合作，推动合作方案、合作制度建立，实现产业结构优化发展。

## 8.3.3 产业技术联盟推动产业升级的路径

1. 利用规模优势树立良好的产业技术联盟形象，优化产业技术升级

推进产业技术升级能有效保障产业技术联盟发挥最大优势，提升企业间资源、能源、人员等方面的优势，产生产业集群效应，更好地实现产业升级。产业技术联盟要想实现自身发展、扩大市场占有率，规模扩大必不可少。从目前发展来看，企业要想通过自身资本运行实现规模扩大一方面需要花费大量资本，另一方面，也会面临人员不足、基础设施不完善等问题，实施起来具有一定难度。

从产业技术联盟中我们可以看到，产业技术联盟最终目的不在于希望企业获得更高经济效益，而是通过对企业内部人员、工作部门、管理办法的集中整顿，将产业技术联盟内部融入活力，改变不合理经营状况，或在产业技术升级后保证企业内部统一管理。产业技术升级后，能使企业各项经济发展平稳运行，相对保守的投资发展模式也会大大降低企业所面临的投资风险，有利于资本保值和待到企业发展成熟后的资产升值。

2. 加强产业技术联盟优势，制定优化产业技术升级政策

加强产业技术联盟优势是保障产业技术联盟避免遭遇不良技术或不成熟技术最为有效的办法，通过产业技术联盟提升，能深化产业技术联盟技术，自然在产品生产工艺上也会有所完善。中国的企业或产业之所以需要加强联盟，制定产业技术升级政策，主要原因就在于中国生产商的专业技术相对落后，一些专业的技术甚至零件需要进口，而国外企业已具备了较好的零件生产、加工制造和产品研发等[240]。

所以，对产业技术升级优势来说，首先要提升自身的质量，以应对西方国家对中国企业发展中采取的产业技术升级手段。具体在质量上，产业技术要首先改变劳动密集型特点，改变其生产工艺和规模，将质量第一灌输在产业技术升级的策略中，避免价格过低遭遇抵制，这样也可以改变产业技术升级中经济效益低的状况。

3. 提升产业生产技术及加工技术，保障产品质量

提升产业生产技术及加工技术主要针对目前产业技术升级面临的问题进行分

析，通过强化产业生产技术和加工技术，保障企业形象，为开拓海外市场奠定基础。产业技术在升级中依旧以传统的劳动密集型产业为主，产品生产中要注重质量及品牌形象建立，以促进产业技术贸易发展。

4. 紧密联系国家政策，获得应对产业技术升级保障及支持

中国近些年针对技术领域的各项产业制定了一系列优惠政策和扶持政策，产业技术联盟应抓住国家政策支持机会，获得国家帮助。实际上，为更好地应对西方国家对产业技术升级制造的发展阻碍，了解中国相关支持政策、获得国家帮助能有效提升产业技术的竞争优势。中国为帮助企业升级，不仅设立了一系列免税政策，还制定了产业技术升级相关的法律援助，对帮助产业技术升级、提升企业在国际升级市场的"国家后台"具有重要作用。

企业发展中需明确中国出台的相关贸易壁垒、产业技术升级应对政策或是国际帮助，也可以关注国家在产业技术贸易升级中的优惠政策，通过政策支持帮助来提升自身技术水平。

5. 强化产业技术中的质量监管

强化质量监管，优化升级结构，也能有效保障产业技术升级的高效性，避免质量问题出现后影响企业和国家形象，影响产业发展。首先，国家相关部门需要加强产业技术联盟自身的监管。其次，国家相关部门和地方部门要强化对产业技术产品的监管，特别是海关要对升级后的产业技术产品实施更为严格的监管，制定严格的产业技术联盟标准，保障产业技术升级产品质量，不给其他国家留下产业技术产品质量不佳的"话柄"。

另外，在规划升级结构上，产业技术要合理规划产业技术升级比重，既保障升级，又根据汇率变化、技术引入等完善产业技术产品和技术进口，从多个方面投资，完善自身的产业技术升级结构。

6. 积极利用国际条约应对产业技术升级摩擦

国际条约是中国应对产业技术进出口及不平等贸易的主要应对策略，世界贸易组织（简称世贸组织）是当前世界上最为活跃的经济组织，其成员、管理制度、服务范围等都十分完备，为国家与国家之间的贸易协定签订、谈判、争端解决等提供服务和便利，是国际社会公认的经济贸易组织。中国作为世贸组织的成员，要利用好世贸组织这一平台，学会运用贸易的相关规定来解决贸易升级中面临的问题和摩擦，最大限度地争取自身的权利和利益。

## 8.4 产业技术联盟创新

### 8.4.1 建立产业技术联盟网络链接系统

1. 网络动力链接机制

网络动力链接机制是技术联盟发展中通过一系列因素融合,综合企业、高校、科研机构之间产业技术联盟信息,增强产业技术联盟的合理性和有效性,保障企业、高校、科研机构之间产业技术联盟更为科学。

从图 8.5 中的网络动力链接机制可以看出,针对产业技术联盟开展合作的初期、中期和后期均有不同的内容要求。为保障产业技术联盟网络技术有效链接,需要建立相对应的动力机制、选择机制、分工机制、激励机制、管理机制、信任机制、收益分配机制,来全面分析产业技术联盟存在的不足,及时解决出现的问题,对产业技术联盟的创新有重要意义。

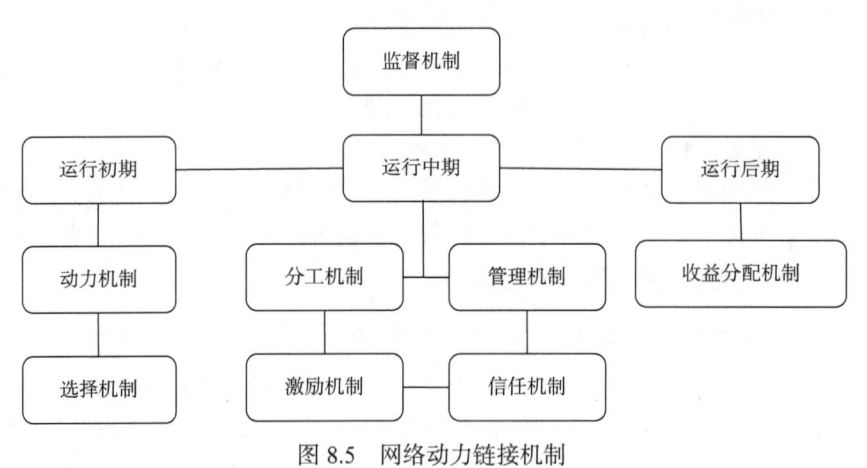

图 8.5 网络动力链接机制

2. 网络应用链接系统构建

在信息系统中的应用领域,网络应用链接系统主要应当从三个方面进行构建。

首先,技术保障。在技术保障方面,需要以最为先进的信息传输系统为主,保障信息传送的效率和准确性,增强传递能力。同时,为保障技术的安全性和稳定性,需要建立数据库技术,保障信息数据库的储存能力,避免出现数据丢失情况。

其次，在计算机网络技术构建中，除了技术支持外，对产业技术联盟的技术支持质量高低也是其发展能否取得成功的关键[241]。具体而言，信息传送中有无数据丢失、有无遗漏等，都属于产业技术联盟网络创新构建是否合理的主要考察对象。

最后，未来信息系统的发展保障。计算机网络科技发展速度极快，不仅要注重当前的网络应用系统构建，更应当关注未来计算机网络技术的延伸和深度开展，以保障计算机信息系统未来发展的合理性。

3. 网络链接管理机制建立

首先，产业技术联盟网络创新构建更新了中国传统产业管理体系，通过产业技术联盟网络创新构建，改变了人为操作中可能出现的问题和效率慢等情况，成为产业技术创新管理中的重要环节，对中国现代经济社会管理有极为重要的作用。在产业技术联盟网络创新构建下，计算机网络技术创造了更为先进的管理方式，增强了产业技术创新体系的科学性。

其次，产业技术联盟网络创新构建增强了产业技术创新领域的管理水平。就中国当前产业技术创新机制构建来说，产业技术联盟网络创新的构建，极大地增强了产业技术创新体系的整体质量。产业技术创新体系已经基本实现了网络信息化，便于为人民群众提供服务，开展信息资源整合工作，相比传统产业技术创新体系来说，更为先进和科学。

最后，产业技术联盟网络创新增强了产业技术领域的整体创新能力。就产业技术创新机制的实际发展现状来看，产业技术联盟网络创新不仅能够提升产业技术创新工作效率，还能实现产业技术创新领域的深化发展，即更为有效的技术支持。产业技术创新体系下，网络应用系统顺利构建，保障了各个地区、各个部门等产业技术创新工作的连接，更有效推动了产业技术创新工作的开展[242]。因此，计算机网络技术的应用促进了产业技术创新体系的全面发展，未来应不断完善产业技术创新领域的计算机应用系统。

## 8.4.2 完善产业技术联盟风险承担与资源共享机制

1. 优化产业技术联盟资源共享机制

发展产业技术联盟要突出重点，集中创新资源，鼓励产业技术联盟建立研发机构，加强自主知识产权开发力度，提高外在技术内在化能力，开拓自主研发项目，加快产业创新技术的发展；此外，要扶持具有竞争优势的潜在龙头企业，使其掌握自身命脉，以自有技术和品牌效应为依托，加快发展步伐，尽早跻身"产业创造"行列。

产业技术是一把双刃剑，一方面能够提高行业的创新性，减少经济活动的环境污染；另一方面却存在高耗时、高风险、高不确定性等问题。因此，为确保产业技术联盟开展研发活动的稳定性，政府应在资金、政策等方面对其予以支持，如加大财政支持力度、制定相应的资金政策等。此外，要充分发挥市场的调节作用，以支撑产业技术联盟的发展与改革。

2. 强化风险投资作用

为强化风险资产在产业技术联盟中的作用，应着重建立与完善相关机制，具体包括风险资金的形成、风险投资的运作和风险资本的退出三部分机制。现代化的企业制度是规范的制度，是科学的制度，只有这样的制度才可以从各个不同方面规范产业技术联盟行为，才有利于未来产业技术联盟发展得更加长远、更加健康，建立这样的制度对产业技术联盟创新来说是当务之急，重中之重，应明晰产权并破除依赖银行融资的陈旧观念，通过充分利用各种融资渠道解决自身的融资问题，不断优化资本结构，提升自身融资能力。针对产业技术联盟，如果说经济运行是其命脉，那么企业财务把控就是"命脉中的命脉"，脱离了财务管理控制的经济运行是失败的，对产业技术联盟发展也没有任何的帮助。因此，完善的财务管理制度，有利于企业财务各方面的整合和相关资料的整理，对产业技术联盟申请银行贷款有重要意义。

产业技术信息公开主要指企业在向商业银行等金融机构申请贷款时，所拿出来的相应财务状况凭证，信息公开就是为了保证商业银行为产业技术联盟贷款时掌握信息的真实性，如果企业能及时进行信息披露，保证信息披露的完整性和真实性（不得有重大隐瞒或遗漏事项），融资问题也就能得到很好的解决。

3. 信用担保机构的建立

信用担保机构的建立，不仅能够吸引社会资金、扩大资金来源，而且能够赢得金融机构的信任，减少资产的风险性，确保资产的收益性。信用担保机构的建立可以采取多元化方式，如非营利政策性组织、营利商业性组织及半政策、半商业性组织。此外，产业技术联盟信用担保基金应对产业技术联盟设定准入门槛，从而将那些信用状况差、不良记录多的企业拒之门外。由此可见，完善的信用担保体系的建立，不仅能够拓宽中小型、民营产业技术联盟的资金来源，也能够降低金融机构的资金风险，从而为产业技术的研发提供强有力的支撑。

## 8.4.3　优化产业技术联盟涵盖的产业结构

1. 明确产业技术联盟的产业结构

产业结构是影响产业技术联盟作用发挥的重要因素,应充分借助政府的力量,优化产业技术联盟涵盖的产业类型和范围,建立企业、高校、科研机构密切联系的联盟,进而达到产业结构优化的目标[65]。政府在产业技术推广中,应发挥自身优势,不仅要充当产业技术的信息来源,更要帮助好联盟进行技术筛选。产业技术联盟的创新活动涉及的产业门类多、领域广泛,在选择产业及其研发方向上,企业、高校或是科研机构往往很难把握,需要政府将产业技术联盟合作主体结合在一起,为产业技术联盟创新提供必要的人员、资源、信息支持,以保障产业技术联盟创新的进程。

2. 明确产业技术联盟运行机制的内容

产业技术联盟的运行机制主要包括以下内容。

(1)产业技术联盟的分工机制。分工机制顾名思义就是通过权利、义务、责任的划分,明确产业技术联盟中企业、高校和科研机构之间的关系和工作内容。在产业技术联盟中,企业的主要优势在于对经济市场的把控和观察,能够根据市场需要和变化做出及时调整。高校拥有并掌握最为先进的研究成果和动态,加上高校中特有的图书馆资源、不同类型的研究实验室、高素质研究人员和实验设备都为产业技术联盟深化发展奠定了重要基础。科研机构方面,不仅能够与高校开展深入的研究工作,而且其研究成果更为成熟,高素质优秀的研究人员数量更多,能够为产业技术联盟合作开展提供更为安全的技术指导。

(2)产业技术联盟的激励机制。产业技术联盟激励机制主要是通过制度建立来刺激产业技术联盟中的主体开展产业技术创新工作,具体可以通过以下两方面开展:第一,外部激励机制,从外部向产业技术联盟中的成员施加刺激,激励其积极性,推动产业技术联盟高效运转下去。产业技术联盟的外部环境则主要以国家财政和税收支持为主,通过政策支持引导产业技术联盟开展产业技术创新和研发工作[243]。第二,内部激励机制,通过产业技术联盟内部人员调动达到产业技术升级发展的目标。激励机制示意图见图 8.6。

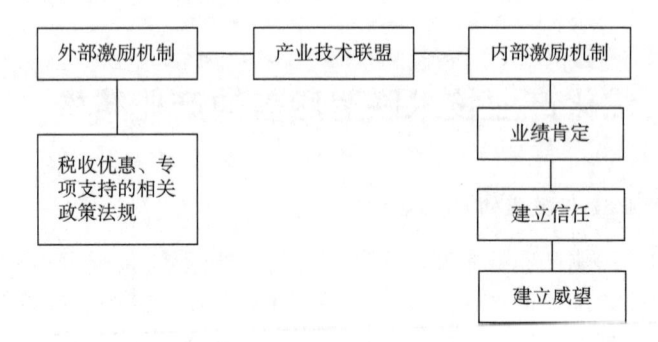

图 8.6　激励机制示意图

# 第 9 章 基于产业间合作研发的技术创新

## 9.1 服务企业与制造企业的合作研发

### 9.1.1 服务企业与制造企业合作研发的形式

在信息技术迅猛发展、技术革新速率提高、分工高度密切的当今时代,资源的获取与利用由封闭式自主研发向企业间甚至产业间的合作研发与融合转变。随着社会分工深化,生产性服务业是知识和技术扩散的重要承载者,与制造业间的合作与互动也更加频繁[244]。服务企业与制造企业间的合作研发被认为是加快产业升级进程的重要路径。

加速服务企业尤其是生产性服务企业与制造业的合作研发,是实现中国产业升级、完善产业链、促进经济增长的重要措施[245]。生产性服务企业与制造企业的合作研发是面向制造企业技术创新需求开展的研发合作。制造业的扩张与升级引致对生产性服务业的需求增加,当竞争加剧时,非核心环节可由制造业外包至生产性服务业,驱使后者的专业化程度、创新频率提升,进而通过需求效应拉动服务多元化和质量提升。一方面,制造企业在与生产性服务企业的合作研发中,为其提供技术、资本和运作平台,有助于服务效率提升[246]。另一方面,生产性服务企业通过专业化服务和知识密集特征的外溢,将创新要素嵌入"制造业-生产服务业"协同体系,参与研发设计,向制造业输送智力资本,间接提升制造业的人力资源水平、降低生产成本[247],缩短研发创新周期,实现创新成果的快速转化。此外,服务企业可以借助互联网和大数据等手段更好地向制造企业反馈市场需求的动态。生产性服务业作为外源知识的补充来源,发挥着技术中介和知识共创的作用[248],在与制造业合作研发中提供协调和沟通桥梁等功能,使技术创新和扩散过程更为迅速平滑，降低交易成本。根据服务业企业的不同特征、类别和功能，服务企业与制造企业合作研发的形式主要可分为以下几种。

1. 制造业与金融服务业的合作研发

制造业技术创新需要大量资金，必然对金融业的融资功能有所需求，而金融业的发展要支持制造强国构建、增强服务制造业发展的能力，同时其发展也有赖于制造业的支撑[249]。生产性服务业特别是金融服务业，为制造业技术创新活动提供融资支持、风险投资和科技保险等，能够实现创新资源的高效配置和动态流动。

产业金融合作，就是在政府引导、金融服务机构和制造企业参与并结成松散式合作关系的基础上，提升制造业的技术创新水平和金融业的服务创新。通过搭建协同平台、建立合作和协调机制，积极推动金融服务业与制造业的合作研发。据统计，截至2017年底，已有五千余家银行和超过九万家企业累计开展产融合作，有效为企业提供资金超过3万亿元。现阶段中国产融合作已经取得一定成效，未来要进一步推动产融合作，可以从以下几方面加强制造业与金融服务业的合作研发：第一，要加强制造业与金融服务业的信息供需，深化政府、制造企业和银行业的互动合作，借助大数据和云计算，及时掌握和反馈制造企业的资金需求和技术创新的相关配套需要，有差别地为制造企业提供金融服务和信贷咨询。第二，拓展产融合作领域，积极推动产业链金融，降低产业链融资成本，解决产业链融资难题和推动产业链协同发展，实现产业链整体的设备更新和智能升级。第三，积极开展产品创新并鼓励金融服务创新，根据制造业发展需要，进一步提升金融服务水平，积极推进中国制造2025示范区的构建。第四，促进政策协同，通过政府支持，引导资金流向制造企业，完善金融服务业、财政部门和制造企业的协同合作机制，实现信息共享与传递的跨部门实现机制，推动创新链、技术链、信息链、资金链和产业链的协同发展。

2. 制造业与科技中介服务业的合作研发

科技中介服务业是联结技术与经济的重要桥梁，在国家创新系统中具有重要作用。制造企业与科技中介服务业开展合作研发能够提高制造企业的创新能力、资源配置效率，实现合作研发创新成果的高效转化，有助于传统制造业的升级发展与科技中介服务业企业的技术服务提升。科技中介服务业向制造业主体提供技术信息、产品孵化和技术扩散等相关服务，主要机构有技术交易市场、大学科技园区、企业孵化器和生产力促进中心等。科技中介服务业能够实现技术扩散和创新过程更为平滑和迅速，使得科技成果迅速向商业化过程转变，进而起到推动技术升级的作用。

随着制造企业与科技中介服务业合作的深入,二者的关系由最初的拉动关系(制造企业需求拉动科技中介服务业的发展),转化为互动关系,实现二者有效的学习和知识创造与转移,并将进一步发展至共生阶段。近年来,二者的合作更加深入,科技中介企业能够承担并提供更多蕴含隐性知识和更高价值的服务。在与制造企业的合作中,二者的知识基础均实现拓展。合作研发对科技中介服务业的知识储备提出了更高的要求,不仅需要满足"交易"服务的需求,即实现技术交易和企业孵化等的信息与商务知识服务,随着合作深入与协同加深,科技中介企业将参与制造企业的研发和知识创造阶段,要求科技中介服务业具有更强的知识解读、加工和整合能力,加速制造企业对外部知识的吸收和整合能力[250]。以上海市制造业与科技中介服务业的合作研发为例,上海是"长三角"经济带的中心区域,经济规模较大,制造业发展较为领先,同时其科技服务业亦存在"中心效应"。科技中介服务业在与制造企业发展中提供科技金融和技术转移等,科技活动一方面推动上海本土制造业发展,另一方面还对周边区域(如江苏和浙江等地)的制造业发展具有辐射作用,可推动区域整体产业升级。

3. 制造业与信息传输服务业的合作研发

近些年,作为生产性服务业的重要组成部分,信息传输、软件和信息技术服务业快速崛起,依托"互联网+"的发展契机,与传统制造业的融合和合作发展日益密切。互联网的发展使得产业界限趋于模糊,价值网络重新构建,"互联网+"与传统制造业的合作研发将实现现有产业发展模式、产品边界和用户需求的突破。中国相继颁布《关于深化制造业与互联网融合发展的指导意见》《关于深化"互联网+先进制造业"发展工业互联网的指导意见》[251]等相关指导文件,加强推进互联网行业与制造业的合作研发与互动融合。

"互联网+"与制造业的合作研发及融合,主要通过推动制造业技术创新、供应链协同等方面的工作来实现。首先,信息技术网络化发展将改变现有的制造业竞争范式,二者的合作研发将推动制造业新一轮的技术范式的变革。技术创新将以数字化、智能化和信息化等为特征,实现智能制造、柔性制造、网络组织,进而导致传统制造业的经济功能、技术功能、商业模式和产业体系被重构,由此产生的产业创新生态系统蕴含强大的竞争力[252]。互联网的发展将在一定程度上缓解合作研发中信息传递受地理距离和空间因素限制等问题,以更低的成本实现更大范围内的知识溢出,增强知识传播能力,更大范围的推动研发合作的实现[253],进而推动制造业的技术创新与产业升级转型。其次,互联网与制造业的合作研发能够增强制造业供应链的协同效应,实现制造企业对原材料供应、技术创新、产品库存、市场需求、售后服务等供应链不同环节的更好协调。互联网是以信息传递为核心的现代通信技术的重要代表,能够降低供应链不同环节上的企业之间沟通的成本[254]，进而推动上下游企业间的合作。

推动制造业与信息传输、软件业等的合作研发，以互联网改造传统产业，国内外进行了一些有益探索。例如，美国开展"工业互联网"，在通用汽车公司的推动下，于2014年结成工业互联网联盟（Industrial Internet Consortium），通过"互联网+"实现机器间、同行企业间、企业上下游间的智能联结和实时通信，具有智能决策、信息驱动的特征[255]。德国提出"工业4.0"，旨在利用物联网技术，将机器、资源、人力、产品有机联结，实现各部门数据共享，提升制造业竞争力，将全国结成一个巨大的智能工厂。日本也提出机器人战略，依托自身发展优势，在利用大数据和物联网推动产业变革的同时，将机器人作为信息化社会的重要手段，力求推动领先世界的机器人革命。中国也积极搭建和发展工业物联网平台，通过联结互联网、云计算和大数据的信息技术和工业机器人、交换机与传感器等硬件设备，建立了各端点可管控的智能云平台，集成生产、专业理论等于一体的处理、集成和分析平台，结成共享开发的工业级APP[256]。

4. 制造业与物流服务业的合作研发

近年来，随着人口红利流失，制造业成本逐年上升，其中，制约制造业成本降低和转型发展的重要因素就是物流成本的比重较高，特别是运输及成本占比较大。在该背景下，实现制造业与物流业的合作研发、推动两业联动、将物流链导入制造业供应链是实现两业转型升级的必然选择。

制造业是物流业的重要服务对象，既关系到物流业的存在也关系到其转型升级与可持续发展[257]，物流链对接制造业所在的供应链，开展两业合作，物流业可提供质量更好、成本更低、效率更高的服务。制造业与物流业合作互动关系如图9.1所示。具体而言，制造业与物流业合作研发，实现两业联动包括物流业内部的横向合作与集成，以及纵向合作，拓展了资源整合范围，两业融合实现制造业所在的供应链与物流业所在的物流链的联动整合。

制造业与生产性服务业的合作研发程度，可以借鉴物理学中复杂系统协同度模型进行测算。协同度用于衡量不同组织间的协同合作的紧密程度，协同度越高则伙伴间的合作研发程度越密切。

1) 制造业与生产性服务业合作研发的复杂系统协调度模型

考虑制造业与生产性服务业合作研发所在的复杂系统所包含的子系统为 $S_i$, $i \in [1,k], k \geq 2$，各子系统由不同要素构成，在子系统内驱力和外部驱动力的共同作用下，各系统通过合作，实现各组织在功能、结构等方面的协同。定义演进过程中 $S_i$ 的序参量为 $r_i = (r_{i1}, r_{i2}, \cdots, r_{in}), \alpha_{ij} \leq r_{ij} \leq \beta_{ij}, j \in [1,n], n \geq 2$，其中 $\alpha$ 和 $\beta$ 为子

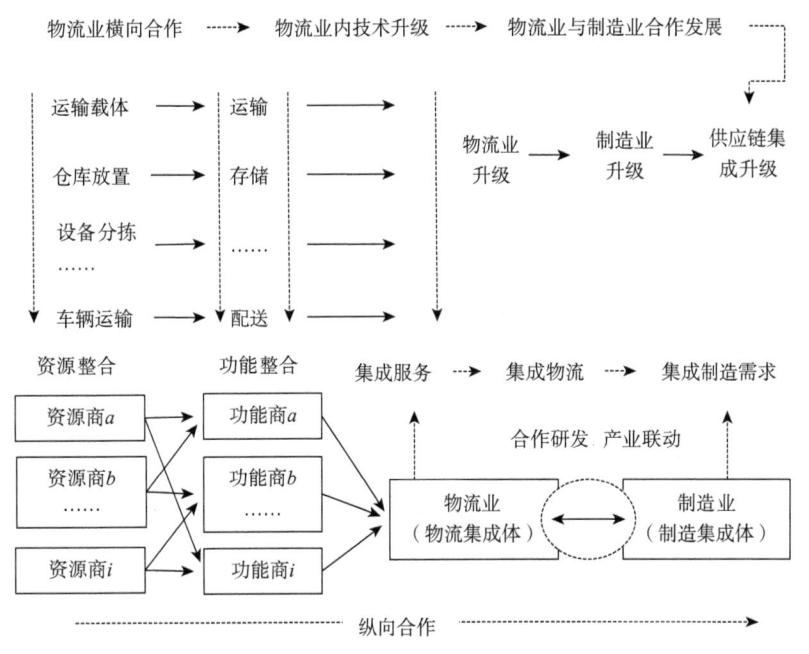

图 9.1 制造业与物流业合作研发框架

系统内序参量临界点下限和上限[①]的稳定值。则子系统序参量的有序度如下：

$$d_i(r_{ij}) = \begin{cases} \dfrac{r_{ij} - \alpha_{ij}}{\beta_{ij} - \alpha_{ij}}, & j \in [1, l] \\ \dfrac{\beta_{ij} - \alpha_{ij}}{\beta_{ij} - \alpha_{ij}}, & j \in [l+1, n] \end{cases} \quad (9.1)$$

式（9.1）为子系统 $S_i$ 序参量 $r_{ij}$ 的有序度，且 $d_i(r_{ij}) \in [0,1]$，该值越大，则 $r_{ij}$ 越有助于系统有序地实现。进一步，子系统序参量有序度 $d_i(r_{ij})$ 可通过耦合与集成实现子系统的有序，本书采用线性加权来表征该子系统的有序度，即

$$d_i(s_i) = \sum \lambda_i d_i(r_{ij}), \lambda_i \geq 0, \sum \lambda_i = 1 \quad (9.2)$$

式（9.2）中，$\lambda$ 为各序参量的权重，该权重值由 CRITIC 法确定。该方法综合考察指标的变异性和指标间的冲突性，可表示为

$$c_i = \sigma_i \sum_{j=1}^{n}(1 - \rho_{ij}) \quad (9.3)$$

式（9.3）中，$c_i$ 为第 $i$ 个指标对系统的影响，$\sigma_i$ 为标准差，$\rho_{ij}$ 为第 $i$ 个和第 $j$ 个指数的相关系数，$c_i$ 越大，则第 $i$ 个指数对系统的影响越大，故第 $i$ 个指数的

---

① 实际计算中选取各年度标准化数据最小值与最大值的 110%。

权重为 $\lambda_i = c_i / \sum c_i$。

此时，考虑合作研发系统的初始时刻为 $t_0$，子系统 $S_i$ 的初始协调度为 $d_i^0(s_i)$，则对该系统演进中时刻 $t_1$ 而言，此时子系统 $S_i$ 的协调度为 $d_i^1(s_i)$，则复合系统的整体协同度为

$$D = \theta \sqrt[k]{\prod_{i=1}^{k} |d_i^1(s_i) - d_i^0(s_i)|} \quad (9.4)$$

其中，$\theta = \dfrac{\min[d_i^1(s_i) - d_i^0(s_i)]}{|\min[d_i^1(s_i) - d_i^0(s_i)]|}$，$i \in [1, k]$。对整体协同度而言，$D \in [-1, 1]$，$D$ 值越大，则合作研发系统的整体协同程度越高，即合作研发能力越强。需要注意的是，$D$ 取决于所有子系统的有序度水平，若某些子系统有序度下降或上升幅度较小，则复合系统整体的协同度不高，当且仅当各子系统变化趋势一致，即均增长或均降低时，整个复合系统才处于协同状态。

2）序参量的确定

根据上述分析，序参量对合作研发复合系统演进过程起重要作用，是系统不同时期发展协同的重要标志。因此，序参量的选取要遵循科学性、可操作性和实用性。本节延续上文的分析框架，进一步根据合作研发知识生产这一本质特征，由研发投入与产出两方面入手，并结合合作特征与数据可得性，构建本书的序参量指标体系（表9.1）。为消除量纲的影响，本书采用均值-标准差法对原始数据进行标准化处理。

表9.1　合作研发复合系统序参量指标

| 子系统 | 序参量 | 二级指标 | 单位 | 权重 |
| --- | --- | --- | --- | --- |
| 制造业子系统 | 制造业投入 | 大中型工业企业R&D人员全时当量 | 人 | 0.143 |
|  |  | 大中型工业企业R&D经费内部支出 | 万元 | 0.119 |
|  |  | 大中型工业企业科技机构数 | 个 | 0.177 |
|  | 制造业产出 | 大中型工业企业新产品开发项目数 | 项 | 0.407 |
|  |  | 大中型工业企业新产品销售收入 | 万元 | 0.153 |
| 生产性服务业子系统 | 生产性服务业投入 | 科研与技术服务业新增固定资产 | 亿元 | 0.234 |
|  |  | 生产性服务业从业人员 | 万人 | 0.315 |
|  | 生产性服务业产出 | 各地区技术市场成交额 | 万元 | 0.143 |
|  |  | 第三产业增加值 | 亿元 | 0.132 |
|  |  | 生产性服务业职工工资总额 | 亿元 | 0.175 |

3）制造业与生产性服务业合作研发演进情况

本书以2002年为基期，测算了2003—2015年中国各地区"制造业-生产性服务业"合作研发系统的协同度情况。由图9.2可知，考察期内，制造业与生产性服务业合作研发系统经历了由初始失调发展至2007年以来良好的协调阶段，年均合作研发程度（协同度）为0.216。这一趋势与中国构建创新型国家的目标和2006

年以来相继出台的推动合作研发、加强制造业与生产性服务业融合发展政策有关。伴随着经济发展和产业升级转型的需要，生产性服务业的作用逐渐凸显但仍处于成长期，通过与制造业等的协同合作，能够完善技术交易市场、促进技术信息流动、实现创新资源的优化配置。

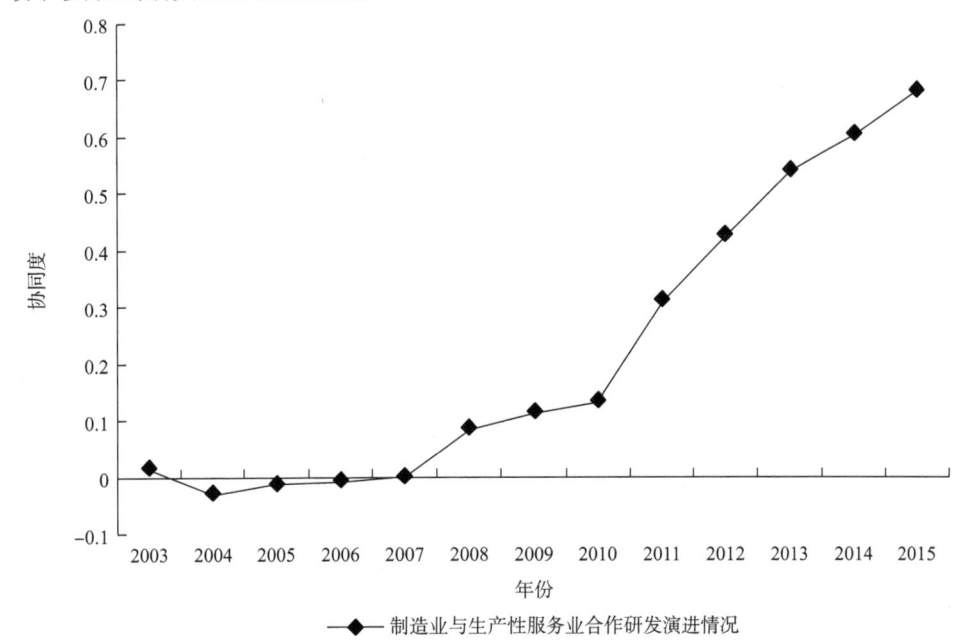

图 9.2 制造业与生产性服务业合作研发演进情况（2003—2015 年）

如表 9.2 所示，2003—2015 年制造业与生产服务业合作研发程度增强，但各地区资源禀赋、产业发展进程不同，导致各地区制造业与生产性服务业的合作程度存在显著的地区性差异。为进一步分析二者的空间合作研发情况，我们将中国的经济系统划分为八大综合经济区，观测各区域制造业与生产性服务业合作研发程度及地区间差异。

表9.2 2003—2015年中国八大经济区制造业与生产性服务业合作研发演进情况

| 地区 | | 2003 年 | 2005 年 | 2007 年 | 2009 年 | 2011 年 | 2013 年 | 2015 年 |
|---|---|---|---|---|---|---|---|---|
| 东北经济区 | 辽宁 | 0.061 | −0.042 | 0.075 | 0.213 | 0.443 | 0.721 | 0.637 |
| | 吉林 | −0.082 | −0.121 | −0.144 | −0.155 | 0.128 | 0.414 | 0.415 |
| | 黑龙江 | −0.125 | −0.194 | −0.175 | −0.137 | −0.182 | 0.337 | 0.395 |
| 北部沿海经济区 | 北京 | −0.028 | −0.034 | 0.153 | 0.236 | 0.574 | 0.729 | 0.792 |
| | 天津 | −0.050 | −0.040 | 0.070 | 0.149 | 0.345 | 0.609 | 0.757 |
| | 河北 | −0.054 | −0.055 | −0.067 | 0.041 | 0.202 | 0.556 | 0.739 |
| | 山东 | 0.045 | −0.016 | −0.061 | 0.138 | 0.318 | 0.647 | 0.735 |

续表

| 地区 | | 2003年 | 2005年 | 2007年 | 2009年 | 2011年 | 2013年 | 2015年 |
|---|---|---|---|---|---|---|---|---|
| 南海沿海经济区 | 广东 | 0.054 | 0.064 | 0.111 | 0.226 | 0.480 | 0.703 | 0.901 |
| | 福建 | 0.022 | 0.053 | 0.138 | 0.235 | 0.458 | 0.703 | 0.876 |
| | 海南 | 0.050 | −0.032 | 0.053 | 0.061 | 0.458 | 0.645 | 0.684 |
| 东部沿海经济区 | 上海 | 0.022 | 0.116 | 0.243 | 0.303 | 0.590 | 0.707 | 0.758 |
| | 江苏 | 0.031 | −0.033 | −0.029 | 0.101 | 0.316 | 0.722 | 0.867 |
| | 浙江 | 0.052 | 0.066 | 0.119 | 0.229 | 0.543 | 0.731 | 0.905 |
| 黄河中游经济区 | 内蒙古 | 0.125 | −0.030 | 0.082 | 0.199 | 0.366 | 0.652 | 0.619 |
| | 陕西 | 0.040 | −0.041 | −0.097 | 0.029 | 0.253 | 0.604 | 0.694 |
| | 山西 | 0.073 | −0.217 | −0.181 | −0.159 | 0.161 | 0.501 | 0.555 |
| | 河南 | −0.031 | −0.079 | −0.129 | −0.167 | 0.161 | 0.479 | 0.671 |
| 长江中游经济区 | 湖北 | 0.024 | −0.088 | −0.134 | −0.141 | −0.044 | 0.551 | 0.718 |
| | 湖南 | −0.031 | −0.063 | −0.087 | 0.083 | 0.305 | 0.605 | 0.722 |
| | 江西 | 0.073 | −0.099 | −0.149 | −0.117 | 0.224 | 0.595 | 0.803 |
| | 安徽 | 0.034 | −0.078 | −0.110 | −0.118 | 0.193 | 0.565 | 0.780 |
| 大西南经济区 | 重庆 | 0.016 | −0.050 | 0.088 | 0.155 | 0.333 | 0.552 | 0.690 |
| | 四川 | 0.067 | 0.038 | 0.083 | 0.185 | 0.287 | 0.627 | 0.714 |
| | 贵州 | −0.048 | −0.071 | −0.070 | 0.191 | 0.308 | 0.669 | 0.743 |
| | 云南 | −0.050 | −0.009 | −0.065 | 0.103 | 0.382 | 0.567 | 0.727 |
| | 广西 | −0.012 | 0.052 | −0.086 | −0.049 | 0.384 | 0.612 | 0.644 |
| 大西北经济区 | 甘肃 | 0.063 | −0.029 | −0.131 | −0.139 | −0.128 | 0.402 | 0.511 |
| | 宁夏 | 0.011 | 0.052 | −0.046 | 0.137 | 0.448 | 0.608 | 0.827 |
| | 青海 | 0.112 | 0.020 | 0.155 | 0.310 | 0.381 | 0.540 | 0.619 |
| | 新疆 | −0.061 | 0.020 | −0.052 | −0.184 | 0.254 | 0.310 | 0.528 |

资料来源：《中国统计年鉴（2004—2016）》，课题组成员测算

结合图9.3至图9.5，以东部地区为首的沿海经济带，2010—2015年制造业与生产性服务业的合作研发程度均大于0.255，高于全国合作研发程度，且2010年以来年均协同度上升均大于0.5，处于良好合作研发阶段，产业间合作研发态势强劲明显。东北经济带的发展以国有资源性或重工型制造业企业占主导地位，发展不均衡，制造业占优且发挥较大作用，而生产性服务业由于该地区产业结构调整慢、改革期长等问题被挤压和抑制，导致"制造业-生产性服务业"合作研发系统尚未形成良好协同。这表明虽然国家出台了振兴东部战略，在一定程度上带动了制造业与生产性服务业良性合作与发展，但并未形成较好的合作关系。

第 9 章　基于产业间合作研发的技术创新

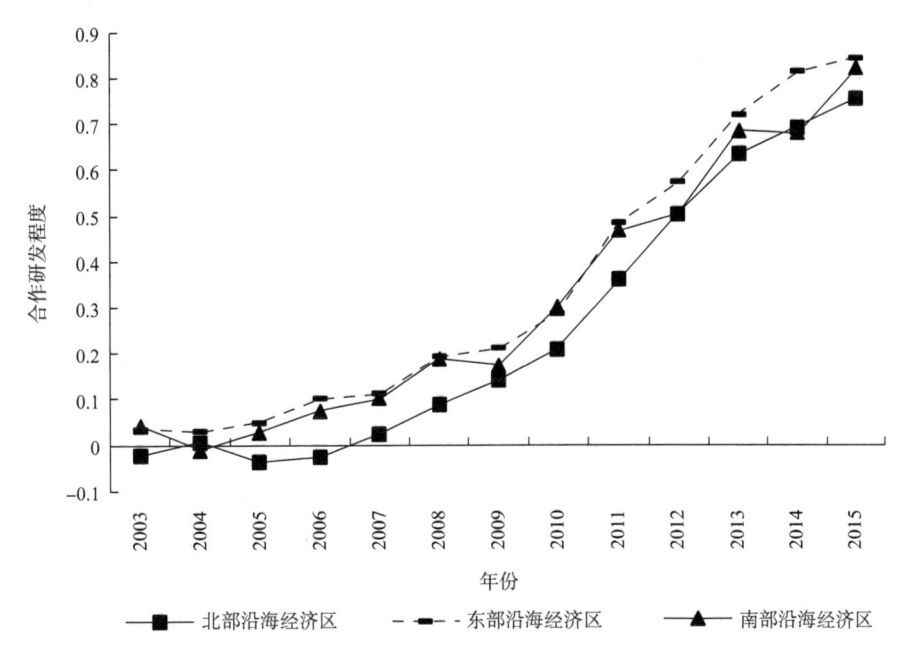

图 9.3　沿海经济区制造业与生产性服务业合作研发演进情况（2003—2015 年）

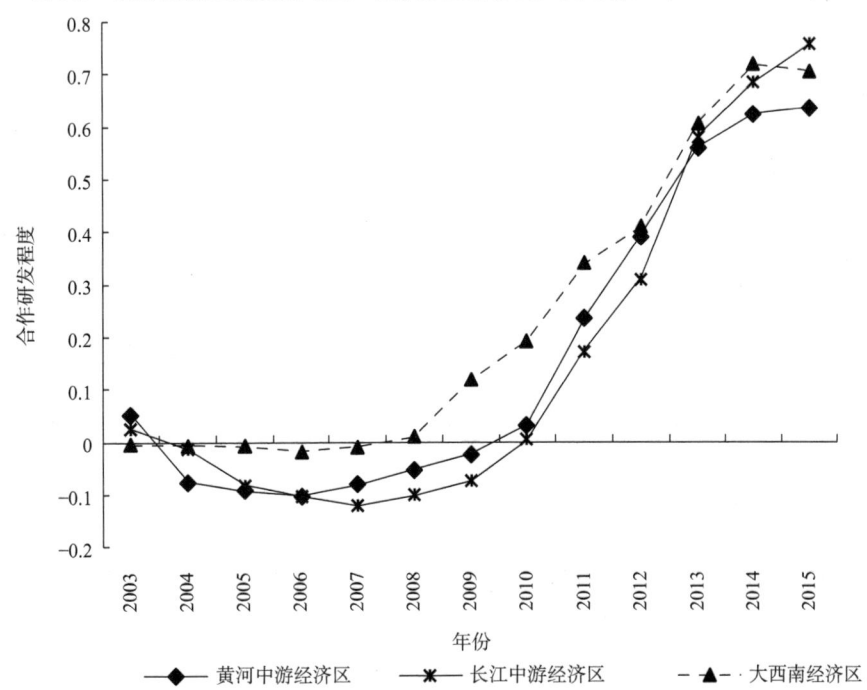

图 9.4　中部经济区制造业与生产性服务业合作研发演进情况（2003—2015 年）

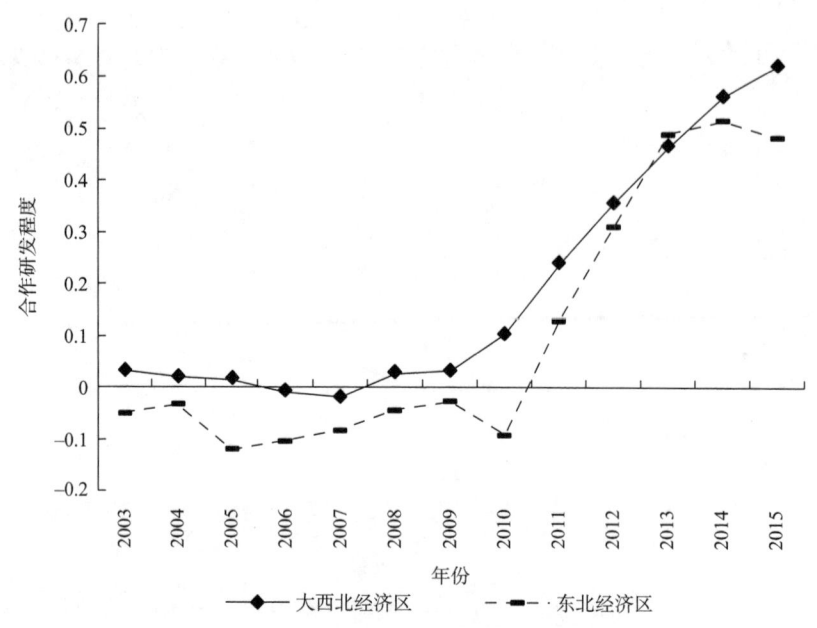

图 9.5　北部经济区制造业与生产性服务业合作研发演进情况（2003—2015 年）

## 9.1.2　服务创新与制造业技术创新

服务创新分为消费性服务业服务创新和生产性服务业服务创新，而生产性服务业服务的创新又分为服务业的服务创新和制造业的服务创新。本小节主要研究制造业的服务创新的特点，并对消费性服务业中服务创新、生产性服务业中服务创新与制造业中服务创新之间的联系和区别进行分析。

1. 制造业中服务创新的特点

制造业以产品生产为核心，因此制造业中服务创新不可避免地具有制造业产品核心的某些特性，包括从属性、可分离性、难模仿性。

1）从属性

对制造业企业而言，产品生产居于核心地位，服务是为了增加核心产品的价值，而不是将服务作为企业的价值来源，制造业服务的从属性使得服务创新也具有这种性质。制造业中技术创新居于主要地位，而服务创新是为了产品服务，但是居于从属地位的服务创新并非不重要，在市场竞争日益激烈的情况下，产品的服务创新对企业获得市场竞争力具有重要作用。

制造业企业以生产产品为主，从图 9.6 中可以看出 2015 年制造业的固定资产投资额远远大于生产性服务业，其与固定资产投资额最小的金融业的比值达到

132。与占主导地位的生产不同,服务占从属地位,只是增加产品附加值,因此制造业本身服务创新频率数量远远小于生产性服务业。

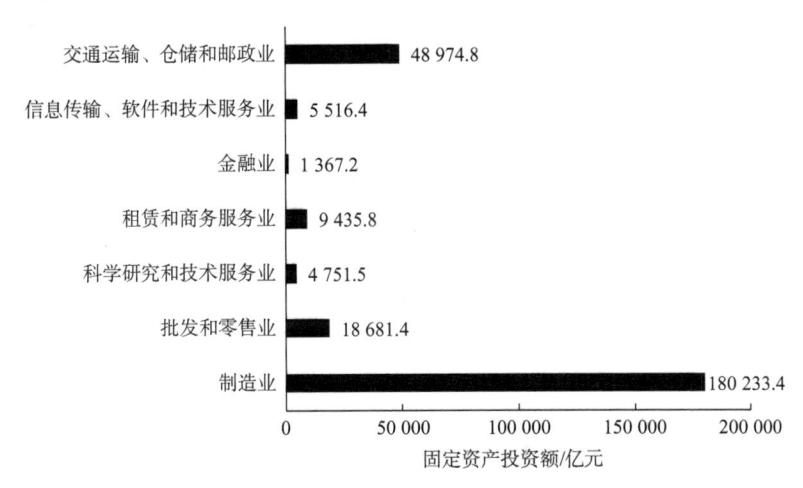

图 9.6　2015 年制造业和生产性服务业固定资产投资额

资料来源:根据《中国统计年鉴(2015)》数据绘制

2)可分离性

对服务业而言,服务创新和服务产品是统一的,在销售产品时也附带服务的销售,对制造业而言服务创新和产品销售是分开的,制造业的服务创新是为实现销售产品而开展的服务活动,如企业的组织形式的创新、销售的服务创新等。

3)难模仿性

为制造业提供更具品质、更高技术含量的服务创新时,由于成本因素,其他制造企业很难简单模仿。此外,制造业企业的服务创新往往和企业自身的企业文化、人力资源、企业信誉等无形资产密切相关,这也是其他制造企业无法简单模仿的原因。基于价值链的视角,可以将制造业的服务创新大体分为四种模式(表9.3):①下游服务创新模式。制造业企业参与到产业的下游服务中,通过丰富产品营销、品牌宣传等环节的创新活动来增加其销售收入,主要包括三种服务形式:嵌入式服务、伴随服务、一体化解决方案。②上游服务创新模式。企业具有基于研发、规划、设计等环节的专门技术和能力,通过创新上游服务流程参与竞争并从中获利,此种模式发展的前提条件是企业需要拥有强大的研究开发能力,如充足的资金投入、抵抗风险的能力、专业知识与人才储备等。③上下游服务创新模式。制造业企业通过在产业链的上下游环节的服务创新获取利润和竞争地位,会改变企业的战略结构、运营方式、人力资源等各个方面,因此这种服务创新模式要承担的风险较大。④聚焦高端制造业的服务创新模式。在此种创新模式下,制造业剥离低价值的传统生产活动,将全部精力都用在具有高附加值的上游服务环节。企业在上下游的业务中积累了诸多的经营和管理经验，能够主导整条产业链的正常运行，将低价值的生产制造业务外包给专业化团队，以开展高强度的研究开发、产品设计，打造品牌效应等高附加值环节以保持企业的核心竞争地位。

表9.3　制造业企业服务创新的四种模式

| 创新模式 | 基本特点 | 服务创新阶段和企业能力要求 | 适用对象 |
| --- | --- | --- | --- |
| 下游服务创新 | 介入下游服务环节；产品主导 | 创新初级阶段，企业能力要求较低 | 进入市场初期，无服务创新经验 |
| 上游服务创新 | 介入上游服务环节（研发、设计、规划）；技术支撑与服务能力主导 | 创新中级阶段，企业能力要求较高 | 希望借助技术能力实现服务竞争的企业 |
| 上下游服务创新 | 同时向上下游服务环节移动 | 创新高级阶段，企业能力要求高 | 具有较强竞争力的大型企业 |
| 聚焦高端制造业的服务创新 | 掌控高附加值的产业链上游服务环节 | 创新最高级阶段，企业能力要求更高 | 能掌控产业链高端环节的行业领先企业 |

资料来源：根据中国企业发展规划院网站相关资料整理

### 2. 消费性服务业中服务创新的特点

相对于生产性服务业，消费性服务业指的是市场化的最终消费服务[258]。根据中国"十一五"规划纲要，消费性服务业包括商贸服务（零售、餐饮等）、社区服务业、体育事业和体育产业。该类服务业的特点包括：生产与消费的同时发生性、难以存储性和不可运输性。此外，服务的不稳定性、多边性、服务主体感知的差异性、难以预测等性质也是消费性服务业的特点。

与制造业服务创新特点的从属性不同，消费性服务业中服务创新占主导地位，消费性服务业的产品是服务产品，产品与服务创新是不可分离的，服务创新的过程就是产品被消费的过程，两者不可分割。因为服务的不稳定性、易逝性、难于保存性等性质，消费性服务业的服务创新较难被模仿。

### 3. 生产性服务业中服务创新的特点

生产性服务是制造业的中间投入产品，通常是指被其他商品和服务的生产者用作中间投入品的服务。生产性服务业包括交通运输仓储、邮电通信业、金融业、研发设计和技术转移等行业。格鲁伯和沃克[259]，顾乃华等[260]通过基于面板数据的实验检验指出，在转轨期，生产性服务业的发展有助于制造业竞争力的提高。分地区看，东部地区生产性服务业发挥的作用最强；分行业看，金融保险业的发展最能提升制造业竞争力。

生产性服务业有三个显著特征：一是生产性服务业的无形产出表现为"产业结构的软化"；二是生产性服务是一种中间服务，而不是最终服务，体现为生产成本；三是生产性服务业将人力资源与智力资本纳入产品和服务的生产中[261]。生产性服务业本质上是为制造业的产品生产过程提供服务，因此它具有制造业服务创新的某些特征，也具有服务的特质。

与制造业中的服务创新相比较，生产性服务业中的服务创新不再居于从属位置，增加产品价值是生产性服务业中服务创新的目的。产品和服务创新具有同时性，两者不可分离。生产性服务业以知识密集型产业为主，其服务创新也难于被模仿。

作为知识密集型的产业，人力资本在生产性服务业的服务创新中具有更为重要的地位。从图 9.7 可以看出金融业，信息传输、软件和信息技术服务业，科学研究和技术服务业的就业人员平均工资列各生产性服务业和制造业中的前三，且远超制造业员工平均工资。北京和上海是金融业的聚集地，在图 9.8 中，这两个地区的平均工资也是最高的。生产性服务业的集聚有利于知识的吸收和创新的实现。

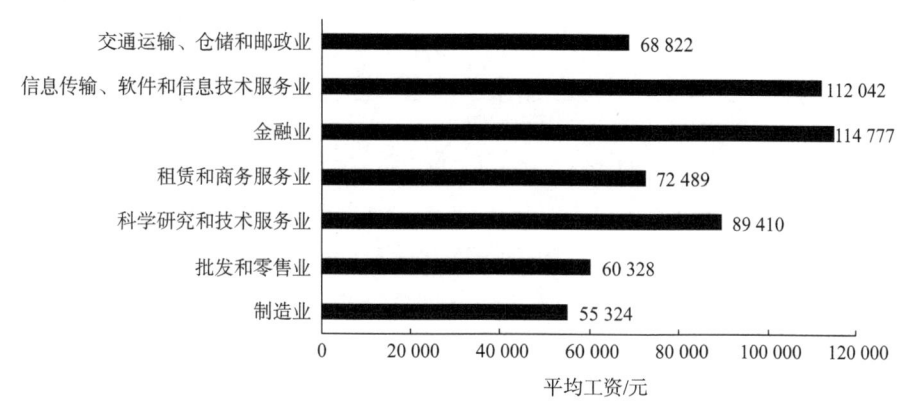

图 9.7　2015 年制造业和生产性服务业城镇单位就业人员平均工资

资料来源：根据《中国统计年鉴（2016）》数据绘制

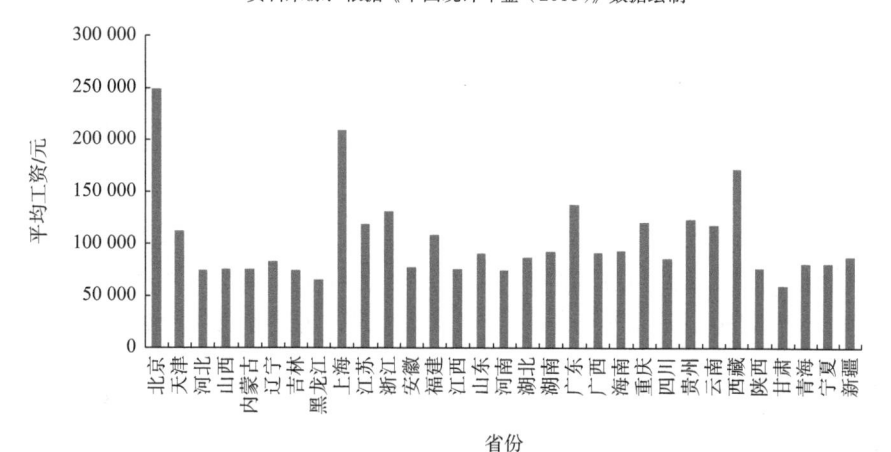

图 9.8　2015 年金融业分地区就业人员平均工资

资料来源：根据《中国统计年鉴（2016）》年数据绘制

### 9.1.3 产业升级视角下的服务创新的特点

产业升级这个过程是低技术、低附加值向高新技术、高附加值变动的过程，这个过程一般包括两方面：一是产业间的结构升级，二是产业内部的结构升级。本书更侧重产业内部的升级，即通过服务创新提高产业的整体附加值和竞争力来促进产业整体技术水平和附加值的提高。

与企业层面的服务创新相比，产业升级视角下的服务创新具有以下特点。

特点一：新颖度更为显著。服务创新通常是一种渐进性创新，是在原来的基础上发生较小的变化，只有很少一部分的服务创新是全新创新。而技术创新引起的变化是一种有形的变化，其新颖度更为显著。产业升级视角下的服务创新与技术创新有相似之处，以创新服务为主，能推动产业要素禀赋变化和产品附加值变化。

特点二：具有可复制性和可模仿性。面向产业升级的服务创新与制造业新产品、新生产过程、新市场的稳定存在相似性，具备可复制的特点。产业能够通过服务创新实现整体的要素禀赋和附加值变化的条件就是服务创新可以在产业内复制和模仿，从而提高整个产业的竞争力。

特点三：服务创新的应用范围是产业层面的，而不是微观层面上的企业。很多服务创新是制造企业根据其自身特点和顾客需求而开发的，可能并不适用于其他企业，因而不会在整个产业内传播。但是产业升级视角下的服务创新是可以引起整个产业的发展和变化的创新，是可以在整个产业内传播的。

特点四：服务创新过程是一个较为复杂的过程，包含内部和外部的交互作用。与技术创新不同的是，顾客积极参与服务创新过程是服务创新的一个显著特点，这个过程包括了很多部门与个人的参与。服务创新是一个与顾客产生交互作用的过程，顾客需求是重要导向，在与顾客的互动中产生服务创新，顾客亦是创新的"合作生产者"。

除了顾客的交互作用外，知识和技术供应商、设备供应商等外部行为者的交互作用也是服务创新的重要变量。服务创新发生在企业内部时也是一个交互作用的过程，这个过程通常是集体性的、非系统性的，企业员工也参与到这样的交互作用中。

产业升级视角下的服务创新则是一个更为复杂的过程，它兼具普通服务创新实现的复杂性，也具有推广到整个产业技术创新的困难性。普通的服务创新在实现后，可能只需解决个别企业的难题，而产业升级视角下的服务创新则具有范式创新的特点，能够应用到整个部门，需要参与到这个过程中的顾客等外部行为者和产业内部的人员更多，困难程度也更高。

综上所述，产业升级视角下的服务创新对应的是整个行业的服务创新程度，制造业的产业升级也更多地依靠服务创新水平，服务创新不仅表现在服务上的创新，也表现在产品价值链环节，包括前期的研发、生产过程优化等环节的创新。表9.4从制造业企业R&D经费内部支出数据入手，可以发现，劳动密集型的制造业产业研发经费是最低的，13个产业只占制造业总体16.322%的比例，橡胶和塑料制品业是占比最高的劳动密集型产业，数值为2.942%，8个资本密集型产业总比例为33.164%，而知识密集型产业占比最高，为50.514%，平均值为8.419%。

表9.4 2015年度制造业企业分行业R&D经费内部支出占总体比值（单位：%）

| | 行业 | 占比 | | 行业 | 占比 |
|---|---|---|---|---|---|
| 资本密集型行业 | 石油加工、炼焦和核燃料加工业 | 1.263 | 劳动密集型行业 | 农副食品加工业 | 2.636 |
| | 非金属矿物制品业 | 3.41 | | 食品制造业 | 1.613 |
| | 黑色金属冶炼和压延加工业 | 5.675 | | 酒、饮料和精制茶制造业 | 1.062 |
| | 有色金属冶炼和压延加工业 | 4.294 | | 烟草制品业 | 0.226 |
| | 金属制品业 | 3.444 | | 纺织业 | 2.321 |
| | 通用设备制造业 | 7.026 | | 纺织服装、服饰业 | 1.129 |
| | 专用设备制造业 | 6.091 | | 皮革、毛皮、羽毛及其制品和制鞋业 | 0.623 |
| | 仪器仪表制造业 | 1.96 | | 木材加工和木、竹、藤、棕、草制品业 | 0.558 |
| | 总计 | 33.164 | | 家具制造业 | 0.452 |
| 知识密集型行业 | 化学原料和化学制品制造业 | 8.874 | | 造纸和纸制品业 | 1.296 |
| | 医药制造业 | 5.156 | | 印刷和记录媒介复制业 | 0.493 |
| | 化学纤维制造业 | 0.885 | | 文教、工美、体育和娱乐用品制造业 | 0.970 |
| | 运输设备制造业 | 4.851 | | 橡胶和塑料制品业 | 2.942 |
| | 电气机械和器材制造业 | 11.635 | | 总计 | 16.322 |
| | 计算机、通信和其他电子设备制造业 | 19.114 | | | |
| | 总计 | 50.514 | | | |

数资料来源：根据《中国科技统计年鉴》2016年数据计算所得

知识密集型产业对制造业的产业结构升级至关重要，图9.9中知识密集型产业的研发经费内部支出占制造业的一半以上，其平均值是劳动密集型产业平均值的6.7倍（表9.4），由此可见，知识密集型产业的服务创新程度至少是高于劳动密集型和资本密集型产业的，因此为了实现制造业的产业结构升级，服务创新是非常重要的环节。

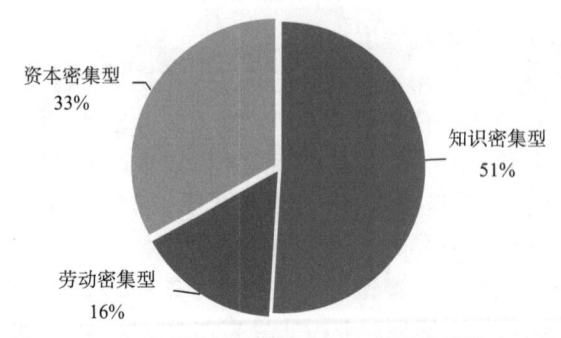

图 9.9　2015 年制造业分行业 R&D 经费内部支出比值
资料来源：根据《中国科技统计年鉴》2016 年数据绘制

服务创新过程复杂，通过内外部动力相互交错，包含内部的组织创新、与顾客的相互作用、与供应商等外部行为者的交互作用，通过提高研发投入促进渐进式服务创新和根本性服务创新，从而促进产业的升级。

## 9.1.4　服务创新与制造业技术创新的区别与联系

1. 创新的无形性

技术创新主要围绕产品上的创新，作用对象是有形的产品，其结果表现为一种新的产品或新的工艺。而服务创新具有无形性，其载体可能没有办法直接观察到，表现形式往往是一种概念、过程和标准，或是一种新的章程、新的方式等。

如表 9.5 所示，2016 年，规模以上企业中制造业企业实现产品创新或工艺创新的比例均高于除了信息传输、软件和信息技术服务业的其他服务业。而在非技术创新领域的组织创新或营销创新活动中，服务业实现该类创新活动的数量显著增加，信息传输、软件和信息技术服务业的比值接近 50%，制造业实现此类创新活动的占比略高于产品创新和工业创新活动。

表9.5　2016年规模以上企业实现创新活动企业数量在调查企业中占比（单位：%）

|  | 制造业 | 批发和零售业 | 交通运输、仓储和邮政业 | 信息传输、软件和信息技术服务业 | 租赁和商务服务业 | 科学研究和技术服务业 | 水利、环境和公共设施管理业 |
| --- | --- | --- | --- | --- | --- | --- | --- |
| 实现产品创新企业 | 25.9 | 6.0 | 4.7 | 37.0 | 6.7 | 16.6 | 8.2 |
| 实现工艺创新企业 | 26.9 | 6.9 | 6.3 | 31.3 | 7.1 | 17.5 | 9.2 |
| 实现产品/工艺创新企业 | 33.1 | 8.5 | 7.5 | 42.8 | 9.2 | 21.6 | 11.7 |

续表

|  | 制造业 | 批发和零售业 | 交通运输、仓储和邮政业 | 信息传输、软件和信息技术服务业 | 租赁和商务服务业 | 科学研究和技术服务业 | 水利、环境和公共设施管理业 |
|---|---|---|---|---|---|---|---|
| 实现组织创新企业 | 28.4 | 18.1 | 17.1 | 42.8 | 19.5 | 26.9 | 23.2 |
| 实现营销创新企业 | 28.0 | 19.9 | 11.1 | 37.8 | 15.1 | 18.1 | 19.0 |
| 实现组织/营销创新企业 | 35.3 | 24.6 | 19.7 | 49.3 | 23.4 | 30.5 | 27.8 |

资料来源：根据《中国科技统计年鉴》2017年数据整理

根据表9.6中数据，2016年，规模以下企业实现创新活动的比值，整体数值均明显小于规模以上企业比值，服务业实现组织创新或营销创新活动的比值略高于制造业。

表9.6　2016年规模以下企业实现创新活动企业数量在调查企业中占比（单位：%）

|  | 制造业 | 交通运输、仓储和邮政业 | 信息传输、软件和信息技术服务业 | 租赁和商务服务业 | 科学研究和技术服务业 | 水利、环境和公共设施管理业 |
|---|---|---|---|---|---|---|
| 产品创新企业 | 7.5 | 5.7 | 14.2 | 7.8 | 10.0 | 6.3 |
| 工艺创新企业 | 7.7 | 2.4 | 5.6 | 3.0 | 6.9 | 6.0 |
| 产品/工艺创新企业 | 12.1 | 7.1 | 16.9 | 9.4 | 13.9 | 10.4 |
| 组织创新企业 | 6.0 | 8.0 | 10.2 | 8.3 | 9.3 | 8.3 |
| 营销创新企业 | 7.9 | 5.8 | 12.1 | 8.2 | 7.8 | 5.6 |
| 组织/营销创新企业 | 11.5 | 11.8 | 18.9 | 14.2 | 14.6 | 12.3 |
| 创新活动企业 | 18.8 | 15.4 | 27.9 | 18.6 | 22.7 | 18.8 |

资料来源：根据《中国科技统计年鉴》2017年数据整理

2. 创新的顾客交互作用

技术创新中的技术导向性非常明显，虽然顾客需求也是技术创新中考虑的一个因素，但是相比于服务创新中顾客的作用，技术创新中的顾客需求所起的作用并不明显。而在服务创新中，顾客参与所起到的作用非常大。一方面，顾客需求是出发点，顾客的交互作用对服务创新而言至关重要。另一方面，顾客在很多时候也参与到了服务创新中，比如针对顾客的特色创新就是在服务提供商和顾客的交互作用中为解决特定问题而产生的。

3. 创新的多样性

制造业的技术创新中技术占主导地位，而服务创新的发生是由多种因素引起的。根据服务创新的四维度模型，四个维度分别是"新服务概念""新顾客界面""新传递系统""技术"[262]，技术只是服务创新的一个维度。在服务创新中，很多创新是与技术维度无关的，比如特色创新。实际上，技术创新不仅是只与产品有关，也与市场、组织管理等有关，但这些研究都需要以有形的技术创新为基础。

2002年，欧洲创新景气度调查问卷中，选择产品创新和过程创新的制造业企业的比例都超过半数，且远高于制造业企业选择的组织创新，产品创新和过程创新都包含于技术创新。而服务业企业的服务创新类型最多的是组织创新，选择产品创新和过程创新的分别为39%和30%，低于选择组织创新的比例，见图9.10。

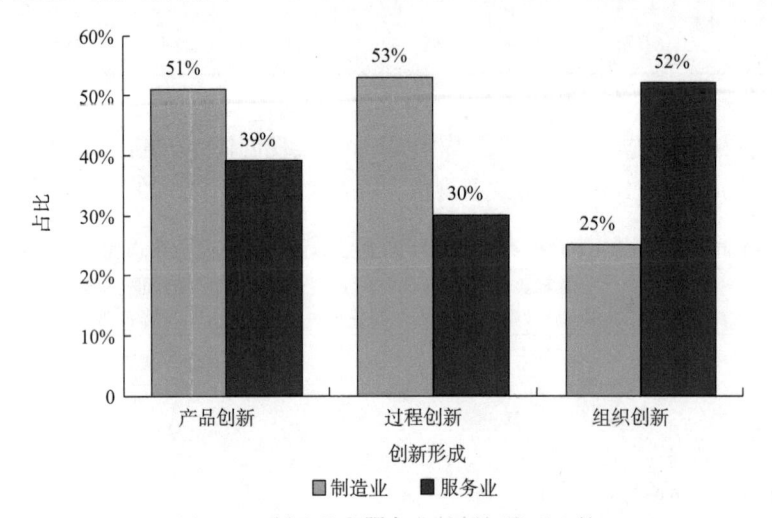

图9.10 制造业和服务业的创新类型比较

资料来源：根据2002年欧洲景气度调查问卷调查结果绘制

4. 创新的适用性

技术创新的变化是一种有形的、可见的显著变化，而且这种技术创新需要可复制性。根据新颖度分类的服务创新，大部分是渐进的变化。因此，服务创新的新颖度范围更大，从较小的变化到根本创新型的变化都包括在服务创新的范围里。另外，服务的"易逝性"和"不可存储性"使得服务创新可能不会是持久的变化。因为产品或组织上的技术创新需要保证其可以大量应用在产品和生产过程中，甚至整个制造业中。因此，技术创新必须具有可复制的特点，而服务创新活动更多的是针对特定顾客的特定问题而展开的，所以不要求可复制性。

5. 人力资源的作用

服务创新的发生是以企业员工为载体的，在产品设计和服务传递中，人力资源起主导作用。技术创新中起主导作用的可能是产品研发人员，而服务创新中企业的员工都有可能为服务创新做出贡献。产品的设计人员、组织管理人员、产品销售及售后人员都有可能提出服务方面的创新和改进，尤其是知识密集型企业，员工的某个概念、某个想法都有可能产生服务创新。

## 9.2 服务创新推动制造业升级的机理

### 9.2.1 企业层面上服务创新推动制造业升级的机理

制造企业的价值链一般可以分为上游、中游和下游三个环节。上游环节主要是产品研发，包括分析、立项、新产品设计和产品改型等活动，价值创造的结果主要是技术进步，而技术进步包括技术上的创新和服务上的创新。技术进步中的服务创新为企业带来产品差异化，差异化的产品在市场上更具竞争力，更易获取更多的市场份额。制造企业价值链的中游环节主要是指产品的生产、加工、组装等环节，这个过程是原材料转换为最终产品的过程，这个过程的零部件生产和组装属于附加值较低的环节，处于微笑曲线的低端。制造企业价值链的下游环节包括产品的市场营销和售后服务等增值活动，是附加值较高的环节，可以为制造企业实现更多价值。上游、下游和中游的附加价值曲线变化如图 9.11 所示。

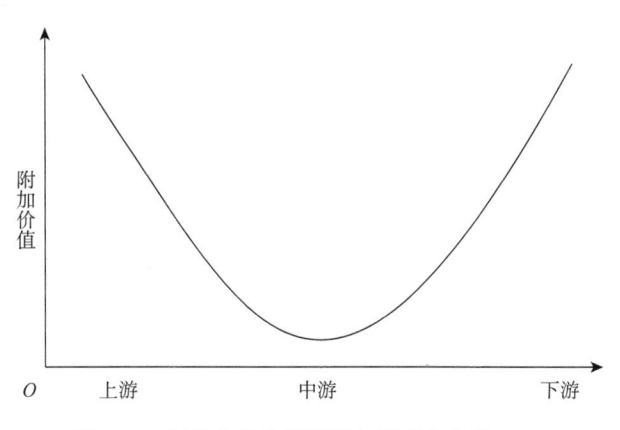

图 9.11　制造企业价值链附加值变化曲线

位于产品价值链中游的生产环节是利润空间最小的阶段，为了能在激烈的市场竞争中脱颖而出，企业更注重上游环节的产品研发和下游环节的销售与售后服务。在价值链上游，表现在产品服务上的服务创新，主要是指为顾客提供特定需求的功能，通过满足顾客不同需求而研发设计出产品的不同功能。研发设计上的服务创新能够为制造企业产品带来异于市场上其他同类产品的竞争力，同时为企业带来较高的利润。在价值链的下游，营销、促销、售后上的创新都是服务创新。

营销中的品牌建设使得企业产品更具竞争力，对消费者有更大的吸引力；促销活动中的产品使用示范、销售人员与顾客直接的交流，为顾客带来更佳的消费体验；售后活动中的送货上门、设备安装、维修等，是顾客选择产品的直接参考要素。

制造企业的核心业务流程包括研发、采购、生产、销售和售后五个主要环节，每一个环节由更多细分的活动组成。例如，研发环节的细分活动包括立项、设计、验收、评审等；采购环节中包含供应商管理、原材料检验等；生产环节中包含产能管理、产品的生产、检验、生产流程等；销售环节包括销售计划管理、销售渠道管理、客户管理、产品营销、销售人员管理、订单管理等；售后环节包括产品维护、产品修理、维修人员管理、维修时间管理等。确定制造企业业务流程，有针对性地分析企业流程，才能更好地对制造企业业务流程进行优化重组，以提高企业的绩效。

分析服务创新推动制造企业升级的机理，需要对制造企业业务流程不同环节的顾客满意度进行评价。制造企业业务流程的顾客满意度指的是各业务流程的输出能提供给顾客的需求满足水平，不同的流程有不同需求层次的顾客，例如，研发环节的顾客是生产，生产环节的顾客是销售，销售和售后环节的顾客都是最终消费者。最终消费者的需求一般包括产品质量、价格、交货情况和产品售后服务。对于产品质量的确定，可以通过退换货比率和报修比率来衡量。价格是顾客购买产品时重要的参考因素，同类产品中价格更低就更具有竞争优势，同时价格也受服务质量、营销广告因素的影响。交货情况的顾客满意度包括交货时间能否在顾客期望的时间内完成，数量能否在顾客期望范围内。售后环节的顾客满意度主要是报修解决时间和报修满意度情况，研发环节的顾客满意度是顾客对新产品中技术和服务的评价，经过分析确定顾客满意度评价体系如表 9.7 所示。

表9.7　顾客满意度指标评价体系

| 满意度 S | 新产品中技术创新和服务创新 | 退换货比率 | 报修比率 | 价格 | 交货时间柔性 | 交货数量柔性 | 报修的解决时间 | 检修结果满意情况 |
|---|---|---|---|---|---|---|---|---|
| 很不满意 | 1 | | | | | | | |
| 较不满意 | 2 | | | | | | | |
| 一般满意 | 3 | | | | | | | |
| 较满意 | 4 | | | | | | | |
| 很满意 | 5 | | | | | | | |

在评价过程中，可以将很不满意、较不满意、一般满意、较满意和很满意分别赋值为 100、80、60、40 和 20 分。表中的满意度 S 值可以通过式（9.5）计算。

$$S_i = \sum_{j=1}^{5} X_j Y_{ij}; \ Y_{ij} = y_{ij}/m \tag{9.5}$$

其中，$j$ 为满意程度的级数，为各级数对应的分值，是在调查中，对第 $i$ 项指标选

择第 $j$ 项回答人数的比例；$m$ 为调查的顾客数量。

用 $V$ 表示各评价指标的相对重要性程度，如式（9.6）所示，$K$ 表示相对重要性程度的分值，表示在调查中对第 $i$ 项指标选择第 $j$ 项回答的数量。

$$V_i = \sum_{j=1}^{5} K_i R_{ij};\ R_{ij} = \frac{r_{ij}}{m} \qquad (9.6)$$

通过对各指标的满意度评价量化和对各指标重要性程度量化可以计算顾客对产品和服务综合满意度，用 $Z$ 表示综合满意度指标，评价指标的计算公式如式（9.7）所示：

$$Z = \sum_{i=1}^{n} X_i V_i (i=1,2,\cdots,n) \qquad (9.7)$$

顾客对各个指标的满意度评价体系中，新产品中技术创新和服务创新是研发环节中的指标，研发部门需要准确掌握顾客需求，服务创新更侧重于产品带给顾客的人性化体验和服务需求，如 Apple 手机中手势服务满足特殊人群的需求和输油管道中检测系统是研发时对新产品增加的服务方面的创新。采购这一环节中，顾客是下一层级的生产环节，而最终顾客是消费者，采购物品的交货时间柔性和交货数量柔性，采购原材料的柔性也与产品交付消费者的柔性有关，这一层级中，企业的组织管理是服务创新的重点，企业应对采购部门、采购人员进行有效的管理创新，对供应链管理方面进行组织管理和战略上的创新。在产品生产这一流程中，包含的指标是退换货比率、报修比率、交货时间柔性和交货数量柔性，员工管理、设备管理和生产流程管理是主要的服务创新。与采购和生产中的管理创新不同，销售流程更注重的是与顾客的交互作用，这一流程可细分为营销、广告、销售等，服务创新更注重的是以顾客为中心的特色创新。售后流程中报修解决时间和检修结果满意情况是顾客满意度评价体系中两个指标，这两个指标重视售后服务人员对报修解决的时间和检修质量，组织创新是主要服务创新类型，如何形成良好的组织管理体系还包括范式创新这一服务创新类型。

综合评价指标的计算还包括各指标的满意度量化结果，一般而言，新产品中技术创新和服务创新、退换货比率、价格是主要的评价指标，这几个指标的改善情况越好，综合评价指标也就越好，因此制造企业应该格外注重研发环节、生产环节的产品创新、组织创新和范式创新，并在产品生产中控制成本，形成价格优势。

## 9.2.2 企业多主体参与的服务创新和制造业升级

1. 企业员工参与的服务创新

企业员工参与的服务创新主要体现在两个方面，一方面是员工将自己的服务创新创意提供给企业，使企业根据员工的创新对技术、产品、流程、组织管理和服务等方面进行相应的服务创新，以此提高企业的生产效率和服务创新，获得更大的利润；另一方面的作用是员工在具体的工作中会实施企业的服务创新战略，成为一种内部的驱动力。

从员工与顾客交互作用的角度来看，员工与顾客的交互作用越大，顾客的参与程度越深，员工对企业的服务创新推动力就越强，这主要是从两方面看。一方面，员工与顾客的交流越多，员工就可以在工作时针对顾客进行更多的服务创新，为顾客提供更好的整体产品体验，从而吸引更多的消费者以获得更多利润。另一方面，员工与顾客之间的交流越多，顾客的参与程度也就越深，通过顾客对制造企业产品的反馈，制造企业能够更快地把握消费者需求，更有针对性地推出消费者满意的产品和服务，在这样的情况下，制造企业节省了市场调查的时间和研发的时间，能以更短周期推出符合消费者需求的产品，减小成本并获得更多利润。

从供应商参与的视角考虑，技术扩散效应的存在使得供应商拥有的技术信息和研发设计能力在与制造业合作中通过制造企业员工扩散，这种前后向溢出效应使得制造企业员工在接收到新的信息和技术后，激发出更多的创新行为，在服务产生和传递过程中，运用这些新的信息和新的技术，可以找到更好的创新方案解决在工作中所遇到的问题，提高企业生产效率。因此，供应商参与可以通过直接影响员工创新能力和创新积极性推动员工的创新行为，员工的创新行为进一步地提高企业的服务创新能力以达到减少生产成本并提高企业生产效率的目的。

组织管理在企业员工参与制造业服务创新中有较重要的协调作用。在组织创新氛围浓厚的情形下，企业鼓励员工的创新行为，并为员工的创新活动提供有利条件，因此员工开展创新的积极性大大提高，在服务中发现并遇到问题时会努力寻找解决方案，企业的整体服务创新数量和质量也会大大提高。制造企业为了提高员工服务创新的积极性，营造良好的服务创新氛围是非常有必要的，通过提供创新所需的资源和条件，推动员工创新想法的增加并加快创新想法转变成实践（图9.12）。

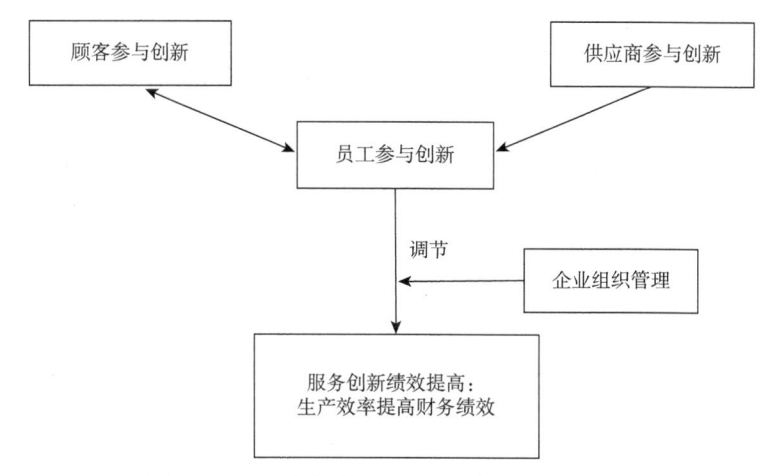

图 9.12 员工参与制造企业服务创新的作用路径

**2. 企业客户参与的服务创新**

顾客参与以制造企业员工为中介，提高了制造企业的创新效率，大量学者对顾客参与度对创新绩效的影响开展了研究，大部分研究表明顾客参与确实对制造企业的创新绩效产生积极的影响。例如，Kristensson 等认为顾客参与到企业产品开发项目中有助于提高企业的创新水平[263]。

作为供应链的下游，顾客的消费过程与制造企业生产产品的过程是分离的，因此顾客参与主要体现在销售、售后环节和员工的交流以及制造企业通过市场调查时顾客与企业的交互作用，而顾客参与的作用直接体现在价值链的上游和下游，通过员工为中介间接体现在制造企业价值链的中游。

顾客通过与制造企业的接触影响制造企业研发设计，制造企业在顾客参与的情况下了解消费者需求，从而准确把握市场变化，在研发设计环节根据消费者需求设计出符合消费者需求的产品，顾客参与的制造企业服务创新在产品的研发设计上主要体现在满足不同消费者群体的不同需求，即功能设计上。制造企业价值链上游的研发设计环节在顾客参与的情况下降低了不符合市场变化产品的风险，在满足消费者需求的情况下会吸引更多消费者，提高了制造企业创新效率，也为企业减小了风险、提高了利润。

在制造业价值链下游的营销售后环节，顾客购买产品的过程也是服务的生产与消费过程，二者是一起开展、不可分离的，两者"共同生产"，顾客参与到企业为顾客提供服务的过程中，两者之间的交流更加密切，企业员工能够更好地理解消费者的需求，为消费者提供有针对性的服务。由于服务是无形且多变的，企业员工在为消费者提供服务时面对较多的变化和更大的风险，顾客参与会减少这种不确定性和风险。员工在理解消费者需求的同时，消费者也能够获得满意度更高的服务。

顾客通过与企业的交流和"共同生产"的方式影响制造企业的价值链上游和下游的服务创新,而制造企业价值链的中游生产过程与顾客分离,因此顾客参与体现在对员工的影响从而间接影响制造企业产品生产流程的服务创新,通过与顾客的交流激励制造企业员工在生产工艺和生产过程中的服务创新,包括生产过程的优化和组织管理优化等。

顾客参与通过与企业的交流和"共同生产"影响制造企业的研发设计、销售售后服务和生产过程优化等环节,顾客参与的程度越深,企业也就越容易了解顾客需求和掌握市场变化,减小风险并提高服务创新效率,顾客参与程度最深的就是信息共享,通过信息共享,制造企业可以避免信息延后和信息不完全所造成的不确定性风险,获得更多利润,见图 9.13。

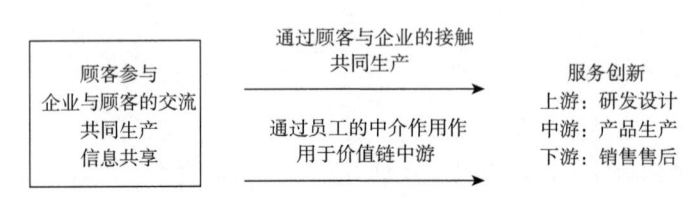

图 9.13 顾客参与的制造企业服务创新作用

### 3. 供应商参与的服务创新

制造企业的服务创新会导致对供应商需求的变化,供应商的快速反应既能够满足制造企业实现服务创新、获取更多利润的目标,也能使供应商获得利润。若要获取更多的利润,从供应商的角度来看,应推动制造企业进行更多的创新从而扩大生产,这样制造企业所需原料的种类和数量就会变得更多,供应商也就能获得更多获利的渠道,制造业企业在供应商参与服务创新的情况下可使制造企业通过服务创新获得更多利润,改变企业结构,升级制造业企业。

在制造企业的业务流程中,供应商可参与到研发、采购、生产、销售和售后五个流程中,供应商可以为制造企业提供建议,也可以是负责特定子系统的开发并最终实现服务创新,提高服务创新的绩效。在这个过程中,供应商为了双方共同利益而提供能力、投资、信息、知识、创意、设计、工具等[264]。

在业务流程的研发阶段,供应商参与制造企业服务创新活动主要有三个阶段。第一个阶段是为制造企业提供新的想法,协助企业了解并识别客户需求。第二个阶段是供应商协助企业识别服务变化和其中可能涉及的技术,为企业清晰地描述客户所需服务,帮助企业建立所要完成的服务创新的概念和框架,完全参与的供应商可能负责服务创新框架中的子系统的研究开发工作并实现这一子系统的服务创新。第三个阶段是根据客户需求和服务创新框架设计出详细的服务创新方案,包括详细的服务生产方案和详细的服务生产过程控制方案。

业务流程的采购阶段的服务创新与供应商联系紧密,上游供应商通过融入服务创新,可以准确地了解制造企业对原材料和设备等的需求并相应地为制造业企业提供原材料和生产工具、设备等。业务流程的生产阶段也是供应商可以参与的阶段之一,在研发阶段,供应商可以协助或负责其中的子系统中服务生产过程的设计,通过参与生产过程,监控创新服务生产过程,保证服务的质量。

供应商参与制造企业服务创新由于参与程度不同对制造企业的服务创新会有不同程度的影响。供应商参与制造企业服务创新较低时,供应商仅通过沟通来讨论服务的需求;当参与程度较高时,供应商与制造企业之间有固定的渠道来讨论服务创新的设计和生产问题,两者之间信息共享;由于服务创新不需要投入大量研发设计的资源,供应商也可以自主设计创新服务,制造企业可阶段性检查或由供应商完全交付后使用。

供应商参与服务创新可整合企业间的资源,降低服务创新的风险和成本,增加更多的服务创新和获利渠道。供应商参与服务创新,对制造企业而言避免了服务创新方案实施后原材料和设备等供应受困的问题,也因为与供应商的整合,可以在进一步了解双方信息后制定出更经济、品质更高的服务创新方案和生产过程,增加服务产品生产弹性,降低成本,获得更高的利润。

## 9.2.3 服务创新促进制造业结构升级

制造业传统价值链中企业的业务流程研发设计、原材料采购、产品生产、销售和售后由制造企业全部完成,其中企业业务活动中所需的仓储、物流和销售售后等服务由企业完成,为企业业务流程提供的中间服务内置于企业。随着经济的发展,市场竞争日益激烈,企业为控制成本并输出更优质的服务,制造企业将生产性服务外包给第三方,生产性服务业的外部化使得制造企业将资本和人力资源投入到企业自身最具竞争力的环节。企业将资源投入到价值链下游的销售售后环节,通过市场营销和品牌形象建立等过程,提高产品附加值,为企业获取更多利润,企业将资源投入到价值链上游的研发设计,通过技术创新和服务创新来创新产品,扩大市场份额,获得更多利润。制造企业将生产性服务业外部化,从而调整了企业的内部结构,制造企业开始制造业服务化。中国制造企业早期的加工制造环节能耗高、附加值低、利润低,而制造业服务化过程将资源投入到研发设计和销售售后环节,根据微笑曲线可知,企业可获得价值链上游和下游的利润。

生产性服务业为制造业提供专业的生产性服务,在企业的业务流程中提供中间产品,这大大降低了制造业的生产成本。随着信息技术的飞速发展,生产性服务业发展也十分迅猛，制造企业的需求也使得生产性服务业得以快速专业化、规模化发展，专业化、规模化的生产性服务业在更低的成本优势下为制造企业提供更专业、更低成本的服务，制造企业也得以不断寻求产品技术和服务上的创新，两者形成良性循环。由2012年《美国总统经济报告》数据可知，2010年美国生产性服务业增加值占第三产业增加值的比例已高达90%，生产性服务业已成为国民经济的支柱产业，发达国家的生产性服务业专业化程度和规模化程度都比较高，不断创新的生产性服务为制造业注入了新的活力，包括产品的创新和组织管理上的创新。

生产性服务业作为知识密集型产业，在带动制造业升级发展中有非常明显的作用。顾乃华等[260]在对2001年到2003年的31个省（区、市）进行实证分析后发现，在中国经济转型期，发展生产性服务业可以促进制造业竞争力的提高，同时，由于市场准入等原因，金融保险业在促进制造业发展中的作用最大。随着科学技术的发展和制造企业对中间服务需求的增加，生产性服务业厂商的数目和规模会扩大，行业细分进程也会加快，这会大大减小生产性服务的成本，因此制造企业的生产成本也显著降低。当制造企业采用外包的、成本更低的生产性服务，并将资源投入到利润空间更大的研发和销售售后中，产品附加值会增加，产业由低附加值逐渐转变为高附加值，产业升级得以实现。

本书选取2009年到2015年全国除西藏之外的30个省（区、市）的高技术产业资产总计与工业资产总计的比值作为被解释变量。解释变量生产性服务业规模由各省生产性服务业从业人员数与各省年末单位从业人员数之比 sca 衡量，这里的生产性服务业由交通仓储邮电，信息传输、计算机服务和软件，批发零售贸易业，金融业、租赁和商业服务业，科研、技术服务和地质勘查业等6个行业组成。生产性服务业专业化程度参照Exctura等[265]的生产性服务业专业化指标 $Z$。

$$Z_i = \sum_{s=1}^{6} \left| \frac{E_{is}}{E_i} - \frac{E'_s}{E'} \right| \tag{9.8}$$

其中，$E_{is}$ 为省份 $i$ 生产性服务业 $s$ 的从业人员数；$E_i$ 为城市 $i$ 的年末单位从业人数；$E'_s$ 为全国除了城市 $i$ 之外的 $s$ 行业从业人员数；$E'$ 为除了城市 $i$ 之外的全国年末单位从业人员数。

制造业产业结构的变化除了解释变量，R&D、人力资源水平、外商直接投资也对产业结构升级有影响，选择这三项作为控制变量，代理变量分别用各地区研究与试验发展经费投入强度、地区专任教师数与年末单位从业人员之比[①]、各地区分省（区、市）外商直接投资工业产值和工业总产值之比。

---

① 由于中等职业教育学校专任教师数2009年和2010年数据缺失，本部分只统计地区普通高等、普通中学和普通小学专任教师数。

选取短面板数据,且仅以样本自身效应为条件推论,参照豪斯曼检验结果,使用固定效应的面板模型,设定实证模型为

$$\text{stru}_{it}=c+\alpha_1\text{sca}_{it}+\alpha_2 Z_{it}+\alpha_3\text{fdi}_{it}+\alpha_4\text{R\&D}_{it}+\alpha_5\text{edu}_{it}+u_i+\varepsilon_{it} \tag{9.9}$$

因为数值单位不同,所以变换模型为式(9.10)

$$\text{lnstru}_{it}=c+\ln\alpha_1\text{sca}_{it}+\ln\alpha_2 Z_{it}+\ln\alpha_3\text{fdi}_{it}+\ln\alpha_4\text{R\&D}_{it}+\ln\alpha_5\text{edu}_{it}+u_i+\varepsilon_{it} \tag{9.10}$$

stru 表示制造业产业结构,sca 表示生产性服务业规模,Z 表示生产性服务业专业程度,fdi 表示外商直接投资,R&D 表示研发与试验发展,edu 表示人力资源水平。数据来源于中国高技术产业数据库、中国城市数据库、中国科技统计年鉴和中经网数据库,包括全国 30 个省份 2009 到 2015 年的数据[①],结果见表 9.8。

表9.8  实证结果

| 变量 | 固定效应模型 |  |  |  |  |
| --- | --- | --- | --- | --- | --- |
|  | 模型 1 | 模型 2 | 模型 3 | 模型 4 | 模型 5 |
| sca | 1.631** | 0.136 | 0.542 | 0.689 | 0.468 |
|  | (2.08) | (0.18) | (0.75) | (0.93) | (0.62) |
| Z |  | 0.965*** | 0.547*** | 0.633*** | 0.425* |
|  |  | (5.74) | (3.06) | (3.19) | (1.80) |
| fdi |  |  | −1.713*** | −1.695*** | −1.716*** |
|  |  |  | (−4.97) | (−4.92) | (−4.99) |
| R&D |  |  |  | −0.832 | −1.264 |
|  |  |  |  | (−1.01) | (1.46) |
| edu |  |  |  |  | −0.883 |
|  |  |  |  |  | (1.61) |
| 调整后的 $R^2$ | 0.0236 | 0.1760 | 0.2771 | 0.2813 | 0.2917 |
| F 值 | 4.33 | 19.01 | 22.62 | 17.72 | 14.41 |

***、**、* 分别表示在 1%、5%、10%水平上显著

从统计结果可以看出,生产性服务业在所有结果中都是显著为正的,说明生产性服务业的分工对制造业产业结构的提高有显著的促进作用,虽然生产性服务业规模系数不显著,但是所有模型实证结果中都是正数,说明生产性服务业的规模对制造业产业结构升级有促进作用。外商直接投资对制造业产业升级的影响显著为负,说明外商直接投资对制造业技术水平和服务创新水平的提高有抑制作用。人力资源水平和研发与试验发展均不显著,可能是数据缺失的影响。

---

① 省份数据中全部使用市区数据。

## 9.3 制造业技术创新推动服务业升级的机理

### 9.3.1 制造业技术创新推动服务创新

胡哲一在总结了国外学者对技术创新的研究后，提出技术创新的定义，他认为技术创新是一种周期性的技术经济活动的全过程，创造性和市场导向是技术创新的基本特征[266]。技术创新中包含了有形的技术上的创新，也包含了无形的服务上的创新，根据服务创新的四维度模型，技术是服务创新的一个维度，技术创新与服务创新两者互相包含、互相促进，两者有极强的关联性。

1. 新技术、新产品、新工艺、新的服务创立和改进

新产品中的服务创新来源于生产前端的研发设计，企业通过对消费者及潜在消费者的需求分析、心理分析和行为分析来了解消费者所需要的服务，通过研发设计环节将消费者所需的服务负载于产品上，这种将服务与产品相结合的做法需要技术上的创新，例如装备制造产品的监控设备就是在满足顾客特定需求的基础上通过对技术进行创新而实现的服务上的创新。2009—2016年规模以上工业企业新产品开发和销售情况见表9.9和图9.14，可见新产品开发项目数总体呈增长趋势，新产品开发经费支出和新产品销售收入均呈增长状态。

表9.9 规模以上工业企业新产品开发和销售

| 年份 | 新产品开发项目数/项 | 新产品开发经费支出/万元 | 新产品销售收入 总额/万元 | 新产品销售收入 出口额/万元 |
|---|---|---|---|---|
| 2009 | 237 754 | 44 819 855 | 658 382 082 | 115 725 306 |
| 2011 | 266 232 | 68 459 430 | 1 005 827 245 | 202 230 938 |
| 2012 | 323 448 | 79 985 405 | 1 105 297 711 | 218 941 519 |
| 2013 | 358 287 | 92 467 436 | 1 284 606 903 | 228 534 683 |
| 2014 | 375 863 | 101 231 582 | 1 428 952 968 | 269 043 783 |
| 2015 | 326 286 | 102 708 342 | 1 508 565 473 | 291 326 776 |
| 2016 | 391 872 | 117 662 658 | 1 746 041 534 | 327 130 958 |

资料来源：根据《中国科技统计年鉴》2009—2016年数据[①]统计

工艺是技术的一个层次，各种工艺流程、加工方法付诸实践需要相应的生产

---

① 因为2010年统计大中型工业企业数据，所以表中没有列出2010年数据。

工具和其他物质装备等，工艺还包括产品在物质装备生产中人力资源对生产过程进行有效的组织管理，从而形成工业产品批量生产中的标准化生产过程。工艺创新可以提高产品等级品率、减少质量损失率、提高产品生产对市场需求的适应程度、节约资源、降低成本。

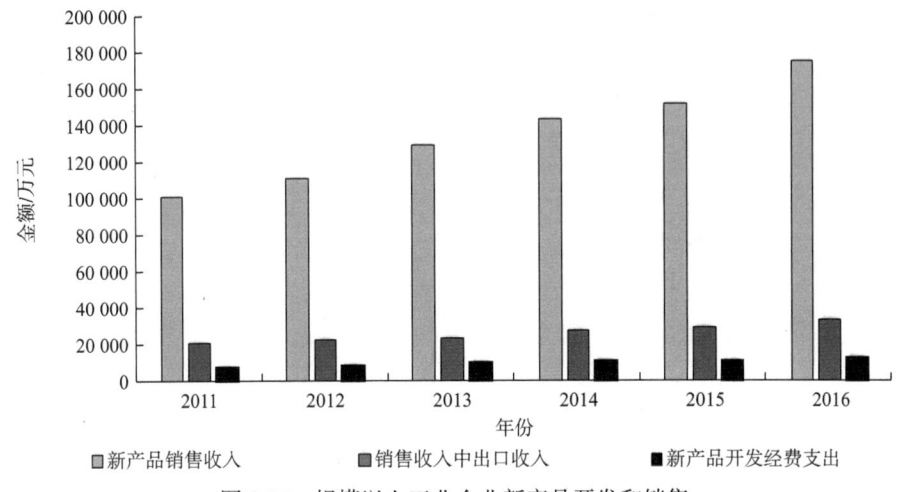

图 9.14　规模以上工业企业新产品开发和销售

资料来源：根据《中国统计年鉴（2010—2017）》绘制

无形的服务创新也属于广义技术创新的一个层次，如制造企业借助生产性服务业提供的分期付款等金融服务和保险服务，能提高产品竞争优势的根本服务创新和渐进式服务创新都属于技术创新的一部分。

2. 资源的有效开发和利用、新需求与新市场的开拓占领

技术的第三个层次是对生产系统中所有资源进行有效组织和管理的知识经验与方法。这是无形的技术，资源可以包括人力资源、物质资源（如材料和生产设备）以及资金，有效的管理资源、提高企业产品竞争力、减少成本都需要服务方面的不断创新，组织结构的创新、管理方式上的创新需要服务创新中的组织创新和范式创新，因此创新的技术层面上也包括服务创新，且通过服务创新的促进作用，推动更多创新的发生。

技术创新的实现体现在企业利润增长、市场份额扩大方面，新需求表现在企业抢占同类产品的市场份额上，这就需要企业为顾客提供服务上的非价格竞争优势，企业为顾客提供不同于其他同类产品的服务，如品牌建设，从而扩大市场份额。新市场体现在企业扩大潜在消费者的市场份额，吸引更多的消费者首次购买该企业提供的产品，扩大这一类消费者的市场份额需要能提供满足潜在消费者需求的新产品并且需要不断创新的营销方法吸引更多潜在消费者购买产品。为了成

功地实现技术创新，服务创新是非常重要的途径和手段。

## 9.3.2 制造业技术创新与服务业升级

技术创新扩散指的是某项新技术在首次实现商业化后，又通过市场或者非市场渠道来传播这项新技术[33]。企业技术创新的扩散包括企业内部的扩散，企业之间的扩散及企业内外技术扩散的综合结果与叠加，技术创新是由四个方面的综合作用而实现的，技术创新扩散是需方内部基础、供需方技术梯度、供需方动力机制与外部条件的综合。

需方内部基础指的是接受技术扩散方的企业内部对新技术的适应能力；供需方技术梯度指的是技术扩散一方和接受技术扩散方两者之间存在技术上的差距；供需方动力机制指的是供需两方均能实现利益最大化；外部条件指的是政策支持、市场要求完善等。通过技术创新扩散，扩大创新产品在市场上的占有率，实现全社会的技术进步，对宏观上的社会技术进步有非常重要的作用，服务创新在国内企业四种技术创新扩散模式中作用机制各不相同。

1. 服务创新在政府导向型的政策式扩散模式中的作用

政府导向型的政策式扩散模式中，政府通过兴建科技园区，对园区内的高新技术企业进行产业优惠，包括 R&D 研发经费、税收、信贷、外资引进、人力资源等优惠措施很多都由政府完成，以形成良好的技术创新扩散和技术创新孵化环境，促进园区内高新技术企业的技术水平的提高和区域内经济的发展。这一模式主要针对高新技术中小企业，高新技术具有知识密集和资本密集的特点，人力资源优势大，在政府作用下形成产业集聚的企业在一些企业开始创新行为之后，在人力资源优势和产业集聚优势作用下，其他企业能在更快的速度下紧随其后学习到创新企业的创新之处，并在工艺创新、流程创新、组织创新的作用下保证新产品的质量从而迅速占领市场。简而言之，这一模式中服务创新在政府支持下，利用集聚和人力资源的优势保证技术创新需方内部接受环境和接受速度。

2. 服务创新在企业导向型的集团式扩散模式中的作用

企业集团利用规模优势进行 R&D 投入，进行技术上的创新，创新成果优先在企业内部扩散运用，这种扩散方式没有市场交易环节，因而成本较低。企业集团是多个企业通过股权关系、债务关系、技术关系和经济关系等形成的企业联合体。通过企业集团，技术扩散中可以避免由资源限制而导致的技术扩散限制，低成本的技术扩散可以使得企业集团内部共同承担新技术开发的风险，也可以共同分享新技术开发的收益。

服务创新在这一模式中的作用体现在两个方面。一方面是服务创新促进企业集团的形成,保证企业集团在不断变化的新技术开发中联合关系的稳定,这是范式创新和组织创新的作用。另一方面是在集团技术创新中的作用,在研发、流程、工艺和销售售后方面的服务创新,可以提高产品竞争力和企业竞争力。

3. 服务创新在市场导向型的交易式扩散模式中的作用

多数传统中小企业通过市场搜寻所需的技术信息并通过市场交易获得技术,通过市场机制的作用,技术创新得以扩散。中小企业限于企业规模和资金,无法通过自行投入来进行技术创新,通过购买科研机构的技术生产新产品是获得利润的可靠方式,而制造企业和科研机构很多时候信息不对称,通过自行联系无法及时获得新技术,这样就需要中间机构的作用,如图 9.15 所示。图中,虚线表示信息流向,实线表示技术流向。国内技术中介机构行为不规范,政府应采取相应措施完善中介机构的行为和技术市场交易行为,使得中介机构能为中小企业和科研机构提供优质服务,这是服务创新起作用的第一点。第二点是国内中小企业委托科研机构研发出企业所需的技术,形成长期合作关系,这是服务创新所能起到的作用。

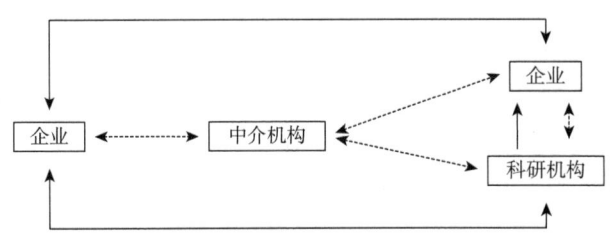

图 9.15　企业、中介机构和科研机构技术、信息流向

4. 服务创新在交叉式的扩散模式中的作用

以上三种模式不是绝对的,当这三种模式贯通起来就是交叉式的扩散模式,这样新的技术可以通过多种方式扩散,当一种新技术通过多种方式扩散,扩散的深度和广度更优,能够提高整体的社会技术进步水平。在这种情况下,多种服务创新也作用于技术创新的扩散中。

## 9.3.3　产业共性技术与服务业升级

产业共性技术的概念起始于"技术开发模型"和"以技术为基础的增长模型",学者将技术分为基础技术、共性技术和专有技术,三项技术分类的具体演进过程如

图9.16所示。国内对共性技术的研究较少,李纪珍认为产业共性技术的研发成果能够共享,同时该类技术可以对同一行业或多个行业中的企业产生深远影响,该类技术是已经或未来可能应用在多个领域内的技术[267],这种技术是竞争前的技术。

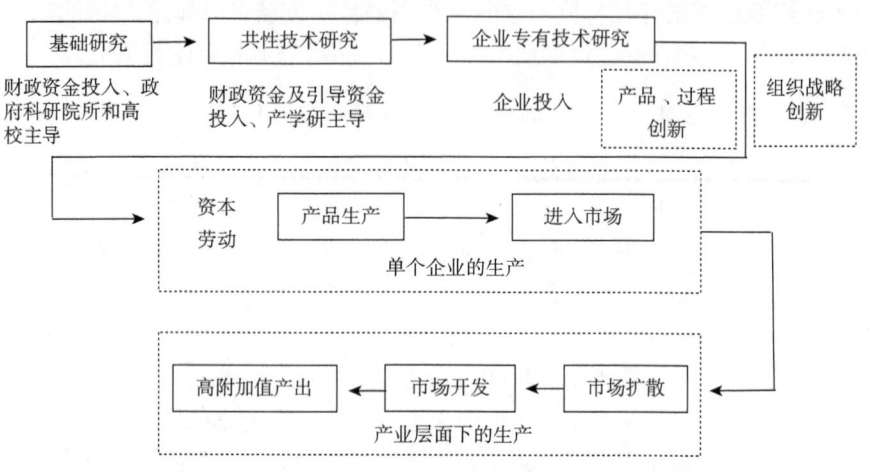

图9.16 基础技术、共性技术和专有技术的演进过程

产业共性技术介于基础性研究和能为企业带来收益的企业专有技术研究之间,是企业形成专有技术的基础。由于产业共性技术的共享性和集成性,单个企业受其创新能力和创新积极性的制约,无法成为产业共性技术创新的主导方,而在政府引导下,高校和科研院所则会成为产学研合作的创新主体,研究成果是兼顾国家、地区和产业利益的在基础研究基础上的技术创新、集成创新。

产业共性技术分解为关键产业共性技术、一般产业共性技术与基础性产业共性技术。关键产业共性技术对整个国民经济有重大影响,经济和社会效益最明显。基础性产业共性技术是指为产业技术进步提供必需的基础性技术手段的测量、测试和标准等的技术,其余的被称为一般产业共性技术。产业共性技术的特征包括:①基础研究最先应用到共性技术,因此共性技术属于企业的"竞争前技术",是企业研究其专有技术的基础;②在产业共性研究的产权保护方面有政策盲点,产权保护难以全面实施实现,外部性较强;③产业共性技术的研究成果可以在整个产业或者多个产业及产业内企业间共享,若企业基于产业共性技术开发出企业专用技术,那么就会形成进入壁垒,因此共享性是有条件的;④产业共性技术涉及多产业部门技术,所以往往凝聚着多学科的知识,需要多学科的研究人员;⑤在产业共性技术的基础上开发企业专用技术,这个过程中可能会出现较高的技术风险、投资风险和市场风险;⑥通过产业共性技术开发出的企业专有技术不仅可以提升企业竞争力,也可以共享到一个或多个产业,提升社会效益。

产业共性技术的共享性及外部性使得企业个体独立成为创新主体的积极性不

高，且单个企业的研发实力不足以进行产业共性技术研究，且产业共性技术研究对多个产业及整体经济增长都具有促进作用，所以以政府为主导的产学研合作模式显得尤其重要。在政府、企业、中介机构、高校和科研院所构成的创新体系中，服务创新起到重要的桥梁作用，一则是政府的服务创新能起到正确的引导作用和政策保护作用，中介机构能够架起企业、高校、科研机构和顾客的桥梁，能够正确传达市场需求，二则是企业和高校、科研院所的组织、管理方面的服务创新，可以实现各部门之间的良好沟通，示意图如图 9.17 所示。

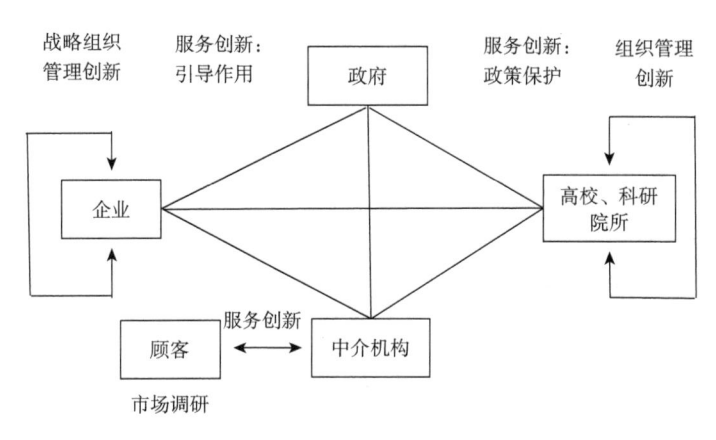

图 9.17　政府主导的产业共性创新技术结构中服务创新作用

产业共性技术在经过二次开发之后形成企业的专有技术从而为企业带来竞争优势和利润，但由于产业共性技术只是基础性的技术，需要进行再开发才能成为企业专有技术，而这个过程需要的成本较大，包括配套资产的开发、企业组织或重大战略创新的成本和技术应用的成本，而且市场对该项技术的接受程度是不确定的，所以企业往往没有积极性或没有能力采用产业共性技术。同时，某些技术的不确定性和网络延伸性，以及产业共性技术的共享性和风险性导致交易成本较高，因此企业可能倾向于通过内部研发获得新技术和新产品，所以产业共性技术扩散到企业乃至于产业的过程可能会出现市场失灵的情况。

产业共性技术处于基础科学和商业技术应用的中间地带，在从基础科学到商业应用的发展趋势来看，接近基础科学的产业共性技术基础性较强，企业应用此技术二次开发成企业专有技术的风险较高，市场不确定性和产业共性技术开发难度高，因此产业共性技术扩散到企业的壁垒较高。接近商业应用一端的产业共性技术应用性更强，企业对此技术的二次开发的市场估计更加准确，开发难度较小，风险较低，因此产业共性技术扩散到企业的壁垒较低。而在产业共性技术中间段的技术则处于风险的中间地带，壁垒也处于中间段，具体可参考李纪珍和邓衢文的模型[268]，见图 9.18。

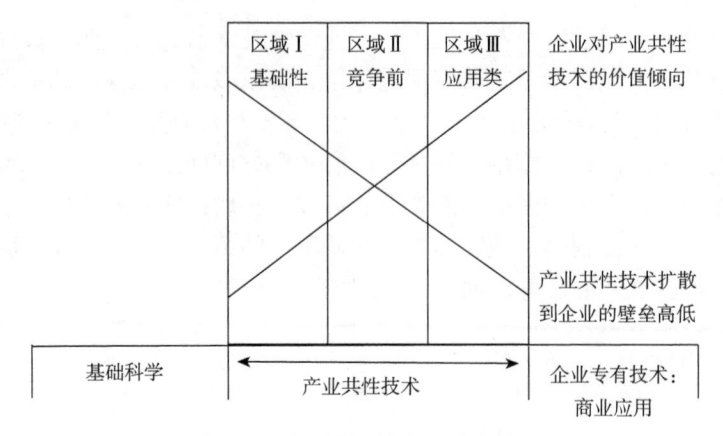

图 9.18 产业共性技术扩散分析图

区域 I 的产业共性技术属于基础性的技术，这类技术需要企业在成果转化时进行大量的二次开发工作，且企业对这类技术的价值估计具有不确定性，扩散的限制较大，最佳解决方案是政府主导的产学研为企业提供有偿的二次开发技术服务，该服务的创新是保证产业共性技术及时扩散到企业的重要手段，可以避免由市场的不确定性和高风险导致的市场失灵和由制度不完全导致的制度失灵。另外，正确的市场预期和产业共性技术的价值估计是供给方、接收方，尤其是中介机构的服务创新方向。

区域 II 的产业共性技术介于基础性和应用性之间，这类技术可以通过技术转让和技术许可的方式在市场上扩散，企业承担的风险在可承受范围内，而二次开发又需要相应的成本从而可以避免技术外溢。这类产业共性技术中服务创新的作用既体现在对产品增加服务的服务增值行为，也体现在产学研、企业、中介机构正确把握市场和正确估计技术价值的服务创新。

区域 III 是产业共性技术中与专有技术结合度高的区域，可应用在商业上的能力强，因为这类技术大都是在专业应用背景下研究的，这类技术的扩散，可以由企业将这类技术的研究委托给产学研机构，这样企业可以进行更完善的知识产权保护，防止技术外溢。

# 参 考 文 献

[1] 李钢，廖建辉，向奕霓. 中国产业升级的方向与路径——中国第二产业占 GDP 的比例过高了吗[J]. 中国工业经济，2011，(10)：16-26.

[2] 刘仕国，吴海英，马涛，等. 利用全球价值链促进产业升级[J]. 国际经济评论，2015，(1)：64-84.

[3] Park A, Nayyar G, Low P. Supply Chain Perspectives and Issues：A Literature Review[M]. Geneva：WTO，2013.

[4] Gereffi G. International trade and industrial upgrading in the apparel commodity chain[J]. Journal of International Economics，1999，48（1）：37-70.

[5] 张辉，等. 全球价值链下北京产业升级研究[M].北京：北京大学出版社，2007.

[6] 朱卫平，陈林. 产业升级的内涵与模式研究——以广东产业升级为例[J]. 经济学家，2011，(2)：60-66.

[7] 张国胜，胡建军. 产业升级中的本土市场规模效应[J]. 财经科学，2012，(2)：78-85.

[8] Humphrey J，Schmitz H. How does insertion in global value chains affect upgrading in industrial clusters?[J]. Regional Studies，2002，36（9）：1017-1027.

[9] Humphrey J. Upgrading in global value chains[J]. Social Science Electronic Publishing，2004，(5)：209-239.

[10] Arthur W B. Competing technologies，increasing returns，and lock-in by historical events[J]. The Economic Journal，1989，99（394）：116-131.

[11] 赵莉，王华清. 高新技术企业专利管理与技术创新绩效的关联——技术锁定的调节效应[J]. 研究与发展管理，2015，27（3）：114-125.

[12] 吴晓波，吴东. 全球制造网络与中国大中型企业的自主创新——现状、瓶颈与出路[J]. 科技管理研究，2010，30（4）：3-5.

[13] 王益民，宋琰纹. 全球生产网络效应、集群封闭性及其"升级悖论"——基于大陆台商笔记本电脑产业集群的分析[J]. 中国工业经济，2007，(4)：46-53.

[14] 刘洋，魏江，江诗松. 后发企业如何进行创新追赶?——研发网络边界拓展的视角[J]. 管理世界，2013，(3)：96-110.

[15] 吴标兵.产业技术创新及其支撑体系逻辑架构探究[R]. 第九届中国科技政策与管理学术年会. 2013：1-6.

[16] 多西 G. 技术进步与经济理论[M]. 钟学义，译. 北京：经济科学出版社，1992.

[17] Tushman M L, Anderson P. Technological discontinuities and organizational environments[J]. Administrative Science Quarterly, 1986, 31（3）：439-465.

[18] Bower J L, Christensen C M. Disruptive technologies：catching the wave[J]. Harvard Business Review, 1995, 73（1）：43-53.

[19] He Z L, Wong P K. Exploration vs. exploitation：an empirical test of the ambidexterity hypothesis[J]. Organization Science, 2004, 15（4）：481-494.

[20] 史江涛, 杨金凤. 市场导向对技术创新的影响机理研究[J]. 研究与发展管理, 2007, 19（2）：56-62.

[21] Volberda H W. Toward the flexible form：how to remain vital in hypercompetitive environments[J]. Organization Science, 1996, 7（4）：359-374.

[22] Mowery D C. Collaborative R&D：how effective is it？[J]. Issues in Science and Technology, 1998, 15（1）：37-44.

[23] Conner K R, Prahalad C K. A resource-based theory of the firm: knowledge versus opportunism[J]. Organization Science, 7（5）：477-501.

[24] Doz Y, Hamel G. The use of alliances in implementing technology strategies[C]. Tushman M L, Anderson P. Managing Strategic Innovation and Change: A Collection of Readings. New York：Oxford University Press, 1997：556-580.

[25] Grant R M. Prospering in dynamically-competitive environments：organizational capability as knowledge integration[J]. Organization Science, 1996, 7（4）：375-387.

[26] Edmondson A, Moingeon B. From organizational learning to the learning organization[J]. Management Learning, 1998, 29（1）：5-20.

[27] Caldeira M M, Ward J M. Using resource-based theory to interpret the successful adoption and use of information systems and technology in manufacturing small and medium-sized enterprises[J]. European Journal of Information Systems, 2003, 12（2）：127-141.

[28] 周伟龙, 袁健红. 基于技术创新视角的后发国家产业升级路径选择——以我国石油化工产业为例[J]. 华东经济管理, 2010, 24（10）：82-85.

[29] 李宇, 郭庆磊, 林菁菁. 企业集团如何引领产业创新升级：一个网络能力视角的解析[J]. 南开管理评论, 2014, 17（6）：96-105.

[30] 杨高举, 黄先海. 内部动力与后发国分工地位升级——来自中国高技术产业的证据[J]. 中国社会科学, 2013,（2）：25-45.

[31] 唐春晖, 唐要家. 企业技术能力与技术创新模式分析[J]. 辽宁大学学报（哲学社会科学版）, 2006, 34（1）：121-125.

[32] 徐康宁, 冯伟. 基于本土市场规模的内生化产业升级：技术创新的第三条道路[J]. 中国工业经济, 2010,（11）：58-67.

[33] 罗桂芳, 陈国宏. 国内企业技术创新扩散的模式分析[J]. 工业技术经济, 2002, 21（4）：64-65.

[34] Rogers E M, Valente T W. Technology transfer in high-technology industries[C]. Agmon T, von Glinow M A. Technology Transfer in International Business. New York：Oxford University Press, 1991：212-225.

[35] Stonman P. The Economic Analysis of Technological Change[M]. New York: Oxford University Press, 1983.

[36] Metcalfe J S. Impulse and diffusion in the study of technical change[J]. Futures, 1981, 13 (5): 347-359.

[37] 孙耀吾, 卫英平. 高技术企业联盟知识扩散研究基于小世界网络的视角[J]. 管理科学学报, 2011, 14 (12): 17-26.

[38] 陈玥希, 蔡建峰. 基于动态创新联盟的中小企业技术创新扩散模式研究[J]. 科技进步与对策, 2005, 22 (5): 8-9.

[39] 司尚奇, 冯锋. 基于共生网络的我国跨区域技术转移联盟研究[J]. 科学学与科学技术管理, 2009, 30 (10): 48-52.

[40] 李书全, 王悦卉, 彭永芳. 不同战略网络下企业技术扩散效应的博弈分析[J]. 经济问题, 2015, (9): 50-56, 80.

[41] 吴文华, 张琰飞. 技术标准联盟对技术标准确立与扩散的影响研究[J]. 科学学与科学技术管理, 2006, 27 (4): 44-47, 53.

[42] 张睿, 于渤. 技术联盟组织知识转移影响因素路径检验[J]. 科研管理, 2009, 30(1): 28-37.

[43] 张红兵, 张素平. 技术联盟知识转移有效性影响因素的实证研究[J]. 科学学研究, 2013, 31 (7): 1041-1049.

[44] 原毅军, 任焕焕, 吕萃婕. 中外企业技术联盟的技术转移模式选择——基于产学研联盟介入的视角[J]. 研究与发展管理, 2012, 24 (1): 18-25.

[45] 科技部等六部门发布《关于推动产业技术创新战略联盟构建的指导意见》[N]. 科技日报, 2009-07-06 (009).

[46] 樊增强. 跨国公司技术联盟: 动因、效应及启示[J]. 中央财经大学学报, 2003, (10): 65-68.

[47] 希特 M A, 爱尔兰 R D, 霍斯基森 R E. 战略管理·概念与案例. 8 版. 吕巍, 译. 北京: 中国人民大学出版社, 2009.

[48] Harland C. Supply chain operational peorfmranee roles[J]. Integarted Manuafacturing Systems, 1997, 8 (2): 70-78.

[49] Byrne J A. The virtual corporation. Business Week, 1993, 8: 98-103.

[50] Mason J C. Strategic alliances: partnering for success[J]. Management Review, 1993, 82 (5): 10-15.

[51] McCutchen W W, Swamidass P M. Motivations for strategic alliances in the pharmaceutical/biotech industry: Some new findings[J]. Journal of High Technology Management Research, 2004, 15 (2): 197-214.

[52] 谢科范, 刘海林. 产学研合作共建研发（R&D）实体的博弈分析[J]. 科学学与科学技术管理, 2006, 27 (10): 27-30, 109.

[53] 魏奇锋, 顾新. 产学研知识联盟的知识共享研究[J]. 科学管理研究, 2011, 29 (3): 89-93.

[54] 吴勇, 陈通. 产学研合作创新中的政策激励机制研究[J]. 科技进步与对策, 2011, 28 (9): 109-111.

[55] Hall B, Link A, Scott J. Universities as research partners[R]. NBER Working Paper No.7643, 2000.

[56] 王章豹, 祝义才. 产学合作、模式、走势、问题与对策[J]. 科技进步与对策, 2000, 17（9）: 115-117.

[57] Banal-Estañol, Macho-Stadler I, Pérez-Castrillo D. Research output from university-industry collaborative projects?[J]. Economic Development Quarterly, 2013, 27（1）: 71-81.

[58] 白俊红, 卞元超. 政府支持是否促进了产学研协同创新[J]. 统计研究, 2015, 32(11): 43-50.

[59] Perkmann M, Tartari V, McKelvey M, et al. Academic engagement and commercialisation: a review of the literature on university-industry relations[J]. Research Policy, 2013, 42（2）: 423-442.

[60] Gertner D, Roberts J, Charles D. University-industry collaboration: a CoPs approach to KTPs[J]. Journal of Knowledge Management, 2011, 15（4）: 625-647.

[61] 王新德, 陈允, 吴掬清, 等. 产学研合作中高校信息平台的构建[J]. 研究与发展管理, 2009, 21（5）: 110-113.

[62] 刘芳芳, 冯锋. 产学研跨区域合作现状及特征研究——基于社会网络视角[J]. 科学学与科学技术管理, 2015, 36（8）: 83-92.

[63] 岳中刚, 侯赟慧. 大学企业孵化器运行模式: 基于江苏的实证研究[J]. 科技进步与对策, 2011, 28（9）: 152-156.

[64] 郭东妮. 中国高校技术转移制度体系研究[J]. 科研管理, 2013, 34（6）: 115-121, 160.

[65] 付苗, 张雷勇, 冯锋. 产业技术创新战略联盟组织模式研究——以 TD 产业技术创新战略联盟为例[J]. 科学学与科学技术管理, 2013, 34（1）: 31-38.

[66] 李晶晶, 杨震宁. 技术战略联盟、知识产权保护与创新——一个跨案例研究[J]. 科学学研究, 2012, 30（5）: 696-705.

[67] 王飞绒, 陈劲. 技术联盟与创新关系研究述评[J]. 科研管理, 2010, 31（2）: 9-17.

[68] 程弘宇. 我国汽车产业的逆向外包与产业升级: 基于价值链租金的视角[D]. 杭州: 浙江大学, 2016.

[69] 赵放, 曾国屏. 全球价值链与国内价值链并行条件下产业升级的联动效应——以深圳产业升级为案例[J]. 中国软科学, 2014, （11）: 50-58.

[70] 张铭慎. 技术联盟给中国汽车产业创新带来了什么?[J]. 经济经纬, 2012, 29（6）: 67-71.

[71] 綦良群, 李兴杰. 区域装备制造业产业结构升级机理及影响因素研究[J]. 中国软科学, 2011, （5）: 138-147.

[72] 周程. 日本官产学合作的技术创新联盟案例研究[J]. 中国软科学, 2008, （2）: 48-57.

[73] 殷群, 贾玲艳.中美日产业技术创新联盟三重驱动分析[J].中国软科学, 2012, （9）: 80-89.

[74] 石娟, 刘珍. 国外产业技术创新战略联盟发展比较分析[J]. 理论与改革, 2015, （2）: 67-70.

[75] 国丽娜, 邵世才, 马虹. 欧盟"地平线 2020"计划资金管理经验及启示[J]. 全球科技经济瞭望, 2016, 31（10）: 18-22.

[76] 张洁, 冷民. 美日新能源汽车产业技术联盟的组织管理及对我国的启示[J]. 中国科学院院刊, 2011, 26（5）: 543-551.

[77] 中商产业研究院.2018 年 1-12 月中国汽车工业经济运行情况( 附图表 )[EB/OL].https://www.askci.com/news/chanye/20190114/1601011140209_3.shtml[2020-11-20].

[78] 姜江, 韩祺. 新能源汽车产业的技术创新与市场培育[J]. 改革, 2011, （7）: 57-63.

[79] 各方共议新能源汽车发展[N]. 中国能源报, 2010-09-13（S01）.
[80] 工业和信息化部发布《汽车动力蓄电池行业规范条件》[EB/OL].https://www.miit.gov.cn/jgsj/zbys/wjfb/art/2020/art_21c38e6692b349409ae83fb4e95d393f.htm[2016-11-13].
[81] 王元, 杨起全, 徐建国, 等. 关键科技攻关项目绩效评估研究——以上海为例[J]. 科学发展, 2009,（4）: 70-79.
[82] 科技支撑和引领经济社会发展作用日渐凸显[EB/OL]. http://www.most.gov.cn/ztzl/kjzg60/dfkj60/gz/kjcj/200909/t20090915_72917.htm[2016-11-13].
[83] 成都国腾实业集团有限公司[EB/OL]. https://www.miit.gov.cn/ztzl/lszt/gjjscxsfqy/art/2020/art_9e2296aad1584cee9fea458f78ec6418.html[2016-11-13].
[84] 原毅军, 张军, 孙大明. FDI技术溢出与自主研发的比较——基于中国制造业技术升级的视角[J]. 科技与管理, 2017, 19（5）: 1-8.
[85] 中华人民共和国工业和信息化部. 2015. 强国战略: 中国制造2025的机遇与挑战. http://www.miit.gov.cn/n973401/n1234620/n1234623/c3843781/content.html.
[86] 马虎兆. 知识产权发展水平、经济贡献及转型升级思路研究[D]. 天津: 天津大学, 2012.
[87] 中华人民共和国科学技术部. 2011. 国家"十二五"科学和技术发展规划. http://www.most.gov.cn.
[88] 刘刚. 我国制造业绿色创新系统动力因素与绿色创新模式研究[D]. 哈尔滨: 哈尔滨工程大学, 2015.
[89] 程如烟, 王艳. 美国重大科技专项组织实施的主要特点[J]. 科技管理研究, 2008, 28（6）: 38-40.
[90] 冯身洪, 刘瑞同. 重大科技计划组织管理模式分析及对我国国家科技重大专项的启示[J]. 中国软科学, 2011,（11）: 82-91.
[91] 靳仲华. 浅析欧盟制定第七个框架研发计划的战略思想[J]. 全球科技经济瞭望, 2006, 21（8）: 4-6.
[92] 陶蕊, 胡维佳. 欧盟框架计划评估体系研究与启示[J]. 科学学研究, 2016, 34（5）: 652-659.
[93] 陈强, 余文璨, 李建昌. 欧盟第七框架计划的开放性分析及启示[J]. 科学管理研究, 2012, 30（4）: 115-119.
[94] 任世平, 韩军. 欧盟第七研发框架计划中的"玛丽·居里行动计划"[J]. 全球科技经济瞭望, 2009, 24（5）: 52-56.
[95] 杜莉, 原毅军. 制定产业发展规划的几个基本问题探讨[J]. 科技和产业, 2007, 7（9）: 1-4, 68.
[96] 胡鞍钢, 鄢一龙, 吕捷. 从经济指令计划到发展战略规划: 中国五年计划转型之路（1953—2009）[J]. 中国软科学, 2010,（8）: 14-24.
[97] 詹晓峰. 湖南省小城镇产业发展规划研究[D]. 长沙: 湖南大学, 2012.
[98] 张宗庆, 郑江淮. 技术无限供给条件下企业创新行为——基于中国工业企业创新调查的实证分析[J]. 管理世界, 2013,（1）: 115-132.
[99] 蒲惠荧, 苏启林. 横向技术联盟竞合关系研究——基于共生模型[J]. 技术经济与管理研究, 2013,（9）: 24-29.
[100] 谢恩, 黄缘缘, 赵锐. 战略联盟控制机制对于联盟价值创造效率的影响研究[J]. 科学学与

科学技术管理, 2012, 33 (2): 138-145.
[101] 刘雪梅. 联盟组合: 价值创造与治理机制[J]. 中国工业经济, 2012, (6): 70-82.
[102] 原毅军, 孙大明. FDI 技术溢出、自主研发与合作研发的比较——基于制造业技术升级的视角[J]. 科学学研究, 2017, 35 (9): 1334-1347.
[103] 陈一君. 基于战略联盟的相互信任问题探讨[J]. 科研管理, 2004, 25 (5): 41-45, 34.
[104] 周杰. 战略联盟中的信任问题研究综述[J].科技管理研究, 2009, 29 (9): 458-460.
[105] Käser P A W, Miles R E. Knowledge activists: the cultivation of motivation and trust properties of knowledge sharing relationships[J]. Academy of Management Annual Meeting Proceedings, 2001, (1): D1-D6.
[106] Ngowi A B. The role of trustworthiness in the formation and governance of construction alliances[J]. Building and Environment, 2007, 42 (4): 1828-1835.
[107] De Jong G, Woolthuis R K. The institutional arrangements of innovation: antecedents and performance effects of trust in high-tech alliances[J]. Industry and Innovation, 2008, 15 (1): 45-67.
[108] 李煜华, 柳朝, 胡瑶瑛. 基于博弈论的复杂产品系统技术创新联盟信任机制分析[J]. 科技进步与对策, 2011, 28 (7): 5-8.
[109] 生延超. 技术联盟创新系统理论与实证研究[M]. 北京: 经济科学出版社, 2010.
[110] Porter M E. The competitive advantage of nations[J]. Competitive Intelligence Review, 1990, 1 (1): 427.
[111] Hamel G, Prahalad C K. Competing for the Future[M]. New York:Harvard Business School Press, 1996.
[112] 王飞绒, 陈劲. 技术联盟与企业创新绩效——基于组织间学习的视角[M]. 北京: 科学出版社, 2010.
[113] Cainarca G C, Colombo M G, Mariotti S. Agreements between firms and the technological life cycle model: Evidence from information technologies[J]. Research Policy, 1992, 21(1): 45-62.
[114] Florida R. The globalization of R&D: Results of a survey of foreign-affiliated R&D laboratories in the USA[J]. Research Policy, 1997, 26 (1): 85-103.
[115] Stuart T E, Ozdemir S Z, Ding W W. Vertical alliance networks: The case of university-biotechnology–pharmaceutical alliance chains[J]. Research Policy, 2007, 36 (4): 477-498.
[116] 张荣佳. 技术溢出条件下企业合作研发决策研究[D]. 大连: 大连理工大学, 2014.
[117] Hill C W L, Jones G R. Strategic Management: An In-tegrated Approach[M]. Cincinnati: South-Western Pub, 2007.
[118] Hitt M A, Hoskisson R E, Johnson R A, et al. The market for corporate control and firm innovation[J]. Academy of Management Journal, 1996, 39 (5): 1084-1119.
[119] 熊焰. 信任、控制机制与供应商绩效关系研究[J]. 管理评论, 2010, 22 (9): 113-120.
[120] Weitz B A, Jap S D. Relationship marketing and distribution channels[J]. Journal of the Academy of Marketing Science, 1995, 23 (4): 305-320.
[121] 原毅军, 孙大明. 合作研发影响制造业技术升级的机理及实证研究[J]. 经济学家, 2017, (8): 49-55.

[122] 2015 年度产业技术创新战略联盟活跃度评价报告[EB/OL]. http://citisa.org/yanjiubaogao/yanjiubaogao/2016-06-13/2368.html[2016-11-16].

[123] 潘东华, 孙晨. 产业技术创新战略联盟创新绩效评价[J]. 科研管理, 2013, 34（S1）: 296-301.

[124] 王珊珊, 王宏起. 面向产业技术创新联盟的科技计划项目管理研究[J]. 科研管理, 2012, 33（3）: 11-17.

[125] Keith J E, Jackson D W, Crosby L A. Effects of alter-native type of influence strategies under different channel dependence structures[J]. Journal of Marketing, 1990, 54（3）: 30-41.

[126] Hutt M D, Stafford E R, Walker B A, et al. Defining the social network of astrategic alliances[J]. Sloan Management Review, 2000, 41（2）: 51-62.

[127] 王晓新, 邹艳, 叶金福. 企业合作创新伙伴选择的多层次优属度评价[J]. 科技进步与对策, 2008, 25（7）: 65-67.

[128] 张妍, 魏江. 研发伙伴多样性与创新绩效——研发合作经验的调节效应[J]. 科学学与科学技术管理, 2015, 36（11）: 103-111.

[129] 张敬文, 江晓珊, 周海燕. 战略性新兴产业技术创新联盟合作伙伴选择研究——基于 PLS-SEM 模型的实证分析[J]. 宏观经济研究, 2016,（5）: 79-86, 159.

[130] 王雪原, 王宏起. 基于资源观的 R&D 联盟伙伴组合选择方法研究[J]. 科研管理, 2012, 33（6）: 48-55.

[131] 蒋樟生, 胡珑瑛, 田也壮. 基于知识转移价值的产业技术创新联盟稳定性研究[J]. 科学学研究, 2008,（S2）: 506-511.

[132] Narteh B. Knowledge transfer in developed-developing country inter-firm collaborations: a conceptual framework[J]. Journal of Knowledge Management, 2008, 12（1）: 78-91.

[133] 杨震宁, 李晶晶. 技术战略联盟间知识转移、技术成果保护与创新[J]. 科研管理, 2013, 34（8）: 17-26.

[134] 徐笑君. 跨国公司总部向在华子公司转移知识的影响因素模型构建[J]. 管理学报, 2010, 7（6）: 896-902.

[135] 曾德明, 黄玉勇, 禹献云. 产业技术创新战略联盟知识转移障碍及对策研究[J]. 情报理论与实践, 2012, 35（2）: 64-67.

[136] 张向阳, 程柯. R&D 合作治理模式选择研究——以合资与合约为例[J]. 东南大学学报（哲学社会科学版）, 2006, 8（1）: 53-57.

[137] 李习保. 中国区域创新能力变迁的实证分析: 基于创新系统的观点[J]. 管理世界, 2007,（12）: 18-30.

[138] 余泳泽, 刘大勇. 我国区域创新效率的空间外溢效应与价值链外溢效应——创新价值链视角下的多维空间面板模型研究[J]. 管理世界, 2013,（7）: 6-20, 70, 187.

[139] 钱水土, 周永涛. 金融发展、技术进步与产业升级[J]. 统计研究, 2011, 28（1）: 68-74.

[140] 李伟庆, 聂献忠. 产业升级与自主创新: 机理分析与实证研究[J]. 科学学研究, 2015, 33（7）: 1008-1016.

[141] 潘素昆, 袁然. 不同投资动机 OFDI 促进产业升级的理论与实证研究[J]. 经济学家, 2014,（9）: 69-76.

[142] 徐晔,陶长琪,丁晖.区域产业创新与产业升级耦合的实证研究——以珠三角地区为例[J].科研管理,2015,36(4):109-117.

[143] 李逢春.对外直接投资的母国产业升级效应——来自中国省际面板的实证研究[J].国际贸易问题,2012,(6):124-134.

[144] Mulligan C B, Sala-I-Martin X. Measuring aggregate human capital[R]. NBER Working Papers, NO. 5016, 1995.

[145] 王成军.中外三重螺旋计量比较研究科研管理[J].科研管理,2006,27(6):21-29.

[146] Porter M E. Competitive Advantage of Nations[M].London:Palgrave Macmillan UK,1999.

[147] 刘云,梁栋国.跨国公司战略技术联盟稳定性的影响因素及评估研究[J].科学学与科学技术管理,2007,28(4):5-9.

[148] 王君华.跨国企业战略联盟的文化协同研究[D].武汉:武汉理工大学,2007.

[149] 王辉.论我国企业的跨国技术联盟战略[J].企业经济,2007,(1):10-13.

[150] 肖洪钧,张薇.技术引进、创新和扩散的双向循环——论我国的"技术与市场联动"策略[J].中国软科学,2001,(5):66-69.

[151] 叶娇,原毅军.跨国技术联盟中文化差异与知识转移绩效研究[J].财经问题研究,2011,(10):107-111.

[152] 黄平,生延超.技术联盟研发投资机制分析[J].哈尔滨工业大学学报(社会科学版),2008,10(3):124-127.

[153] 刘建清.战略联盟:资源学说的解释[J].中国软科学,2012,(5):48-53.

[154] 田丽韫,钟书华.美国的企业技术联盟[J].科技管理研究,2000,(5):39-43.

[155] 李蕾.技术联盟内文化差异的融合与冲突化解[J].商业时代,2009,(34):126-127.

[156] 叶娇,原毅军,张荣佳.文化差异视角的跨国技术联盟知识转移研究——基于系统动力学的建模与仿真[J].科学学研究,2012,30(4):557-563.

[157] 徐艳梅,韩福荣.对中外合营企业稳定性的分析及评价[J].中国软科学,2000,(6):54-59.

[158] Das T K, Teng B S. A resource-based theory of strategic alliances[J]. Journal of Management, 2000, 26(1):31-61.

[159] 李瑞琴.跨国公司战略技术联盟稳定性的博弈分析[J].财经研究,2005,31(4):103-111.

[160] 孙肖南,钟书华.构建企业技术联盟的强化机制[J].科学管理研究.2011,19(1):40-45.

[161] 陈凯,佘广文.基于社会资本视角的技术联盟稳定性研究[J].中国制造业信息化,2012,(13):94-96.

[162] 樊中.联合国亚太亚健康干预技术联盟成立[J].中医药管理杂志,2012,(11):26.

[163] 都蕊.完善产业技术联盟法制环境的对策研究[J].河南司法警官职业学院学报,2009,(1):61-63.

[164] 曹兴.技术联盟创新体系的系统研究——评生延超博士的《技术联盟创新系统理论与实证研究》[J].商学研究,2011,18(3):封3.

[165] 吴琨,顾阳.技术联盟内企业持续创新运行机制研究[J].科技管理研究,2012,32(21):1-4.

[166] 原毅军,谭绍鹏,张蒙蒙.技术联盟运行机制国外研究新进展[J].企业活力,2009,(9):84-88.

[167] 仲伟俊, 梅姝娥, 谢园园. 产学研合作技术创新模式分析[J]. 中国软科学, 2009, (8): 174-181.

[168] 胡冬云, 李林. 中美大学技术转移研究述评[J]. 研究与发展管理, 2008, 20(4): 117-123.

[169] Walsh J P, 洪伟. 美国大学技术转移体系概述[J]. 科学学研究, 2011, 29(5): 641-649.

[170] 曹受金, 徐庆军, 朱玉林, 等. 国外产学研合作模式比较研究及启示[J]. 中南林业科技大学学报(社会科学版), 2010, 4(3): 84-87.

[171] 姜丽君, 李敏. 研究型大学科技成果的技术转移模式探讨[J]. 北京交通大学学报(自然科学版), 2011, 35(3): 167-171.

[172] 梅元红, 孟宪飞. 高校技术转移模式探析——清华大学技术转移的调研与思考[J]. 科技进步与对策, 2009, 26(24): 1-5.

[173] 王伟. 安徽省高校产学研合作模式探析[J]. 技术与创新管理, 2010, 31(3): 292-294, 298.

[174] Connor J M, Rogers R T, Bhagavan V. Concentration change and countervailing power in the U.S. food manufacturing industries[J]. Review of Industrial Organization, 1996, 11(4): 473-492.

[175] 植草益. 产业组织论[M]. 卢东斌译 北京: 中国人民大学出版社, 1988.

[176] 陈劲, 阳银娟. 协同创新的理论基础与内涵[J]. 科学学研究, 2012, (2): 161-164.

[177] Peters L, Groenewegen P, Fiebelkorn N. A comparison of networks between industry and public sector research in materials technology and biotechnology[J]. Research Policy, 1998, 27(3): 255-271.

[178] Romer P. New goods, old theory, and the welfare costs of trade restrictions[J]. Journal of Development Economics, 1994, 43(1): 5-38.

[179] Audretsch D B, Feldman M P. Knowledge spillovers and the geography of innovation[J]. Handbook of Regional and Urban Economics, 2004, 4: 2713-2739.

[180] Jaffe A B, Trajtenberg M, Henderson R. Geographic localization of knowledge spillovers as evidenced by patent citations[J]. The Quarterly Journal of Economics, 1993, 108(3): 577-598.

[181] Fritsch M, Franke G. Innovation, regional knowledge spillovers and R&D cooperation[J]. Research Policy, 2004, 33(2): 245-255.

[182] Ponds R, van Oort F G, Frenken K. Innovation, spillovers and university-industry collaboration: an extended knowledge production function approach[J]. Journal of Economic Geography, 2010, 10(2): 231-255.

[183] 赵增耀, 章小波, 沈能. 区域协同创新效率的多维溢出效应[J]. 中国工业经济, 2015, (1): 32-44.

[184] Benhabib J, Spiegel M M. The role of human capital in economic development evidence from aggregate cross-country data[J]. Journal of Monetary Economics, 1994, 34(2): 143-173.

[185] 洪银兴. 产学研协同创新的经济学分析[J]. 经济科学, 2014, (1): 56-64.

[186] Coleman J S. Social theory, social research, and a theory of action[J]. American Journal of Sociology, 1986, 91(6): 1309-1335.

[187] Färe R, Grosskopf S, Norris M, et al. Productivity growth, technical progress, and efficiency change in industrialized countries: comment[J]. American Economic Review, 1994, 84(1):

66-83.

[188] Caves D W, Christensen L R, Diewert W E. The economic theory of index numbers and the measurement of input, output, and productivity[J]. Econometrica, 1982, 50 (6): 1393-1414.

[189] 张军, 吴桂英, 张吉鹏. 中国省际物质资本存量估算: 1952—2000[J]. 经济研究, 2004, (10): 35-44.

[190] 吴延兵. R&D 存量、知识函数与生产效率[J]. 经济学（季刊）, 2006, (3): 1129-1156.

[191] 黄新飞, 舒元. 中国省际贸易开放与经济增长的内生性研究[J]. 管理世界, 2010, (7): 56-65.

[192] 吴丰华, 刘瑞明. 产业升级与自主创新能力构建——基于中国省际面板数据的实证研究[J]. 中国工业经济, 2013, (5): 57-69.

[193] Arellano M, Bover O. Another look at the instrumental variable estimation of error-components models[J]. Journal of Econometrics, 1995, 68 (1): 29-51.

[194] 代碧波, 孙东生. 基于 DEA 方法的科技企业孵化器运行效率评价——以东北地区 14 家国家级企业孵化器为例[J]. 科技进步与对策, 2012, 29 (1): 142-146.

[195] 郭俊峰, 霍国庆, 袁永娜. 基于价值链的科技企业孵化器的盈利模式分析[J]. 科研管理, 2013, 34 (2): 69-76.

[196] 吴瑶, 葛殊. 科技企业孵化器商业模式体系构建与要素评价[J]. 科学学与科学技术管理, 2014, 35 (4): 163-170.

[197] 孙立梅, 戚红彦. RIS 中技术交易市场作用路径的实证检验分析[J]. 情报杂志, 2011, 30 (9): 191-195.

[198] 洪伟, 元桥一之, 曾国屏. 与大学为邻能否提高创新能力——以清华科技园的高科技中小企业为例[J]. 科学学与科学技术管理, 2011, 32 (6): 52-58.

[199] 李柏洲, 孙立梅. 创新系统中科技中介组织的角色定位研究[J]. 科学学与科学技术管理, 2010, 31 (9): 29-33, 189.

[200] 蒋永康, 梅强. 科技中介的特性与区域创新能力的耦合机理研究[J]. 科学管理研究 2014, (3): 72-75.

[201] 赵芸. 中国科技中介发展的优化路径探析[J]. 科学管理研究, 2014, 32 (5): 12-15, 27.

[202] 曹洋, 陈士俊, 王雪平. 科技中介组织在国家创新系统中的功能定位及其运行机制研究[J]. 科学学与科学技术管理, 2007, 28 (4): 20-24.

[203] 沙德春, 王文亮, 肖美丹, 等. 科技园区转型升级的内在动力研究[J]. 中国软科学, 2016, (1): 146-153.

[204] 杨震宁, 吴杰. 不同功能分类科技园的资源供给差异研究[J]. 科研管理, 2011, 32 (9): 35-43.

[205] 陈向东, 刘志春. 基于创新生态系统观点的我国科技园区发展观测[J]. 中国软科学, 2014, (11): 151-161.

[206] 李宇. 嵌入大学科技园的紧密型产学研结合机制及区域创新驱动模式研究[J]. 科技进步与对策, 2013, 30 (1): 5-10.

[207] Grimaldi R, Grandi A. Business incubators and new venture creation: an assessment of incubating models[J]. Technovation, 2005, 25 (2): 111-121.

[208] Etzkowitz H. Research groups as 'quasi-firms': the invention of the entrepreneurial university[J].

Research Policy, 2003, 32 (1): 109-121.
- [209] Castells M, Hall P. Technopoles of the World: The Making of 21st Century Industrial Complexes[M]. London: Routledge, 1994.
- [210] 薛二勇, 苏竣, 何晋秋. 创新型国家科技园发展的战略模式——欧洲国家科技园发展的典型模式研究[J]. 科学学研究, 2010, 28 (1): 67-76, 85.
- [211] 安宁, 王宏起. 国际典型大学科技园发展模式的比较研究[J]. 科技管理研究, 2008, 28 (1): 67-68, 96.
- [212] 辜胜阻, 曹冬梅, 李睿. 让"互联网+"行动计划引领新一轮创业浪潮[J]. 科学学研究, 2016, 34 (2): 161-165, 278.
- [213] 赵振. "互联网+"跨界经营: 创造性破坏视角[J]. 中国工业经济, 2015, (10): 146-160.
- [214] 李海舰, 田跃新, 李文杰. 互联网思维与传统企业再造[J]. 中国工业经济, 2014, (10): 135-146.
- [215] 林佳丽, 李润钿, 谢飞. 科技中介服务机构网络化的构建方法研究[J]. 科技管理研究, 2011, 31 (19): 211-215.
- [216] 罗珉, 李亮宇. 互联网时代的商业模式创新: 价值创造视角[J]. 中国工业经济, 2015, (1): 95-107.
- [217] 李文莲, 夏健明. 基于"大数据"的商业模式创新[J]. 中国工业经济, 2013, (5): 83-95.
- [218] 封伟毅, 李建华, 赵树宽. 技术创新对高技术产业竞争力的影响——基于中国1995—2010年数据的实证分析[J]. 中国软科学, 2012, (9): 154-164.
- [219] 孙艳艳, 吕志坚, 王晓迪, 等. 日本区域创新政策的案例分析研究——以日本首都圈为例[J]. 科学学与科学技术管理, 2016, 37 (6): 88-98.
- [220] 许彩侠. 区域协同创新机制研究——基于创新驿站的再思考[J]. 科研管理, 2012, 33 (5): 19-25, 55.
- [221] 卢巧玲. 发达国家服务于中小企业技术创新的体系建设及对我国的启示[J]. 科学管理研究, 2010, 28 (5): 71-75.
- [222] 科技部关于发布2013年度国家产业技术创新战略试点联盟和重点培育联盟名单的通知[Z]. 国科发体[2013]623号.
- [223] 邱晓燕, 张赤东. 产业技术创新战略联盟的类型与政府支持[J]. 科学学与科学技术管理, 2011, 32 (4): 78-84.
- [224] 胡冬云. 产业技术创新联盟中的政府行为研究——以美国SEMATECH为例[J]. 科技管理研究, 2010, 30 (18): 21-24.
- [225] 陈宝明. 产业技术联盟: 性质、作用与政府支持[J]. 中国科技论坛, 2007, (7): 34-37.
- [226] 李伟, 聂鸣, 李顺才. 企业自主创新体系框架及影响因素研究——以华为为例[J]. 科学管理研究, 2009, 27 (1): 9-11, 25.
- [227] 邱晓燕, 张赤东. 产业技术创新战略联盟的性质、分类与政府支持[J]. 科技进步与对策, 2011, 28 (9): 59-64.
- [228] 高扬. 产业技术创新战略联盟中政府行为研究[D]. 武汉: 华中科技大学, 2009.
- [229] 苏靖. 产业技术创新战略联盟构建和发展的机制分析[J]. 中国软科学, 2011, (11): 15-20.
- [230] Etzkowitz H, Leydesdorflf L. The dynamics of innovation: from National Systems and "Mode

2" to a Triple Helix of university-industry-government relations[J]. Research Policy, 2000, 29（2）: 109-123.

[231] 李梅, 李建玲, 包仁艳. 北京产业技术联盟发展现状调查研究[J]. 科技管理研究, 2012, 32（5）: 82-85.

[232] 佚名. 产业技术联盟发展须破五大难题[J]. 领导决策信息, 2014, (47): 14.

[233] 中华人民共和国科学技术部. 技术创新引导工程说明. 2005. http://www.most.gov.cn/jscxgc/jscxydgcsm/.

[234] 科学技术部、财政部、教育部、国务院国资委、中华全国总工会、国家开发银行. 2008. 关于推动产业技术创新战略联盟构建的指导意见. http://www.most.gov.cn/yw/200902/t20090220_67551.htm.

[235] 周静. 产业技术创新战略联盟组织形式的法律解读[J]. 研究生法学, 2009, (4): 121-126.

[236] 李玉娜, 林莉, 葛继平. 产业技术创新战略联盟组织形态的法学探讨[J]. 科技进步与对策, 2011, 28（24）: 131-134.

[237] 张快. 德国光伏技术创新联盟——政府支持产学研合作创新的一种成功模式[J]. 全球科技经济瞭望, 2013, (4): 31-34.

[238] 冼志勇, 徐洁. 战略性新兴产业知识产权保护的协同合作机制研究——以集成电路设计公司为例[J]. 科学管理研究, 2013, 31（4）: 57-60.

[239] 刘辉. 技术标准下的专利池对我国企业自主创新机制的影响研究[J]. 科技管理研究, 2013, 33（4）: 1-5.

[240] 李庆满. 产业集群条件下技术标准联盟的组建与运作研究[J]. 标准科学, 2009, 422（7）: 23-26.

[241] 吕欧. 产业技术创新战略联盟运行机制的绩效研究[J]. 中国高新技术企业, 2013, (8): 8-9.

[242] 杨伟. 产业技术创新战略联盟组织特征分析——基于项目导向型组织视角[J]. 科技进步与对策, 2013, 30（11）: 56-60.

[243] 胡争光, 向荟. 产业技术创新战略联盟利益分配方式选择研究[J]. 科技管理研究, 2013, 33（5）: 104-108.

[244] Azagra-Caro J M, Barberá-Tomás D, Edwards-Schachter M, et al. Dynamic interactions between university-industry knowledge transfer channels: a case study of the most highly cited academic patent[J]. Research Policy, 2017, 46（2）: 463-474.

[245] 邹东涛, 陈志云. 技术创新模式下的社会资本与网络关系的影响研究[J]. 浙江工商大学学报, 2018, (1): 66-76.

[246] 黄永春, 郑江淮, 杨以文, 等. 中国"去工业化"与美国"再工业化"冲突之谜解析——来自服务业与制造业交互外部性的分析[J]. 中国工业经济, 2013, (3): 7-19.

[247] 刘明宇, 芮明杰, 姚凯. 生产性服务价值链嵌入与制造业升级的协同演进关系研究[J]. 中国工业经济, 2010, (8): 66-75.

[248] Aslesen H W, Isaksen A. Knowledge intensive business services and urban industrial development [J]. The Service Industries Journal, 2007, 27（3）: 321-338.

[249] 傅雪莹, 陈才, 刘继生, 等. 世界金融地理层级性研究[J]. 地理科学, 2011, 31（12）:

1447-1453.

[250] 王姝慧, 王姝彦. 区域科技服务中介组织的协同成长研究[J]. 经济问题, 2018, (10): 105-109.

[251] 王可, 李连燕. "互联网+"对中国制造业发展影响的实证研究[J]. 数量经济技术经济研究, 2018, (6): 3-20.

[252] 张伯旭, 李辉. 推动互联网与制造业深度融合——基于"互联网+"创新的机制和路径[J]. 经济与管理研究, 2017, 38(2): 87-96.

[253] Paunov C, Rollo V. Has the Internet fostered inclusive innovation in the developing world?[J]. World Development, 2016, 78: 587-609.

[254] García-Dastugue S J, Lambert D M. Internet-enabled coordination in the supply chain[J]. Industrial Marketing Management, 2003, 32(3): 251-263.

[255] 田洪川. 从先进制造战略到工业互联网美国掀起再工业化浪潮[J]. 世界电信, 2015, 28(4): 66-70.

[256] 赛迪顾问. 中国工业物联网云平台产业演进[J]. 中国工业和信息化, 2018, (7): 58-66.

[257] 董千里. 集成场视角: 两业联动集成创新机制及网链绿色延伸[J]. 中国流通经济, 2018, 32(1): 27-37.

[258] 梁华峰. 消费性服务业研究综述[J]. 中国人口·资源与环境, 2014, 24(5): 467-472.

[259] 格鲁伯 H G, 沃克 M A. 服务业的增长: 原因和影响[M]. 陈彪如译. 上海: 上海三联书店, 1993.

[260] 顾乃华, 毕斗斗, 任旺兵. 中国转型期生产性服务业发展与制造业竞争力关系研究——基于面板数据的实证分析[J]. 中国工业经济, 2006, (9): 14-21.

[261] 顾乃华, 毕斗斗, 任旺兵. 生产性服务业与制造业互动发展: 文献综述[J]. 经济学家, 2006, (6): 35-41.

[262] 蔺雷, 吴贵生. 服务创新的四维度模型[J]. 数量经济技术经济研究, 2004, 21(3): 32-37.

[263] Kristensson P, Magnusson P R, Matthing J. Users as a hidden resource for creativity: findings from an experimental study on user involvement[J]. Creativity and Innovation Management, 2002, 11(1): 55-61.

[264] 张红琪, 鲁若愚. 供应商参与服务创新的过程及影响研究[J]. 科学学研究, 2010, 28(9): 1422-1427.

[265] Ezcurra R, Pascual P, Rapún M. Regional specialization in the European Union[J]. Regional Studies, 2006, 40(6): 601-616.

[266] 胡哲一. 技术创新的概念与定义[J]. 科学学与科学技术管理, 1992, 13(5): 47-50.

[267] 李纪珍. 产业共性技术供给体系[M]. 北京: 中国金融出版社, 2004.

[268] 李纪珍, 邓衢文. 产业共性技术供给和扩散的多重失灵[J]. 科学学与科学技术管理, 2011, 32(7): 5-10.